T0285935

MANUAL PASTORAL

PARA EL

CUIDADO
[DEL ALMA]

Y SANAR
[LA PERSONA]

Poiménica

EKKEHARD HEISE

Editorial CLIE
www.clie.es

EDITORIAL CLIE
C/ Ferrocarril, 8
08232 VILADECAVALLS
(Barcelona) ESPAÑA
E-mail: clie@clie.es
http://www.clie.es

MANUAL PASTORAL PARA EL CUIDADO DEL ALMA Y SANAR LA PERSONA
Poiménica
ISBN: 978-84-17620-75-2
Depósito Legal: B 11638-2023
Ministerio cristiano - Consejería y recuperación
REL050000

Impreso en Estados Unidos de América / *Printed in the United States of America*
23 24 25 26 27 LBC 5 4 3 2 1

Acerca del autor

Ekkehard Heise Rost nació en el norte de Alemania. Estudió teología en Gotinga, Berna y Hamburgo. Trabajó como pastor en obras diacónicas, en una cárcel, con niños de la calle, en villas miserias y en hospitales. Dirigió comunidades en América del Sur y en el área metropolitana de Hamburgo.

Se doctoró en Buenos Aires y dictó clases sobre las áreas de poiménica (cura de almas), homilética (predicación) y diacónica (diaconía). Es autor de libros y artículos en estos campos. En CLIE se editó en 2005 su *Manual de homilética narrativa*. Actualmente vive como pastor jubilado en Cuxhaven en la costa del Mar del Norte y es profesor del Seminario Evangélico Unido de Teología (SEUT) en Madrid. Está casado y tiene hijos y nietos.

"Escuchadme, yo hablaré...".

(Job 13:13)

Para

Swantje Maria
Anna Luisa
Marcelo Federico
Tomás Ignacio

ÍNDICE

PREFACIO

Suena el teléfono de mi escritorio. No quiero contestar porque estoy trabajando en este libro; pero al fin, ¿de qué se tratará? Puede que sea algo importante. Levanto el auricular y contesto dando mi nombre. Una voz femenina me da también su nombre que, en este momento, no me suena. Todavía estoy absorto en mi trabajo.

—¿No me conoce? —La voz parece irritada—. —¿Qué está haciendo?

—Perdón, digo, estoy escribiendo algo sobre la cura de almas de los místicos españoles.

—Ah, esto me haría falta a mí: una buena cura de almas —dice la voz que ya he identificado.

Pertenece a una mujer de negocios que me ofreció trabajo para un amigo que está buscando desesperadamente un empleo.

—Dijo: "cura de almas, esto me haría falta" y en su boca suena como si se tratara de un buen tratamiento en un instituto de *wellness*.

—Cuando quiera —digo yo—. Estamos a sus órdenes. —La risa de mi interlocutora concluye el tema y me lleva al motivo de su llamada.

Estoy contento. Parece que la cura de almas todavía es algo que la gente estima, incluso gente poco vinculada con la iglesia, como es el caso de mi interlocutora por teléfono; aunque, si hablara en serio, no habría pensado en aceptar mi ofrecimiento.

Unos días más tarde, me encuentro con aquella mujer en su despacho. Efectivamente, ha conseguido trabajo para mi amigo y le agradezco su ayuda.

—¿Le debo algo? ¿Cuánto?

Levanta la mirada de su escritorio y me contesta:

—Me puede vender un pedazo de su alma, a lo mejor me sirve...

Estoy desilusionado. Se ve que esta mujer no sabe nada de cura de almas. No se trata de vender nada, menos el alma, ni de pedacitos.

La confusión es común. Aquella mujer representa, probablemente, a la gran mayoría de nuestros contemporáneos. No se puede imaginar lo que es la cura de almas. Muchos asocian las palabras con algo bueno, algo tradicional; pero de otra época, como aquel dulce de membrillo que solía hacer la abuela que vivía en el campo, aunque hoy en día, a lo mejor, compramos en el supermercado o se nos ofrece en frasquitos pequeños de plástico en las confiterías donde se sirve el desayuno rápido y sin mucha conversación.

Para otros, al contrario, "cura de almas" suena a opresión eclesiástica, violencia psíquica, a algo totalmente repugnante.

¿Y en las iglesias? Son pocos los pastores o las pastoras que hablan de su ministerio como "cura de almas". Parece que se olvidaron de que la dedicación a las almas era una de las competencias centrales de su ministerio; o ¿es simplemente que, en un mundo materialista y posmoderno, ya no se sabe lo que significa la palabra "alma"? De todos modos, las congregaciones buscan a hombres orquesta: pastores (y pastoras) que sepan organizar, ejecutar, administrar, predicar (a veces se dice comunicar), que sean consejeros experimentados y que tengan una apariencia agradable; hombre (y mujeres) de fe, modelos para todos los demás, contagiosos en su ética y compañeros para los jóvenes, pero ¿cura de almas?

Este libro quiere rescatar esta parte importante del trabajo pastoral evangélico. Desea animar a los pastores y las pastoras a que se dediquen a la cura de almas, y que también lo hagan las personas que sienten vocación en este campo: diáconos/as, ancianos, estudiantes de teología, líderes en funciones diversas, y todo tipo de cristiano comprometido. Reiteramos, la cura de almas era la competencia principal de las iglesias durante siglos, y hay señales de que los hombres y las mujeres contemporáneos necesitamos y buscamos, hasta con cierta desesperación, la cura de almas. A las personas que ejerzan este ministerio se les exige los conocimientos y las herramientas necesarias para ofrecer cura de almas a tantos, dentro y fuera de las iglesias, que lo necesitan. Si tomamos el ejemplo de la España moderna, o más bien posmoderna, nos encontramos con una multitud de personas muy distanciadas de la iglesia católica, desilusionadas, hasta contentas de haberse liberado de la tutela de aquella institución opresora, no solamente en asuntos de la fe, pero, a la vez, personas necesitadas, sedientas de recibir apoyo en sus necesidades religiosas, en su espiritualidad. Una cura de almas sin "trabas" y sin "dominación", por usar la terminología *habermasiana*, hace falta hoy más que nunca.

Este libro invita al lector a ser parte de una especie de expedición de rescate. Te instamos a "participar" de un compartir, porque de esto se trata, que cada lector y cada lectora encuentren lo que a él o a ella le sea importante en el campo *poiménico*. Salimos a la búsqueda del arte de curar almas. Repasamos conceptos y prácticas del pasado y de la actualidad. Registramos a personajes conocidos por su espiritualidad que interesaron a muchas personas que, en su momento, los consultaron. Revolvemos los escombros de edificios teológicos errados y nos atrevemos con regiones de otras disciplinas donde a veces se pierde la pista de lo buscado. Al final, cada uno de nuestros lectores habrá llenado su mochila con algunos objetos que en su conjunto forman, a lo mejor, lo que supuestamente constituye, de ahora en adelante, la base de su arte particular de curar las almas, al que se dedicará con rigor científico desarrollando su *poiménica*.

Este manual de *poiménica* no procura tanto presentar todas las temáticas de la misma por completo, tampoco las juzga según una opinión teológica antes formada, sino que nuestra finalidad, más bien, es que el lector, participando de la empresa de rescate de lo olvidado o de lo perdido del arte de la cura de almas, llegue a bosquejar su propia *poiménica*. A partir de esta, a manera personal, se va a proponer (y ejecutar) una cura de almas que corresponda a las necesidades de las personas a las que se dirija y, a lo mejor, esto los anime a cargar con la responsabilidad de ser su cura o su curadora de almas[1].

1 Si el lector busca una introducción práctica a las metodologías *poiménicas,* recomendamos el material del Programa de Teología – Nivel 2, Área teología Práctica, *Introducción a la Poiménica* por Ekkehard Heise, ed. SEUT, El Escorial 2007.
A un nivel más popular, el TALLER TEOLÓGICO del SEUT ofrece el material de su curso de poiménica: *¡Oíd atentamente mi palabra y dadme consuelo!,* por Ekkehard Heise, ed. SEUT, El Escorial 2009.

§1 ¿Qué es la *poiménica* y cuáles son sus tareas?

La *poiménica* (ο ποιμην = el pastor[2]) reflexiona sobre los presupuestos teológicos y las herramientas prácticas de la cura de almas de las iglesias, de sus ministros y de sus laicos. Esta no inventa ni crea la cura de almas, sino que la encuentra ya como práctica de la vida cristiana en comunidad y como práctica de cristianos con las personas de su entorno dentro de la confesión correspondiente. La cura de almas no se limita a los correligionarios, sino que puede llegar a ser un encuentro a base de la condición humana compartida con cualquier persona. Tampoco requiere un enfoque misionero, como aquel encuentro entre Felipe y el alto funcionario de Candace en el camino que baja de Jerusalén a Gaza (He 8:26 ss). Este encuentro empieza, por parte de Felipe, como una cura de almas con el funcionario, pero luego va mucho más allá y toma carácter de catequesis, preparando el bautismo del etíope.

Indudablemente, ya en las cartas de san Pablo se encuentra el énfasis que pone el apóstol en una cura de almas para sus comunidades.

En las distintas épocas históricas, al igual que en diferentes situaciones socio-políticas, cambian los acentos, los métodos y desafíos de la cura de almas. Aunque se plantean a menudo los mismos problemas y preguntas existenciales, cambian las expresiones concretas de la cura de almas; por ejemplo, en una sociedad donde la expectativa de vida es de 50 años de

---

2 Por ejemplo: cf. Jn 21:16; Cristo dice a Pedro: ποίμαινε τὰ πρόβατα μου.

promedio y la mortalidad infantil por encima del 30 %, el luto y la consolación toman otra forma que en una sociedad donde la muerte desaparece detrás de una imagen de juventud siempre presente y publicitada, y donde la probabilidad de vida llega a los 75 años. En una sociedad donde la mayoría de la población sufre bajo una opresión socioeconómica cruel y directa, la cura de almas tiene tareas diferentes que en una sociedad donde la explotación y opresión se manifiestan más sutilmente. En una sociedad como la española del siglo XXI, marcada todavía por el proceso de liberación de una historia de opresión, también eclesiástica aplastante, la cura de almas toma otra forma que, por ejemplo, en los EE. UU. donde la participación en la vida de una congregación religiosa es un requisito importante para el *status* social. Diferente también es la forma que tiene la cura de almas en América Latina, donde la mayoría de las familias, de una u otra manera, viven amenazadas por formas de pobreza material que influyen fuertemente sobre el estado de ánimo de las personas.

Las definiciones actuales de las funciones de la *poiménica* se diferencian, por un lado, por la adhesión a un método destacado de cura de almas, sea una cierta línea de la psicología, sea un enfoque pedagógico; es decir, un cierto uso de la Biblia. Por el otro lado, y más allá de la discusión metodológica, se discuten las preguntas que se refieren a la tarea de la *poiménica* en su aspecto diacrónico. Surge la pregunta por la vida en comunidad como una forma de cura de almas. Además, se pregunta si hay valores inherentes a la cura de almas que ella tiene que propagar, y se delibera sobre la posibilidad de una cura de almas que traspase los límites de la propia religión. Con esta última pregunta se cierra un círculo, cuando se comprueba que la cura de almas no es una cuestión exclusivamente cristiana, sino que, ya en épocas anteriores al cristianismo, se conocen formas de dedicación a las almas. Parece que es una necesidad humana en general que, en ciertos momentos, las almas sean curadas. La *poiménica* se ve introducida en el diálogo pluralista de las religiones. Muy reciente, y bastante prometedor para las sociedades posmodernas, es el rescate del concepto de una cura de almas como guía espiritual. El cura o la curadora de almas recuperan su competencia en el acompañamiento de las personas a regiones donde habita lo sagrado. En el camino hacia estas regiones, el ser humano detecta la vuelta a su condición de ser alma y, al percibirse como tal, empieza el proceso de curación.

Antes de seguir con la búsqueda de una primera definición del objeto de este manual, hay que aclarar los distintos conceptos y la nomenclatura, ya que, en el ámbito hispano, presentan una imagen algo difusa: ¿qué es *poiménica*, qué es la cura de almas, qué es asesoramiento pastoral, la pastoral, el acompañamiento o el asesoramiento espiritual, etc. En un primer acercamiento aclaramos algunos puntos.

1. 1. La pastoral

Esta palabra se usa con frecuencia en el ámbito católico en un sentido muy amplio. Se habla de una pastoral social, una pastoral juvenil, una pastoral obrera, una pastoral penitenciaria, una pastoral de la salud, una pastoral urbana, una pastoral rural, etc.

En las "Líneas Pastorales de la Iglesia en América Latina", que editó el Instituto Catequístico Latino Americano en Santiago de Chile, explica Gustavo Gutiérrez: "La pastoral es el actuar de la Iglesia, la forma de presencia que asume para presentar el mensaje evangélico en un determinado momento y en una determinada realidad"[3]. Y Juan Luis Segundo en "Pastoral Latinoamericana, sus motivos ocultos" declara, "Pastoral latinoamericana es la forma en que la Iglesia Católica desempeña su función en este continente"[4]. Para Casiano Floristán (profesor emérito de la Universidad Pontificia de Salamanca) la teología pastoral es "La reflexión teológica sobre la acción de la Iglesia", o es "La acción de los cristianos"[5]. De esta definición amplia, se deriva el uso que se da a menudo a la palabra pastoral también en el ámbito evangélico. Emilio Castro habla en sus charlas sobre el tema ("Hacia una Pastoral Latinoamericana")[6] de la pastoral como el trabajo del pastor en general y la rutina de la parroquia.

En la tradición eclesiástica se emplea el término latín *CURA ANIMARUM GENERALIS* (cura de almas en general) al referirse, en este sentido, a la totalidad de las ayudas ofrecidas por la Iglesia para una vida con Dios.

---

3 GUTIERREZ, Gustavo, *Líneas Pastorales de la Iglesia en América Latina,* ed. Instituto Catequístico Latino Americano, Santiago de Chile 1970, p. 7.
4 SEGUNDO, Juan Luis, *Pastoral latinoamericana - sus motivos ocultos*, Buenos Aires 1972, p. 7.
5 CASIANO, Floristán, *Teología Práctica*, Ediciones Sígueme, Salamanca 2002, p. 9.
6 CASTRO, Emilio, *Hacia una Pastoral Latinoamericana*, San José 1971 (INDEF).

1. 2. La cura de almas

"Cura de almas" son las palabras que usaremos en este manual para aquella práctica de la vida cristiana en comunidad que se caracteriza por un diálogo de dos o más personas en el que se afirma, en las personas y en sus relaciones, el efecto consolador, liberador y curador del evangelio. Ya sabemos que esto no implica necesariamente que todas las personas en este diálogo sean cristianas, ni que la terminología que se emplea esté impregnada por vocablos bíblicos. Preferimos estas palabras "cura de almas", tradicionales y algo antiguas, frente a otras expresiones más modernas que conllevan o hacen referencia a un determinado concepto o modelo de cura de almas como, por ejemplo: asesoramiento pastoral, acompañamiento espiritual, dirección espiritual, cuidado pastoral, consejería pastoral, sanidad interior, u otros. Más abajo conoceremos estos conceptos en sus distintos contextos[7].

En la tradición eclesiástica se habla de la *CURA ANIMARUM SPECIALIS* como la cura de almas que tiene lugar por medio de una entrevista (pastoral) en ocasiones especiales de la vida de un individuo como, por ejemplo, en casos de enfermedad, frente a graves problemas, o en momentos en los que se terminan o se empiezan nuevas etapas de la vida.

1. 3. La *poiménica*

Por el sentido literario –ó ποιμην *significa* el pastor–, esta tendría que ser la reflexión sobre la pastoral; o sea, la reflexión sobre la acción pastoral en general.

Sin embargo, con la palabra *poiménica* se suele referir a la teoría científica sobre un campo limitado del trabajo eclesiástico, que es la cura de almas de la Iglesia, de sus ministros y de sus laicos.

---

7 Se ve, p. ej. la adhesión al modelo psicoterapeuta del *conductivismo* del concepto de Gary Collins. En su material, *Christian Counseling* traducido para el uso de los estudiantes de SEUT-SEM bajo el título *Consejería Cristiana*, define la tarea de un "cuidado de las almas" así: "... su objetivo consistiría en ayudar al consultante a experimentar la sanidad y el crecimiento espiritual, dentro del marco de un aprendizaje de nuevas pautas de conducta".

La homilética, la litúrgica y la diaconía son, a su vez, reflexiones sobre otros campos de la acción pastoral y eclesiástico y, por ende, conjuntamente con la *poiménica*, materias dentro de la teología práctica.

1. 4. La psicología pastoral

La psicología pastoral es, dicho en términos generales, una psicología en intercambio científico con la teología. Es una disciplina de la psicología, que, a su vez, influye la teología. La psicología pastoral está al servicio del conocimiento de la fe; es una "psicología hermenéutica", dedicada a entender los textos sagrados y su relación con los seres humanos.

La psicología pastoral trabaja como ciencia histórica, en el sentido de ver la relación entre la biografía individual y lo histórico-simbólico en sus manifestaciones. A la teología práctica, aporta sus investigaciones sobre los procesos de comunicación y su dinámica intrapsíquica y sus conocimientos sobre los conflictos humanos.

La psicología pastoral ayuda a entender mejor; por un lado, a las personas a las que el pastor, la pastora –o cualquier cristiano con esta tarea– quiere proclamar el evangelio, y, por el otro lado, lleva a una autocomprensión mejor del pastor. De esta manera, contribuye también a la antropología religiosa.

La psicología pastoral no es solamente una ciencia auxiliar de la *poiménica*, sino que es "psicología para toda la praxis de la Iglesia"[8], y a la vez ella da un aporte *SUI GENERIS* a la psicología en general.

1. 5. La cura de almas evangélica

En el mundo de habla castellana, se encuentra poca literatura sobre la *poiménica* en el sentido arriba expuesto. Esto se atribuye, en

---

8 *STOLLBERG*, Dietrich, "Was ist Pastoralpsychologie", en *Wege zum Menschen 20,* Göttingen 1968, p. 210-216, la cita en p. 216.

primer lugar, al hecho de la preponderancia católica en España y en los países iberoamericanos.

La cura de almas —en el sentido estricto de una *CURA ANIMARUM SPECIALIS*, como actividad pastoral y de los laicos que provoca toda una reflexión teórica y metodológica— es, en cierto sentido, una consecuencia de la Reforma. La crítica de Martín Lutero se enfocaba, en su origen y de manera especial, justamente a problemas que él, como cura de almas, conocía desde el confesionario y que se basaban en el abuso de la institución de las indulgencias.

Mientras en la Iglesia Católica Romana prevalecía, por muchos siglos, el carácter institucional de la cura de almas *(CURA ANIMARUM GE-NERALIS)* como actividad sacerdotal por medio de la predicación, de la celebración de la misa, de la administración de los sacramentos (entre ellos la confesión y reconciliación), etc., las iglesias protestantes desarrollaron varias formas de ayuda espiritual mediante diálogos pastorales y entrevistas entre hermanos que dieron fundamento a la cura de almas evangélica.

Todo esto no quiere decir, que en toda la historia de la Iglesia no hubiese habido siempre una dedicación a la cura de almas, como ayuda y fortalecimiento espiritual de los creyentes a partir del evangelio. Al contrario, siempre se realizó alguna forma de cura de almas en las entrevistas pastorales y entre hermanos, formales e informales. Así lo veremos más abajo.

Los grandes enfoques de la cura de almas evangélica moderna empezaron a publicarse a mediados del siglo pasado en los EE. UU. y en los países protestantes de Europa (Holanda, Inglaterra, Alemania, Suiza...).

En España y en América Latina, las pequeñas iglesias protestantes se preocuparon—aunque fuera solo para sobrevivir— por la predicación (en el caso de las iglesias inmigrantes, inclusive en idiomas extranjeros), o por la misión, que apuntaba más que nada a la conversión de las personas, en primer lugar, y a su incorporación a la nueva comunidad y sus reglas eclesiásticas; o por la "salvación del alma" (en caso de las iglesias evangelistas—pentecostales, por ejemplo). Todos estos enfoques relegan a un segundo plano el interés por los problemas "de este mundo" y la búsqueda por soluciones a base del evangelio, pero con efectos para la vida cotidiana.

Las pocas traducciones al castellano de literatura *poiménica* no llegan a dar al lector una idea suficiente amplia sobre la variedad de los conceptos desarrollados[9]. A menudo no alcanzan un nivel académico, sino que se limitan a una especie de entrenamiento de agentes pastorales para el trabajo de una pastoral de consolación[10].

El estudiante de teología práctica en el campo de la *poiménica*, depende, hasta ahora al menos, de un conocimiento de los idiomas inglés y alemán. Este libro quiere ser una primera ayuda para entrar en la materia fascinante de la misma. Si despierta en el lector o en la lectora el interés y las ganas de profundizar sobre algún tema *poiménico*, tomándose el trabajo de leer la literatura especializada en una lengua extranjera, cumpliría con uno de sus propósitos. Si despertara el afán científico por este en el ámbito evangélico hispanoparlante y se publicasen otros libros, aportando toda la riqueza de sus experiencias propias con la cura de almas, este manual hubiera llegado a su finalidad última.

A continuación, enfocamos la *poiménica* desde el punto de vista de la historia de la cura de almas. Repasamos conceptos del mismo y conocemos a personas reconocidas como curas o curadoras de almas. Llegados al siglo pasado, discutimos la relación entre la cura de almas y los distintos enfoques de la psicoterapia. Después, presentamos aportes a la *poiménica* actual del siglo XXI.

Como una primera definición de lo que es el objeto de esta exposición, concluimos con la definición de Dietrich Rössler, teólogo práctico y médico:

Cura de almas es la ayuda para ganar la certeza de tener vida (Lebensgewissheit); ella apunta a fortalecer, promover, renovar o fundamentar esta certeza[11].

---

9 Así p. ej. el libro *Asesoramiento y Cuidado Pastoral*, que es la traducción del original norteamericano de Howard CLINBELL (*Basic Types of Pastoral Counceling*) que se editó en la primera versión en el año 1966 en los EE. UU. Sin querer disminuir el mérito de la Asociación de Seminarios e Instituciones Teológicas de haber publicado esta traducción en el año 1995, hay que destacar que este libro representa un determinado concepto pastoral, sin discutir ni mencionar enfoques importantes de la psicología pastoral europea más allá de rechazarlos en el prefacio como "hiper individualistas" y poco importante para el contexto cultural latinoamericano.

10 P. ej. IMHAUSER, Marcos, MALDONADO, Jorge, y otros, *Consolación y Vida, Hacia una Pastoral de Consolación*, Quito 1988. Este librito, editado por el CLAI, da un buen lineamiento básico al que se quiere dedicar a la consolación de afectados por las distintas tragedias de la vida. Sin embargo, aporta poco a una investigación más profunda sobre *poiménica*.

11 RÖSSLER, Dietrich, *Grundriss der Praktischen Theologie, 2*. De ampliada, Berlín, Nueva York 1994, p. 210, *(Seelsorge ist Hilfe zur Lebensgewissheit, sie soll die Lebensgewissheit stärken, fördern, erneuern oder begründen).*

Rössler supone que *Lebensgewissheit* es un punto importante de la antropología cristiana, algo que puede ser perturbado y destruido. Donde falta o donde falla, allí nace la tarea del cura de almas. Rössler hace hincapié en la diferenciación entre *Lebensgewissheit* (la certeza de tener vida, de participar de la vida, la convicción, la seguridad, la fe) y la *Lebensfähigkeit* (estar físicamente habilitado, capacitado, en condiciones de vivir; la salud). Se puede tener la primera sin la segunda. En el concepto de John T. McNeill *Lebensgewissheit* es llamada la salud de la persona (*health of personality*), mientras la *Lebensfähigkeit* es nombrada *health of body*, la salud del cuerpo. McNeill subraya que *the health of body* puede ayudar a, pero no es una condición indispensable para *the health of personality*. Esta "puede ser poseída por un hombre que sufre trastornos dolorosos de la mente y del espíritu"[12].

Gerd Hartmann, en su concepto de una cura de almas como "interpretación de la vida" (*Lebensdeutung*)[13], saca la cura de almas de las situaciones límites o de crisis y ve en ella la ayuda y el acompañamiento al desarrollo de una sensibilidad para percibir la dimensión espiritual en todas las cosas y en todos los acontecimientos[14]. La cura de almas, más allá de ser intervención en momentos cargados de problemas, se convierte en la iniciación a la espiritualidad.

Pensamos que el concepto moderno de Dietrich Rössler; sin embargo, es suficientemente amplio para que nos sirva, en el capítulo siguiente, a empezar con la búsqueda de las distintas formas de la cura de almas en la historia.

---

12 MCNEILL, John T., *A History of the Cure of Souls*, New York 1951, p. VII. La definition de lo que es la cura de almas de McNeill nos parece menos profunda que la de Rössler, dice McNeill: "The cure of soul is … the sustaining and curative treatment of persons in those matters that reach beyond the requirements of the animal life", p. VII.

13 HARTMANN, Gert, *Lebensdeutung, Theologie für die Seelsorge*, Vandenhoeck & Ruprecht, Göttingen 1993.

14 Para la profundización recomiendo la lectura de Leonardo BOFF, *Los sacramentos de la vida,* Sal terrae Santander 19898 (original en portugués-brasileño, *Os Sacramentos de Vida e a Vida dos Sacramentos*, Petrópolis 1978) como acercamiento católico al mismo tema, sin que ignore las diferencias que existen, p. ej. entre los "símbolos" de los que habla el protestante Hartmann y los "sacramentos" según la teología católica.

LAS BASES DE LA CURA DE ALMAS

Si definimos, con Dietrich Rössler y Gert Hartmann, la cura de almas como **la ayuda para ganar la sensibilidad y la certeza de estar vivo, de participar de la vida, de tener y ser vida**, entonces estamos en condiciones de detectar sus distintas formas en la historia, aún más allá de los 20 siglos de cristianismo.

Si ya desde los primeros siglos de la Iglesia se habla de la *cura de almas* (la palabra latina CURA significa cuidado, atención, asistencia, preocupación, sanar, interés), la preocupación por la certeza de participar de la vida se remonta a tiempos más arcaicos, así como la interpretación de la misma.

Donde la vida se entiende como una relación con un Dios personal, la cura de almas toma el aspecto de una preocupación por la relación del ser humano con este Dios. En el cristianismo, la preocupación de la cura de almas se concentra en la aceptación de la relación ya establecida por Dios que a menudo ha sido dañada por el hombre y, por ende, se trata de la aceptación de la reparación de esta relación Dios/Hombre ya hecha por Dios mismo.

Desde la filosofía griega, nos viene el concepto de alma como la parte inmortal del ser humano y, por eso, objeto de la mayor atención pedagógica y terapéutica. Por la importancia que este concepto filosófico griego tenía en la historia de la cura de almas cristiana (y lo sigue teniendo en el entendimiento popular, pero más que nada para diferenciarlo del concepto integral de alma en la Biblia, tanto en el Antiguo como en el Nuevo Testamento) tratamos de la preocupación que tenía Sócrates, según el relato de Platón, acerca de las almas de los atenienses. Pero antes de seguir con los psicoterapeutas griegos se nos plantea la pregunta fundamental: ¿qué es el alma? Vamos a aclararla.

§ 2 ¿Qué es el alma?

2. 1. Todos los seres humanos tenemos un alma

El teólogo Jürgen Ziemer[15] de la Universidad de Leipzig (Alemania), pone hincapié en el hecho que el alma es algo que forma parte de todo ser humano. Es "una constante antropológica" vulnerable y expuesta al peligro de sufrir daño. Jürgen Ziemer explica:

«En términos generales, se puede entender el alma como una instancia directiva inmaterial, la que se refiere a la parte psíquica, al igual que a la parte espiritual, de la existencia humana. Hay una cantidad de conceptos que se pueden considerar casi como equivalentes del concepto de "alma". La mayoría de ellos ya se usan en la Biblia: aliento, vida, corazón, psiqué, el yo mismo, persona, centro. El conjunto de todas estas nociones puede llegar a definir lo que llamamos "alma". Para el conocimiento del "alma" y, como consecuencia indirecta, para el entendimiento de la "cura de almas", dos aspectos son de especial importancia.

Por un lado, "alma" es como una constante antropológica. Ser humano significa tener un alma. El que perdió su alma está triste sin consuelo, como el Peter Schlemihl, que perdió su sombra[16]. El que actúa sin alma

---

15 Escribió un libro sobre la cura de almas que existe solamente en alemán. Su título es: *Seelsorgelehre*, Göttingen 2000. En www.teologie-online.de se encuentra una traducción al español de un artículo que se basa en este libro. Se lo encuentra en www.theologie-online.uni-goettingen.de/pt/ziemer_sp.htm.
16 La maravillosa historia de *Peter Schlemihl* de Louis Charles ADELAIDE DE CHAMISSO (+1838), nos cuenta cómo un imprudente joven vende su sombra a un misterioso personaje a cambio de una bolsa mágica de oro, y las terribles consecuencias que le acarrea semejante decisión.

parece inhumano y lo es. Alma tiene que ver con sensibilidad y apertura, es decir, con humanidad.

Por el otro lado, "alma" es algo vivo, algo en estado de nacimiento y, por ende, puesto en peligro. El "alma" puede ser formada e influida desde afuera. Se puede "torcer" unas almas y "pisotearlas". El hombre puede "perder su alma"». (Mt 16: 26)[17].

Esta definición es muy amplia. Recurre a experiencias comunes de todos los seres humanos. Para Ziemer, "alma" es un concepto antropológico. La antropología es el estudio del ser humano en su diversidad biológica, cultural y social. La definición de alma de Ziemer no tiene nada que ver, hasta ahí, con la religión ni con la teología. Ya en tiempos arcaicos los pueblos han hecho observaciones que se entienden en relación con el "alma", como un aspecto del ser humano.

2. 2. El alma en la antropología de pueblos indígenas

Los conceptos de alma de algunos pueblos indígenas, que preservan creencias tradicionales, independientes de las grandes religiones, se basan en observaciones que hace también el hombre contemporáneo del mundo moderno. Se distingue dos líneas de reflexiones:

a.) Hay cuerpos muertos y cuerpos vivos. Lo que falta a los muertos; o sea, lo que los cuerpos vivos tienen y hace que sean activos, llenos de energía, dinámicos, se llama el alma. El alma pertenece entonces a la respiración o al corazón. Va y viene con el aliento. Forma parte de la sangre.

b.) Cuando dormimos, entramos a un mundo distinto, el mundo de los sueños. Se llama alma a la persona en cuanto actúa en este mundo paralelo y de las sombras. Ella es algo como una sombra nuestra en el mundo de los sueños.

---

17 http://www.theologie-online.uni-goettingen.de/pt/ziemer_sp.htm (encontrado 23/09/2009).

Se ve la diferencia entre estos dos conceptos:

El alma del tipo (a), es una fuerza que da energía y vida al cuerpo. Cuando carece de ella, el cuerpo se debilita. Si se va del cuerpo, la persona muere.

El alma del tipo (b), se distingue cuando la persona está inactiva, durmiendo. Tiene más de una vida virtual como antípoda a la vida real. Cuando la persona muere el alma sigue en el mundo de las oscuridades.

En ambas concepciones se puede plantear la pregunta, ¿qué pasa con el alma cuando muere el cuerpo? Para el alma que ya, desde siempre, pertenece al mundo de las sombras, es posible imaginarse un lugar donde las almas persisten aún sin los cuerpos en un mundo inferior al de los muertos. Algunos pueblos conocieron un lugar subterráneo de oscuridad, silencio y olvido. En el concepto del alma como energía de vida, la pregunta sobre el quehacer del alma después de la muerte del cuerpo, a menudo se contestó con la idea de una trasmigración de las almas. Por ejemplo, se explicó: "El alma de una persona muerta va al cuerpo de una mujer para volver a nacer". La idea de una trasmigración de almas se encuentra, no solamente en la fe de pueblos indígenas, sino también, por ejemplo, en la antroposofía de Rodolfo Steiner o en corrientes del esoterismo posmoderno.

2. 3. La "psicología" griega

Al lado de la ópera de Madrid hay una tienda "Todo por la música". En su escaparate, decía un cartel: "El hombre, en su alma, tiene un rincón donde solo la luz de la música puede llegar"; y, en otro escaparate, se lee al aforismo de Émile Michele Cioran, "Si no hubiésemos tenida alma, nos la habría creado la música". Estas citas, en el centro de una gran urbe, son ejemplos de cómo el concepto griego del alma está presente entre nosotros hoy en día.

"Alma", en griego, es *psiqué* (ψυχή), de donde viene nuestra palabra "psico-logía". También la psicología griega conoce el concepto de la trasmigración de las almas inmortales. Se le agrega un aspecto ético–pedagógico.

La base de la filosofía platónica es un dualismo ontológico; es decir, la diferenciación entre el mundo de lo manifiestamente perceptible y el mundo de las ideas o de las formas. Todas las ciencias, en su búsqueda de conocimiento, se refieren al mundo de las ideas. Allí se encuentra lo absoluto, frente al que, lo sensible, no tiene importancia. Del hecho que el alma humana es capaz de conocer algo de las ideas eternas, Platón deduce que el alma pertenece originalmente al mundo absoluto. Su Teoría de la Reminiscencia explica cada acto de conocimiento humano como una especie de recuerdo que mantiene el alma desde su preexistencia: conocer es recordar.

Por su propia culpa, las almas cayeron desde un estado de preexistencia en el mundo de las ideas y se involucraron en el mundo mortal y relativo. Se tenían que encarnar, en este mundo corpóreo, en la medida en que habían logrado participar anteriormente de la verdad absoluta. Las almas que más conservaban de la verdad ideal se incorporaron en niveles más altos como sabios o amantes de la belleza.

Durante su vida en el mundo corpóreo, las almas tienen que mostrar y desarrollar su origen del mundo de las ideas. Después, en una existencia posterior, serán elevadas a niveles más altos o castigados a vivir en cuerpos inferiores, por ejemplo, de animales; siempre con la tarea de mejorar y de lograr su destino inmortal.

El alma humana, *el psiqué*, en la psicología griega, pertenece, pues, de cierta manera, a los dos mundos. Vive atada a un cuerpo concreto, a su vez expuesto a la muerte y a lo relativo, y, por el otro lado, tiene la memoria de su preexistencia en el mundo de las formas ideales y anhela volver allá, a su destino inmortal. De ahí, el alma humana posee la razón que da a la persona el conocimiento y las virtudes resultantes. Cada ser humano, por medio de su razón, puede intentar imitar algo de las formas ideales en su contexto y realizar, de esta manera, un poco de justicia, belleza y verdad. Del mundo de lo relativo llegan al alma el *timós* que es la valentía, un impulso noble y bueno, y la *epitimía* que es la concupiscencia baja a la que el ser humano se encuentra atado. La razón, la valentía y la concupiscencia son los tres estados del alma, fuentes de motivación del actuar humano.

Se ve que el aspecto ético-pedagógico de la psicología griega, que antes mencionamos, lleva a una moral que apunta a un allá del mundo corpóreo, sensible, hacia una espiritualización de la vida como el ideal de toda sabiduría. La psicología griega lleva a la persona hacia un esteticismo donde le llegará la música más elevada, pero, difícilmente, escuchará los gritos de las víctimas diversas que generan nuestras sociedades por sus actos violentos contra pobres y marginados.

2. 4. Una definición del alma a base de la Biblia

La revalorización del Antiguo Testamento en la teología de las últimas décadas, lleva a una crítica de la división del hombre, según la filosofía griega, en cuerpo y alma. El concepto de alma, en el Antiguo Testamento, es muy distinto al concepto de la filosofía griega. Para el hombre del Antiguo Testamento y, siguiendo a este, para la mayoría de los autores del Nuevo Testamento, la vida es una unidad psicosomática.

Según Gn 2:7. Dios formó al hombre del polvo de la tierra y sopló en su nariz aliento de vida. De esta manera, el hombre llega a ser un alma viviente (נֶפֶשׁ חַיָּה). Alma y carne precisan la presencia de Dios y son cada uno sinónimo para la totalidad de la persona.
"Dios, tú mi Dios, yo te busco, sed de ti tiene mi alma, en pos de ti languidece mi carne, cual tierra seca, agotada, sin agua...". (Sl 63:2).

Hablando de נֶפֶשׁ, el Antiguo Testamento se refiere al ser humano entero. Todas las almas pertenecen a Yahvé; y si un alma peca, muere la persona
"Mirad: todas las almas son mías, el alma del padre lo mismo que la del hijo, mías son. El alma que peque morirá". (Ez 18:4).

También en el Nuevo Testamento, el hombre es una unidad de cuerpo y alma. Las palabras cuerpo y alma significan las distintas apariencias de la misma_persona. Cada una de las dos palabras puede referirse a la totalidad del ser humano. El hombre no tiene un cuerpo, sino que el hombre es cuerpo.

Esta profunda verdad teológica ya la subrayó Martín Lutero, cuando dice del ser humano: "CARO EST, NON CARNEM HABET"[18].

Ulrich Eibach, catedrático de teología sistemática y bioética, ofrece una definición muy interesante:

"El cuerpo es el campo de expresión del sujeto (persona) y el campo de entrada de su contorno y de su ámbito; el cuerpo es el campo de intersección de la naturalidad, la espiritualidad y la sociabilidad del ser humano"[19].

En un primer momento, esta definición parece indicar que la teología se suma a las voces que insisten en un concepto materialista, al menos en la antropología. Pero no es así. Si bien el hombre es cuerpo, no se consume en su existencia corporal. Una enfermedad, p. ej., le hace tomar distancia frente a su corporeidad. En el dolor, en el sufrimiento, despierta la conciencia de una diferencia entre yo y el cuerpo.

Sin embargo, tener un cuerpo es sin duda una manera de también ser cuerpo. Si, por ejemplo, el apóstol Pablo habla (en Ro 6:12; 1 Cor 6:13) de nuestros cuerpos, se refiere a un aspecto de nuestro ser humano que es la fragilidad y la mortalidad. Το σωμα y η σαρξ se refieren al hombre entero como parte de la esfera de lo visible y transitorio, de lo efímero.

Lo mismo vale para el Antiguo Testamento: La palabra בָּשָׂר (carne); significa el ser humano en su dependencia de Dios creador que hace con su רוּחַ (aliento de vida, espíritu) de הָאֲדָמָה; (tierra) una נֶפֶשׁ חַיָּה (alma, ser viviente).

La unidad y la división del cuerpo y del alma se expresen mejor por medio de un concepto de relaciones. El ser humano en su totalidad es cuerpo y el ser humano también en su totalidad es alma. Según la definición de Eibach, el ser humano es cuerpo en todas las relaciones en las que se desenvuelve la vida de una persona: en relación con sus prójimos, con la sociedad y con la naturaleza. Un ser humano, como cuerpo, se enamora, se desarrolla en su labor cotidiana, forma parte de grupos sociales, enferma, es débil dependiente de su naturaleza, etc.

18 WA 2, 415, 14. *RESOLUTIONIS LUTHERANAE SUPER PROPOSITIONIBUS SUS LIPSIAE DISPUTATIS* del año 1519. En esta obra Lutero aclara algunos puntos de la disputa de Leipzeig.
19 EIBACH, Ulrich, *Heilung für den ganzen Menschen*, Theologie in Seelsorge und Diakonie/tomo 1, Neukirchen 1991, p. 69.

Siguiendo en esta línea antropológica, ahora, las palabras alma y espíritu se refieren también al ser humano entero; pero en su relación con Dios, en su ser llamado por Dios. Cuerpo es todo el hombre en cuanto a su carácter efímero. Alma es todo el hombre en cuanto Dios le dirige su palabra. Sin embargo, es importante notar que el ser humano, según la antropología bíblica, no es primeramente un alma (persona, yo, mente, espíritu) frente a un cuerpo ajeno al yo; sino que, en la unidad de su alma y su cuerpo, es un yo frente a Dios, frente al prójimo y frente a la naturaleza. El ser humano es un ser enfrentado y, por ende, un ser limitado. Encuentra sus límites frente a Dios, al prójimo y a la naturaleza.

En cada enfrentamiento el hombre es llamado, en su totalidad, como cuerpo y como alma. No responder a este llamamiento, o cerrar los ojos respecto a su situación ante Dios y el prójimo, significa pecar. El pecado involucra todo el ser humano, como cuerpo y alma. El pecador ha perdido su punto de referencia, que hacía de él un ser orientado, centrado, correctamente ubicado en sus relaciones con Dios y el prójimo. El centro del ser humano como creación de Dios está entonces fuera de sí mismo. El centro que crea la vida y que le da su integridad no se encuentra en el hombre, o en un esfuerzo de fundirse con el universo, sino que es constituido por su dependencia del creador. El centro y el punto de referencia en todas las cuestiones de la vida, como seres humanos, lo encontramos EXTRA NOS[20] (fuera de nosotros mismos). La vida, nuestra existencia entera, depende desde su principio del don de Dios, que es el Espíritu animador, su llamada vivificante. Sin este don de Dios, la vida se deshace, pierde su integridad, da lugar a la muerte.

Ahora volvemos a los fundamentos de la cura de almas cristiana. En el correr de su historia, nos daremos cuenta de que los distintos enfoques no siempre fueron desarrollados a base de una definición única de lo que es el alma. La filosofía griega mantenía una influencia muy fuerte sobre la *poiménica* cristiana y la definición bíblica que acabamos de exponer, ya que no siempre podía imponerse con toda claridad. Las distintas épocas de la historia y sus cosmovisiones ejercieron su autoridad sobre la teología e influyeron también, por sus diferentes conceptos antropológicos, en la praxis de la cura de almas.

---

20 Profundizamos sobre este concepto luterano más abajo.

§ 3 Cuando el alma necesita ser curada

3. 1. Cura de almas griega

En la *Apología* de Sócrates encontramos la primera mención del concepto preocuparse por el alma. Platón relata cómo Sócrates critica a los atenienses por esforzarse solamente por la acumulación de dinero, fama y honor, sin preocuparse por el entendimiento, la verdad y por el alma, para que esta se encuentre en mejores condiciones.

Cura de almas significa, según Platón (427-347 a. C.), trabajar por el mejoramiento y el desarrollo de mi 'propia' alma. Como especialista en esta tarea, Platón presenta a Sócrates y su concepto de una introspección con el fin de conocerse a sí mismo *(γνωθι σεαυτον)*.

Después de la preocupación por mi propia alma, la filosofía griega se dirige también a los demás, con el fin de que ellos también se puedan preocupar por el mejoramiento –la cura– de sus almas. Además, la curación de las almas es para Platón parte de la tarea del estado, que tendría que regularla por medio de leyes.

La parte más importante del alma, la que pertenece ya a la trascendencia, es su capacidad de razonar. Con el énfasis en mejorar esta parte espiritual, la parte buena, duradera e importante, la cura del alma *(sing.!)* ψυχης´ θεραπεια, la *psicoterapia* de los griegos adquiere su carácter ético–pedagógico que le lleva a una moral que favorece un retiro del mundo corpóreo despreciable y apunta a una espiritualización de la vida como el ideal de toda sabiduría.

Este ideal griego mantiene su influencia y su atracción hasta hoy en día. No son pocos los contemporáneos que combinan sus creencias cristianas con el pensamiento humanista de un hombre perfecto en su saber universal, su cosmovisión y juicio claros; y con un dominio seguro de sí mismo. A menudo son elogiadas estas personas cultivadas y civilizadas, aparentemente en harmonía consigo mismos y con su entorno, renunciando a todo lo efímero, sensual, profano y frívolo de este mundo. Como padres, superiores o jefes, causan no pocos complejos de inferioridad en sus subordinados. A veces llegan a una profunda confusión cuando sienten que es Dios que espera de ellos una vida según los ideales humanistas. ¿Qué pensará si no los cumplen a la perfección? Para la cura de almas es importante tener claro que semejantes exigencias provienen de épocas precristianas.

3. 2. Cura de almas en el Antiguo Testamento

El concepto de alma que encontramos en los diferentes autores del Antiguo Testamento, es muy distinto al concepto de la filosofía griega. Para el hombre del Antiguo Testamento la vida es una unidad psicosomática. Según Gn 2:7 Dios formó al hombre del polvo de la tierra y sopló en su nariz aliento de vida *(נִשְׁמַת חַיִּים);* de esta manera, el hombre llega a ser un alma viviente *(נֶפֶשׁ חַיָּה)*. Alma y carne precisan la presencia de Dios y son cada uno sinónimo para la totalidad de la persona

"Dios, tú mi Dios, yo te busco, sed de ti tiene mi alma, en pos de ti languidece mi carne, cual tierra seca, agotada, sin agua…".
(Salmo 66:2).

Hablando de נֶפֶשׁ, el Antiguo Testamento se refiere al ser humano entero. Todas las almas pertenecen a Yahvé; y si un alma peca, muere la persona.
"Mirad: todas las almas son mías, el alma del padre lo mismo que la del hijo, mías son. El alma que peque morirá". (Ez 18:4).

Toda la vida es expuesta a la muerte:

"¿Qué hombre vivirá y no verá muerte? Librará su vida *(נֶפֶשׁ)* del poder del seol?". (Sl 89:49).

La preocupación mayor del ser humano no puede ser una cura de almas como actividad humana para el mejoramiento y el desarrollo del estado de su alma, sino que cada ser viviente depende de la presencia de Dios:

"Escondes tu rostro, se turban; les quitas el hálito, dejan de ser y vuelvan al polvo. Envías tu espíritu, son creadas...". (Sl 104:29s).

La preocupación por el alma en el Antiguo Testamento es preocupación por la certeza de tener contacto con el manantial de vida que es el Dios vivo:

"Esperanza de Israel, Yahvé: todos los que te abandonan serán avergonzados, y los que se apartan de ti, en la tierra serán escritos, por haber abandonado el manantial de aguas vivas, Yahvé".
(Jr 17:13).

La definición de D. Rössler: "Cura de alma es la ayuda para ganar la certeza de tener vida (Lebensgewissheit); ella apunta a fortalecer, promover, renovar o fundamentar esta certeza", se puede formular de forma muy parecida para el Antiguo Testamento: "Cura de alma es la ayuda para ganar la certeza de tener contacto con la fuente de vida que es Yahvé mismo, ella apunta a fortalecer, promover, renovar o fundamentar esta certeza".

En última instancia es Yahvé mismo el que se dedica a curar las almas cuando vuelve a asegurar su presencia, según sus promesas. Por consiguiente, la oración, el diálogo con Dios, es un lugar privilegiado de cura de almas veterotestamentaria:

"¿Hasta cuándo tendré conflictos en mi alma...? Mi corazón se alegrará en tu salvación. Cantaré a Yahvé porque me ha hecho bien".
(Sl 13:2+5s).

A continuación, profundizamos lo recién expuesto con los ejemplos de los salmos y del libro de Job.

3. 2. 1. *La cura de almas de los salmos*

Con los salmos, el Antiguo Testamento ofrece, según Christian Möller, profesor emérito de teología práctica en Heidelberg, algo así como
una ayuda para la respiración (*Atemhilfe*)[21]. Esta imagen por su visión to-
talitaria me parece muy acertada. Cuando perdemos el aliento, también
sufre nuestra alma.

**"Como el ciervo brama por las corrientes de las aguas, así clama
por ti, Dios, el alma mía...".** (Sal 42:1).

Es el aliento de Dios que hace de nosotros seres con vida (Gn 2:7),
almas vivas, que coincidimos en la alabanza a Él, **"Todo lo que respira
alabe a Yahvé".** (Sl 150:6). Si Dios no respira más en nosotros, dejamos
de existir:

**"... les quitas el hálito, dejan de ser y vuelvan al polvo. Envías tu
espíritu, son creados...".** (Sl 104:29s).

Cura de almas es prestar atención a la consonancia humana con el
movimiento del espíritu creador de Dios.

La mejor cura de almas, la más bella y la más importante en el sentido
hebraico, es conseguir que el ser humano concuerde en la lamentación
y la alabanza ante Dios, porque así vuelve a encontrarse con el ritmo de
la respiración de Dios y orienta su alma plenamente hacia Dios, hacia el
hálito del cielo[22].

La cura de almas que ofrecen los salmos consiste en proporcionar las
palabras para que el ser humano, como individuo o como pueblo, pueda
expresar su vida en sus alegrías, peligros, penas, angustias, deseos de ven-
ganza, broncas, iras, alabanzas y gratitudes frente a Dios. Los salmos son
palabras de vida en el doble sentido de hablar **de la vida** y de ser palabras
para la vida. Son palabras que relatan la vida humana, la exponen frente
a Dios y le dan vida porque hablan de la presencia de Dios, que es la
fuente de toda vida.

---

21 MÖLLER, Christian (editor), *Geschichte der Seelsorge in Einzelporträts*, Vandenhoeck & Ruprecht
tomo 1, Göttingen 1994, p. 11.
22 MÖLLER, Christian, op. cit., p. 12.

Los salmos proporcionan las palabras para expresar los problemas, el miedo, la aflicción. La angustia mayor es la que no tiene palabras. El lenguaje de los salmos usa imágenes que conocemos de los sueños y las pesadillas:

"¡Sálvame, oh Dios, porque las aguas me llegan hasta el cuello!". (Sl 69:2).

"Me hundo en el cieno del abismo, sin poder hacer pie; he llegado hasta el fondo de las aguas, y las olas me anegan". (Sl 69:3).

"Está seco mi paladar como una teja y mi lengua pegada a mi garganta". (Sl 22:16).

"Estoy exhausto de gritar, arde mi garganta, mis ojos se consumen de esperar a mi Dios". (Sl 69:4).

Así los salmos ofrecen palabras a las personas en sus angustias hasta las más desesperadas, gritos, pidiendo socorro hasta para preguntar por Dios. Cristo, en la cruz, gritó, sirviéndose de unas de ellas:

"Dios mío, Dios mío ¿por qué me has desamparado?". (Sl 22:1).

Los salmos ayudan a expresar ansiedades, miedos y penas, pero no nos dejan solos con esto. Saber expresar su miedo es el primer paso, es importante tener palabras y con ellas entrar en un diálogo con alguien para así vencer el miedo. Si las palabras de la Biblia son conocidas, aprendidas de memoria ya en la niñez, en los momentos de necesidad surgen como amigos, acompañantes que abrigan el dolor y la desesperación, al igual que expresan alegría y júbilo en otros momentos. Quien tiene las palabras del salterio a su disposición, y las usa en situaciones excepcionales, ya no reza cualquier poesía, sino que habla con Dios y, como diría Dietrich Bonhoeffer, habla con las palabras que Dios quiere que diga[23]. Los salmos nos hacen entrar en un diálogo con Dios. Nos colocan frente a Dios y nos demuestran a Dios en una forma muy concreta, con muchas imágenes, caras de Dios, que responden a nuestras angustias, necesidades, anhelos de ser protegido...

---

23 Cf. BONHOEFFER, Dietrich, "El libro de oración de la Biblia", en *Creer y Vivir*, Salamanca 1974, pp. 13–163.

"Yo te amo, Yahvé, mi fortaleza, mi salvador, que de la violencia me has salvado". (Sl 18:2).

"Yahvé, mi roca y mi baluarte, mi liberador, mi Dios; la peña en que me amparo, mi escudo y fuerza de mi salvación, mi ciudadela y mi rcfugio". (Sl 18:3).

Los salmos hablan de una fuerza y un poder que cambian algo importante en la vida del individuo y del pueblo:
"De un instante es su cólera, de toda una vida su favor; por la tarde visita de lágrimas, por la mañana gritos de alegría". (Sl 30:5).

La cura de almas del salmista llega a su culminación, cuando no solamente toma de la mano a su lector, facilitándole las palabras para expresar su angustia, y presentándole a un Dios que le espera justamente ahí, en el abismo, en la más profunda depresión, sino que, en el momento preciso, el salmista suelta la mano del lector y le hace hablar solo, dirigiéndose a Dios. Esto pasa dentro de un solo salmo: p. ej. en el Salmo 23:

Primero escuchamos estas imágenes tan familiares en las que generaciones se apoyaron en ellas:
"Yahvé es mi pastor, nada me falta.
Por prados de fresca hierba me apacienta. Hacia las aguas de reposo me conduce,
y conforta mi alma; me guía por senderos de justicia, en gracia de su nombre". (vv. 1-3).

Pero ahora viene la prueba: ¿qué pasa cuando la vida se presenta muy difícil, cuando las sombras de la enfermedad y de la muerte me acechan en mi camino? Cuando pase por valle tenebroso... (V. 4a) ahora el salmista no habla más *de* Dios, sino que, como para asegurarse de la realidad de la presencia concreta de Dios, se dirige directamente a Él, habla *con* Dios: **"Ningún mal temeré, porque tú vas conmigo".** (v. 4b); y es como si se dejara caer en unas manos grandes protectoras, cariñosas, cuando dice:
"...tu vara y tu cayado, ellos me sosiegan".
"Tú preparas ante mí una mesa frente a mis adversarios; unges con óleo mi cabeza, rebosante está mi copa". (Vv. 4c + 5).

44

Al final surge otra vez distancia. Es como si escucháramos el profundo respiro, cuando concluye:

"Sí, dicha y gracia me acompañarán todos los días de mi vida; mi morada será la casa de Yahvé a lo largo de los días". (v. 6).

Donde en las Biblias traducidas el salmista dice "yo" o "mi vida" en el texto original hebreo dice נֶפֶשׁ (alma, mi existencia, todo mi ser).

El lenguaje de los salmos es el lenguaje del alma. A este, raras veces se presta atención en lo cotidiano. Estamos acostumbrados a un lenguaje directo, al menos profano, concreto. Pocas veces leemos entre líneas y, a menudo, falta tiempo para escuchar y descifrar las imágenes. Cuántas veces en el correr de un día violentamos el alma de alguien, o de nosotros mismos, por suprimir y pasar por alto algo que se nos dice en lenguaje simbólico. Hay alegrías que son tan grandiosas y verdades tan avasalladoras, que nos faltan las palabras. Entonces, recurrimos a dichos, citas e imágenes conocidos. El cura de almas tiene que estar atento cuando alguien le dice... **"Mi alma rehusaba el consuelo...".** (Sl 77:3).

3. 2. 2. *Job. Un pedazo de historia de la cura de almas hecho literatura*

El libro de Job pertenece a la literatura sapiencial cuya superación está perfilándose en las páginas de este libro; es decir, la sabiduría veterotestamentaria llega a su terminación con los problemas que se le plantea en esta obra. Se la puede leer como el relato de un proceso de cura de almas en una situación de gran sufrimiento, en el que fracasan las herramientas *poiménicas* tradicionales de la época. El israelita del siglo V a. C. adquirió su certeza de vida (*Lebensgewissheit*) por la adoración que sentía frente al orden divino del mundo:

"Yo te doy gracias por tantas maravillas: prodigios son tus obras. Mi alma conocías cabalmente...". (Sl 139:14).

Frente al destino de Job fracasa una cura de almas que pretende saber hasta sus últimas consecuencias el porqué del sufrimiento del individuo humano; y que se siente llamado a defender a Dios frente a las preguntas existenciales de los hombres.

El libro de Job se compone de varias partes. Hay el antiguo relato (cap. 1-2 y 42:10-17). En este texto leemos: Job, un hombre que vivía una vida recta y sin tacha, y que era un fiel servidor de Dios, perdió todos sus bienes, se quedó sin hijos y contrajo una horrible enfermedad. La explicación que da el antiguo relato es, "El sufrimiento es una prueba que Dios manda. Job sale aprobado de este experimento y Dios gana su apuesta que hizo con Satanás". Dice Job:

"Desnudo vine a este mundo, y desnudo saldré de él. El Señor me lo dio todo, y el Señor me lo quitó; ¡bendito sea el nombre del Señor!". (Job 1:21)

Con esto quiere decir:
"Si aceptamos los bienes que Dios nos da, ¿por qué no vamos a aceptar también los males?". (Job 2:10).

Obviamente, esta actitud pasiva y de fatalismo de Job, y la imagen de un Dios caprichoso que se divierte con Satanás a costo de un ser humano, era difícil de aceptar por las generaciones siguientes. Se agregó al libro una gran parte donde se presenta a un Job diferente. Se pinta al rebelde, que no acepta sus sufrimientos. Job formula la pregunta tan humana frente a la desgracia: "¿Por qué yo?". Al no tener una respuesta, porque su vida es justa, recta y sin una sombra de pecado, Job llega a la conclusión, "¡Dios, entonces, es injusto!".

Sus amigos, conmovidos por el sufrimiento que toca a este hombre recto y temeroso de Dios, pero, a la vez, espantados por semejante insinuación de un Dios injusto, intentan consolar a su amigo. Utilizan argumentos conforme a la teología de su época. Mediante la tradición de la sapiencia, que encuentra una razón para todas las cosas y acontecimientos, explican el sufrimiento de Job por el concepto de la culpa. La teología de los amigos supone que, quien sufre tantos males debe ser un gran pecador, aunque diga que no lo es. Insisten en que Job confiese su extraordinario pecado oculto que le ha llevado a un sufrimiento sin alivio y sin salida posible.

Los compañeros de Job reaccionan frente a las desgracias de su amigo, al igual que muchas personas hasta hoy, que no soportan el 'sin sentido' del sufrimiento. Espanta la idea de que es el azar que distribuye la buena y la mala suerte. Parece más fácil sospechar de un viejo amigo, de algunos puntos oscuros en su biografía, que soportar que le tocó una desgracia que no tiene explicación. Elifaz supone "Por algo será" (cap. 4). "Donde se ve humo, hay fuego", afirma la voz popular hasta el día de hoy. Pero Job (6,10) contesta:

"¡Soy justo, si soy pecador, no más que otros!".

El amigo Bildad sospecha, "¿No será que tus hijos pecaron?". (Job 8:1-6). Pero Job se endurece: **"Dios se burla del inocente...".** (Job 9:22-23).

El tercer amigo Zofar propone otra explicación: "Tú, como hijo, estás pagando por los pecados de tus padres...". (cap. 11 + 20). Un cuarto amigo, Eliú, en una intervención posteriormente agregada al libro, dictamina, "Es Dios que educa y advierte por el sufrimiento humano que él mismo manda con esta finalidad". (cap. 32-37). Pero Job no puede aceptar una tal cura de almas por parte de sus amigos, en forma de unas explicaciones a base de un racionalismo y de las ciencias de su época. Aplastado ahora no solamente por las desdichas que destruyeron todo lo que era antes su vida, sino también ahogado por los intentos de sus amigos de culparle a él mismo por todos sus sufrimientos, Job pide que le dejen hablar a él: **"Escuchadme, yo hablaré".** (Job 13:13).

Encontramos en esta súplica del hombre que sufre inocentemente –al menos en las mismas condiciones que todos, un hombre promedio– una importante señal que orienta nuestra cura de almas. Con estas tres palabras Job pide mucho de sus amigos curas de almas.

Pide que le concedan un espacio de tiempo y atención donde él puede desahogarse y hablar de lo suyo desde su punto de vista.

Job pide a sus amigos que entiendan cómo él interpreta su situación: **"Estad atentos a los argumentos de mis labios".** (Job 13:6b); demanda que no tenga que ajustar su manera de experimentar la situación a una supuesta lógica superior a sus emociones. Requiere que no tenga que dejarse corregir por el saber de personas más doctas, quienes, en su aparente objetividad, vean las cosas más claras que el sufrido y dolorido sujeto.

Además, Job reclama la solidaridad de sus amigos en el rol de curas de almas, esta solidaridad que significa soportar con el afectado la situación tal como se le presenta y como él la interpreta. Job pide que se le acompañe sin hacer nada donde no se puede hacer nada; que sus amigos, preocupados por su alma, no huyen en un dogmatismo ciego a base de que se saben explicar todo lo que le ocurra, sino que resistan con él aún frente al 'sin sentido'.

Finalmente, con esto Job insiste en que sus curas de almas dejen que Dios sea Dios, libre en su actuar, y que no lo substituyen por una imagen hecha según sus necesidades, y hecha por el miedo frente a la imaginación de un Dios que no supiera defenderse a sí mismo. Job prefiere a Dios en su libertad de esconderse y de dejar al ser humano en la oscuridad del no entenderlo. Contra este Dios Job puede rebelarse, culpándolo de ser injusto, mientras insiste en su inocencia humana; al menos, no es peor que otros. Los amigos defienden a Dios (de la alianza) y al orden justo del mundo (sabiduría) y con esto traicionan a ambos.

A esta altura del drama, interviene Dios mismo. Critica a los amigos y se enoja con ellos porque no dijeron la verdad sobre Él (Job 42:7-10). Job así, justificado en su rechazo frente a la pastoral de consolación de sus amigos, y en su derecho de dirigirse con su rebelión a Dios mismo, provoca a Yahvé y lo llama a juicio. En este encuentro final, Dios hace entender a Job que su sufrimiento no se entiende desde su punto de vista individualista, sino que es el precio por la creación de un mundo donde el hombre sea dignamente libre colaborador de Dios en la creación.

Con esto último, ya sobrepasamos los límites, no solamente de la sabiduría, sino de todo el Antiguo Testamento, de esta pregunta tan decisiva para la cura de almas. El Nuevo Testamento retomará el tema del sufrimiento y lo contestará relacionándolo con el destino de Jesucristo, el Hijo de Dios.

Si definimos, siguiendo a Rössler, para el Antiguo Testamento: "Cura de alma es la ayuda para ganar la certeza de tener contacto con la fuente de vida que es Yahvé mismo, ella apunta a fortalecer, promover, renovar o fundamentar esta certeza", aprendemos de Job, que esta certeza no se gana a base de las ciencias humanas, sino que es exclusivamente el don del Dios libre, que permite nuestra queja y rebelión; y nos concede su presencia, aún en los momentos más difíciles y de sufrimiento, enloqueciendo; de esta manera, la sabiduría del mundo (1 Cor 1:20).

3.3. Cura de almas en el Nuevo Testamento

El problema que se plantea es que, antes que uno pueda buscar referencias a una cura de almas en la Biblia, es menester definir lo que es cura de almas; o sea, es lo que se está buscando.

Para el Antiguo Testamento, nos hemos valido de la definición de Dietrich Rössler, cuyo concepto de *Lebensgewissheit* es lo suficiente amplio para abarcar muchas formas diferentes de cura de almas. Sin embargo, tenemos que tener cuidado. Puede resultar problemático dejarse llevar por un concepto moderno de cura de almas que, por varias razones comprensibles, no puede haberse desarrollado ni puede haber sido conocido en los tiempos bíblicos y que, por ende, sería ajeno a los textos antiguos. Para buscar enfoques de cura de almas en el Nuevo Testamento utilizaremos una perspectiva distinta. Roland Gebauer, docente para el Nuevo Testamento en Giessen, propone una definición, desde la teoría de la comunicación, que no conlleva ya conceptos teológicos determinados. Un resumen de esta definición es:

Cura de almas es un proceso de comunicación interpersonal e intermediado, en el que la persona que realiza la cura de almas, como participante dominante (emisor), asiste a una, o a varias personas, en su problemática especial de vida (receptor), relacionando la situación y el evangelio (contenido) de forma dialógica (método); y así está intentando ayudar a la/s personas a resolver su problema desde la perspectiva de la fe; es decir, aprendiendo de esta manera a vivir su vida desde la relación que Dios estableció con ella/s[24].

Esta definición permite encontrar en el Nuevo Testamento textos que se refieren a una cura de almas, ya sea como relatos de unos encuentros, o como partes de contactos pastorales, o como enfoques teóricos sobre la cura de almas. Son tres las preguntas que Gebauer hace para identificar estos textos bíblicos que se refieren a la cura de almas:

1. ¿Hay un emisor con la intención de ayudar, en un campo vital, desde la fe?
2. ¿Hay un receptor al que apunta el intento del emisor y que, desde su situación, influye decisivamente en el contenido del proceso de comunicación?

---

24 GEBAUER, Roland, *Paulus als Seelsorger, Ein exegetischer Beitrag zur Praktischen Theologie*, Stuttgart 1997, p. 64s.

3. El contenido del proceso de comunicación tiene que reflejar claramente el intento de relacionar la situación del recipiente con el mensaje evangélico.

Donde se afirman estos tres puntos, Gebauer dice que son testimonios de una cura de almas en el Nuevo Testamento referidas a lo material; obviamente no se usó la terminología moderna. Gebauer llega a la conclusión de que el Nuevo Testamento nos habla de la cura de almas en tres formas distintas:

a) En relatos sobre encuentros de cura de almas de Jesús o de los apóstoles. Los evangelios y los Hechos de los Apóstoles nos brindan estos relatos. Sin embargo, es difícil sacar de estas narraciones una imagen clara de lo que fue, históricamente, la cura de almas de los protagonistas, porque los relatos no son memorias literales de entrevistas pastorales. Más bien son cuentos narrados que nos llegan ya con el énfasis en lo trascendental de los acontecimientos. Nos presentan, más bien, modelos ideales de cura de almas. Con esto, obviamente, no queremos negar la importancia de estos relatos neotestamentarios para la cura de almas posterior y hasta hoy en día. Pero una cosa es el empleo de imágenes o símbolos bíblicos en una entrevista pastoral en la actualidad y otra la búsqueda, con interés histórico, de informaciones sobre la manera de cómo los primeros cristianos trabajaron pastoralmente.

b) En el Nuevo Testamento son pocas las reflexiones sobre lo que es, o tendría que ser, la cura de almas. Una teoría *poiménica* todavía no está en la mente de los autores neotestamentarios.

c) Pero aun con el tercer grupo de textos, aquellos, que, como tales, tienen una cierta intención pastoral, no tenemos otra cosa que "la instantánea de una de cura de almas" (*seelsorgerliche Momentaufnahme*)[25] lo que nos da una idea muy limitada de lo que fue la cura de almas en la Iglesia primitiva.

En este último sentido, Gebauer menciona, como documentos de cura de almas, las conversaciones que mantuvo Jesús con sus discípulos en la segunda parte del evangelio de san Juan. El evangelista relata estas

---

25 GEBAUER, Roland, 1997, p. 67.

charlas de despedida con la intención de consolar a su congregación en la situación postpascual.

El libro del Apocalipsis trata de la cura de almas bajo la forma de una intervención literaria en situación de crisis. Da consuelo, esperanza y exhorta a todos a mantenerse firmes en el tiempo de persecución y en las aflicciones. En su empleo de imágenes, tiene algo de este acceso directo al alma humana del que tratamos en el capítulo sobre los Salmos. Pero también hay que tener en cuenta que las imágenes del Apocalipsis son lenguaje en clave, que tiene la función de oscurecer y proteger lo dicho frente al 'no iniciado' en la situación peligrosa de una iglesia perseguida por las fuerzas estatales.

Notable es el enfoque pastoral de consolar y exhortar en la 1.ª carta de san Pedro y en la carta a los hebreos. En esta epístola aparece también la noción de los pastores que "Velan por vuestras almas". (He 13:17). Las cartas pastorales (1 Ti; 2 Ti y Tit) son una ficción literaria sobre una cura de almas de Pablo con Timoteo y Tito. En las cartas genuinas del apóstol Pablo (1 Te; 1 Cor; 2 Cor; Ga; Ro; Flp) encontramos, según la investigación de Roland Gebauer, los documentos más antiguos de la cura de almas cristiana.

3. 3. 1. *La cura de almas de san Pablo*

En las epístolas del apóstol Pablo hallamos los escritos más antiguos de la cura de almas cristiana. A base de una exégesis minuciosa de las cartas del apóstol, Gebauer llega a detectar tres intenciones básicas de la cura de las almas paulina:

a) El fortalecimiento y el acompañamiento de las congregaciones en crisis, en especial la de Corinto y la de Filipos.

b) La corrección de algunos desarrollos equivocados en el centro de las congregaciones de Corinto y, en cierta manera, también en Roma.

c) La conservación; es decir, el intento de mantener firmes a los cristianos en la salvación por el evangelio. El apóstol lucha contra enseñanzas ajenas al evangelio y contra el peligro de que miembros de las congregaciones se desvíen o pierdan la verdadera fe; así en 1 y 2 Cor y en la carta a los Gálatas.

La cura de almas no es una tarea exclusiva del apóstol, sino que Pablo exhorta a los miembros de las congregaciones a preocuparse, con sus distintos dones, por el otro y por la Iglesia en general. Las tres intenciones básicas que conocemos en las cartas paulinas dibujan *EN NUCE* los tres aspectos de la cura de almas, como se los encontrarán a lo largo de toda la historia de la Iglesia posterior:
1. El cuidado de no separarse de Cristo y su Iglesia.
2. El acompañamiento y la ayuda en situaciones de crisis.
3. La preocupación por una praxis de vida cristiana.

Se puede hablar, en este sentido, de una estructura trinitaria de la cura de almas. En su aspecto ontológico, se preocupa por la ubicación del ser humano en el orden de la creación, frente a problemas vitales como, por ejemplo, una enfermedad o una situación grave que deja sentir la cercanía de la muerte. Hay crisis graves que ponen en peligro la identidad de unas personas y que pueden requerir su reubicación en el orden del mundo, como criaturas de Dios.

En su aspecto cristológico, la cura de almas se dedica a la reconciliación con Dios y con los demás por la gracia en Cristo. Se trata de la sociabilidad de una persona que, por ejemplo, después de un fracaso o de haber cometido un delito que violaba la paz y la integridad de su entorno físico, necesita ser perdonada y aceptada de vuelta a su ámbito social.

En su aspecto pneumatológico, la cura de almas es guiada por el desarrollo de una nueva ética bajo la dirección del Espíritu Santo. Este aspecto *poiménico* se caracteriza por la ayuda a proyectar un futuro para las personas que, por varias razones, han perdido la capacidad de ver el porvenir con optimismo y con perspectivas lo suficiente atractivas, para estimular las fuerzas vitales.

Es interesante que más tarde, en el concepto de cura de almas de Martín Lutero, reencontraremos esta estructura trinitaria.

Con el apóstol Pablo empieza, pues, la historia documentada de la cura de almas cristiana propiamente dicha.

3. 3. 2. *Jesús, el cura de almas ejemplar*

Ya arriba mencionamos las dificultades que se presentan, cuando se pregunta por la cura de almas de Jesucristo mismo, más allá de los documentos posteriores, con una intención pastoral directa o implícita de la Iglesia primitiva. Con una mentalidad historicista no se puede recuperar la "vida auténtica" de Jesús. Albert Schweitzer aclaró esto en su libro: *Historia de la investigación sobre la vida de Jesús,* que publicó en el año 1906. Explica las limitaciones y tendencias de tales intentos:

Cada época de la teología descubría sus propias ideas sobre Jesús y, solo de este modo, conseguía darle vida. Pero no eran únicamente las distintas épocas las que se veían reflejadas en él, sino que cada uno en particular creaba la imagen de su propia personalidad. No hay empresa histórica más personal que la de escribir una Vida de Jesús[26].

El dictamen de Schweitzer acerca de las historias de la vida de Jesús se aplica, aun con mayor razón, a los ensayos sobre la cura de almas de Jesús, en los que influye la *poiménica* de los autores neotestamentarios en un alto grado. Pero incluso para un investigador moderno de la *poiménica* de Jesús, consciente de todos estos problemas, se presentan las siguientes dificultades:

- Primero, los relatos de la cura de almas de Jesucristo; o sea, los evangelios, no son documentos estrictamente históricos, sino *querigmáticos*.

- Segundo, en la persona de Jesucristo se unen, según la fe de los autores bíblicos, el mensaje y el mensajero. Jesús mismo es la cura de almas, o, dicho de otra manera, él es el punto de referencia de toda pastoral evangélica.

Sin embargo, no faltan los intentos de describir las características de la cura de almas de Jesús, como modelo de una cura de almas para sus seguidores. Mencionamos tres ejemplos:

1) Del comienzo de la historia cristiana. En el evangelio de san Juan, Jesús aparece de manera especial como cura de almas de distintas personas y, más que nada, de sus seguidores. A ellos les deja la tarea pastoral y el poder de perdonar o retener pecados.

---

26 SCHWEITZER, Albert, *Die Geschichte der Leben-Jesu-Forschung I, II,* Munich-Hamburgo 1966, p. 48; la cita traducida por Leonardo Boff, *Jesucristo el Libertador,* Santander 1987, p. 18s.

2) De los tiempos más recientes, mencionamos un libro de la escuela de C. G. Jung. La autora es Hanna Wolff; el título traducido al castellano sería "Jesús como psicoterapeuta"[27].

3) Como último ejemplo, tomamos la imagen del Jesús histórico que nos ofrece Howard Clinebell, en su libro *Asesoramiento y cuidado pastoral*. Clinebell da una fundamentación bíblica de su cura de almas en algo cuestionable[28].

3. 3. 2. 1. Jesús, el cura de almas según san Juan

El evangelista Juan nos presenta a un Jesús, cura de almas de sus seguidores, que se preocupa por la *Lebensgewissheit* de los discípulos. **"Yo he venido para que tengan vida y la tengan en abundancia".** (Jn 10:10).

Pero, es más; Jesús no dialoga pastoralmente solo con las personas que se acercan a él con sus problemas. Según san Juan, Jesús es El Buen Pastor (Jn 10) del que provienen los demás pastores; es decir, en un primer momento, se refiere a sus discípulos. A ellos se dirige de manera especial la cura de almas de Jesús, según Juan. En los capítulos 13 al 16, se dirige a sus discípulos con la intención de prepararlos para la despedida. Jesús les enseña cómo vivir sin su presencia física. Estos aprendizajes se dirigen, según el nivel literario del evangelio de san Juan, a la segunda generación de cristianos, que ya tienen que vivir sin la presencia física de los discípulos. A ambos, a los discípulos despidiéndose de su maestro y a los primeros cristianos que solo tienen un contacto directo con algunos testigos oculares, se promete el apoyo del Espíritu, que es el verdadero consolador como Jesús mismo lo fue. Este Espíritu de la verdad estará para siempre con los que aman a Cristo. Los cristianos no quedarán huérfanos (Jn 14:18).

En otra oportunidad, el Jesús joánico se dedica a personas individuales y es para ellos un auténtico cura de almas. Así en las bodas de Caná, donde salva la alegría de la fiesta (cap. 2), así con Nicodemo, a quién

---

27 WOLFF, Hanna, *Jesus als Psychotherapeut, Jesu Menschenbehandlung als Modell moderner Psychotherapie*, Radius, Verlag Stuttgart 1978 (19909). Existe una edición en portugués: WOLFF, Hanna, *Jesús Psicoterapeuta*, São Paulo: Paulinas, 1990; y una al inglés: *Jesús the Therapist*, Yorktown Hights 1987.
28 CLINBELL, Howard, *Asesoramiento y Cuidado Pastoral*, (*Basic Types of Pastoral Counceling*, 1966), Buenos Aires 1995.

habla de la nueva vida espiritual (cap. 3) y así con la mujer samaritana con la que discute sobre la vida eterna y la verdad, la personal de ella y la de la verdadera adoración de Dios (cap. 4).

En el relato del paralítico de Betesda (Jn 5:1-18), san Juan nos muestra, como modelo, los rasgos principales de la cura de almas de Jesús[29]: Juan narra que Jesús había subido a la ciudad de Jerusalén el día de una fiesta judía. Cerca de la llamada Puerta de la Ovejas, en la Casa de Gracia (en hebreo Betesda), entre los enfermos, cojos, ciegos desesperadamente esperando un milagro, Jesús ve a aquel paralítico que le llama la atención y con esto empieza la cura de almas:

1.) **"Jesús, viéndole..."**. (v.6). La cura de almas de Jesús empieza con el 'ver', con el cambio de la óptica, con su capacidad de desviarse de su camino. Jesús iba a trasladarse hacia aquella fiesta y ahora deja que el enfermo capte su atención.

2.) **"Y sabiendo que llevaba ya mucho tiempo..."**. Jesús sabe escuchar la historia del enfermo, se toma el tiempo de atender, y así toma en serio al enfermo en su situación particular. Por el otro lado, Jesús no se queda con el paralítico en su situación desesperada, no sube al carrusel de sus problemas, dando vueltas y más vueltas sin salida. En un momento dado, corta el relato para hacerle preguntas.

3.) **"¿Quieres curarte?"**, Jesús pregunta. La pregunta de Jesús incluye al paralítico en el proceso de curación. Con la pregunta empieza a vivir; de repente, habla, cuenta, se desahoga (v.7), dándose cuenta; sin embargo, de que no había ninguna probabilidad de éxito en su estrategia de esperar un milagro.

4.) **"Levántate, toma tu camilla y anda"**. (v.8) Las palabras de Jesús son poderosas. Devuelven la vida y la salud al enfermo. Son una proclamación del poder de Jesús (cf. 9, 7; 11, 43).

---

29 Nos apoyamos en el artículo de Hartmut BÄREND, "Johannesevangelium" en Christian MÖLLER (editor), *Geschichte der Seelsorge in Einzelporträts,* Vandenhoeck & Ruprecht tomo 1, Göttingen 1994, pp. 69-78.

5.) «**Más tarde Jesús le encuentra en el Templo y le dice: "Mira, estás curado; no peques más, para que no te suceda algo peor"**». (5, 14). La cura de almas de Jesús no termina con la curación, sino que desemboca en un proceso de acompañamiento posterior. Del que fue curado se espera un cambio entero de vida.

Como motivacion de la cura de almas de Jesús, se puede señalar lo que dice en su encuentro con Nicodemo:
"Porque tanto amó Dios al mundo que dio a su Hijo único, para que todo el que crea en él no perezca, sino que tenga vida eterna". (Jn 3:16).

Es Dios en su amor que quiere que sus hijos tengan vida eterna, lo que, en el lenguaje de Juan, es lo que Rössler designa con el concepto de tener la certeza de participar de la verdadera vida (*Lebensgewissheit*).

La cura de almas de Jesús, es un servicio que él brinda en primer lugar a sus discípulos. Ellos tienen que consolarse mutuamente y, con la ayuda del Espíritu Santo, son mandados al mundo donde participan en la autoridad de Jesucristo:
"A quienes perdonéis los pecados, les quedan perdonados; a quienes se los retengáis, les quedan retenidos". (Jn 20:23)

El evangelista Juan, sin lugar a dudas, nos presenta a un Jesús, cura de almas y cuerpos, que llama a sus seguidores (**"Venid y ved"** 1:39), para que aprendan, en la vida en comunión con Él, como ser cura de almas en este sentido amplio de Jesús. Sin embargo, es importante recordar que la autorización a curar las almas siempre depende del poder de Jesús o de la presencia del Espíritu Santo. No está a la libre disposición de los seguidores. Solamente en este sentido se interpretan bien los milagros de Jesús, sin caer en la tentación de tomarlos como manuales de curaciones al alcance de todos.

Los milagros son acentos mesiánicos, señales, signos de exclamación que dan testimonio de la cercanía del Reino de Dios en la persona de Jesucristo y en la iglesia de sus seguidores (He 5: 12). Los milagros no son instrucciones o ejemplos para la acción diacrónica, ni para la cura de almas. Jesús no es un médico que quiere enseñar a los "colegas" (en Mc 5:26/Lc 8:43) cómo perfeccionar su profesión. Si Marco en su evangelio (2:17) llama a Jesús, a pesar de todo, "médico", se refiere a otro tipo de médico. Jesús es el médico que, por ejemplo, cura la ceguera del mundo, siendo él mismo la "luz del mundo", como dice san Juan (Jn 8:12). Ningún médico, ningún diácono, ningún cura de almas, nadie jamás lo hará. El Mesías se legitima por los milagros. Esta es la función de estas acciones. Solamente en este aspecto los milagros tienen su importancia. El evangelista Juan los llama σημεῖα (señales Jn 4:48) interpretando el material de su fuente especial de milagros (Jn 2, 1-11; 4, 46-52, sin 48)[30].

Con esta advertencia nos dirigimos al arriba mencionado libro de Hanna Wolff.

3. 3. 2. 2. Jesús el psicoterapeuta

La manera en la que Jesús trató a las personas que se encontraron con él es, según Hanna Wolff, discípula de la escuela de C.G. Jung y Oskar Pfister[31], un modelo para el psicoanálisis moderno.

En el Nuevo Testamento, así explica Hanna Wolff, en la misión de Jesús, ocurre en gran medida, lo que hoy en día llamaríamos psicoterapia. Por eso, constata, la terapia científica moderna puede aprender cosas importantes de Jesús. Por ejemplo, Jesús entiende, mucho mejor que las teorías científicas, la relación entre el ser humano y su psiquis. Las teorías científicas quedan fijadas en una imagen materialista, positivista, basándose en un mecanismo de instintos e impulsos.

Su gran habilidad como psicoterapeuta revela un Jesús, según Hanna Wolf, que conoce bien a su prójimo (Jn 2:25). Este conocimiento de los seres humanos se muestra en la manera como Jesús sabe leer sus pensamientos (Mt 9: 4), distingue su fe, su confianza e inclusive las inseguridades humanas (Mt 9: 2). Jesús percibe las motivaciones secretas (Mc 12:15) y sabe encontrar el punto débil de las personas (Lc 18:22). Muchas veces, la gente se asusta frente a un análisis tan acertado de su situación. Pero Jesús no se aprovecha de sus capacidades, sino que lleva a su interlocutor a un proceso de catarsis.

---

30 Cf. HEISE, Ekkehard, *La Diaconía de la encarnación como liberación de las iglesias*, Buenos Aires 1995, p. 161.

31 En su libro, *Analytische Seelsorge* del año 1927, Oscar PFISTER, un amigo de S. Freud, ya hace el intento de mostrar que el mismo Jesús en su cura de alma empleaba los conceptos básicos del psicoanálisis.

Frente a tanto poder, este no puede hacer otra cosa que ver la propia realidad como triste y pecaminosa. Después de estos momentos de autocomprensión y confesión, Jesús dice las palabras que curan. Pero, es más, el contacto con Jesús mismo es la curación. H. Wolff resuma: "El mismo era la terapia que recetó"[32].

Pero esto último vale, según H. Wolff, para cualquier psicoterapeuta. Su terapia no puede llevar al paciente más allá de lo que el propio terapeuta llegó. La persona del psicoterapeuta es su método y su terapia. Por consiguiente, entramos aquí en un conflicto, que la misma autora señala y que destaca, que no hablamos de una cura de almas (o psicoterapia) del Jesús histórico, sino más bien de una lectura psicoterapéutica de los relatos evangélicos. De esta manera, se reduce a Jesús en su significado para las personas y se restringe su mensaje libertador. "Nosotros no somos Jesús", reconoce H. Wolff, "Y, por ende, no podemos efectuar la terapia que él brindó"[33]. H. Wolff hace una relectura y, en consecuencia, una interpretación de la cura de almas de Jesús.

En esto, el concepto de la psicoterapeuta es un modelo con varios enfoques teológicos, filosóficos y psicológicos que se apoderan de un supuesto Jesús histórico para hacerlo protagonista de su respectiva teoría. Se entiende a Jesús bajo algunos aspectos aislados, a lo que probablemente tienen derecho, pero por consecuencia se perciben sus aportes solamente dentro de los distintos enfoques científicos. De esta manera, no resalta la aportación propia del Jesús histórico, ni a la *poiménica* ni a otras ciencias[34].

3. 3. 2. 3. Jesús, partero pastoral en el proceso de crecimiento

Lo expuesto en el párrafo anterior, vale también para la imagen que nos da Howard Clinebell de Jesús. H. Clinebell es un representante de la *poiménica* estadounidense que, más que nada, pone el énfasis en la potenciación y estimulación del crecimiento y de la madurez de las personas en

---

32 WOLFF, Hanna, 19909, p. 12.
33 WOLFF, Hanna, 19909, p. 12.
34 Menciono como ejemplos el libro de la misma autora, *Jesus der Mann,* (Jesús el hombre), Stuttgart 19773.

busca de ayuda espiritual. La imagen de Jesús que presenta Clinebell no es una descripción histórica, crítica de lo que hizo Jesús en su contacto con la gente, sino una interpretación, que parte ya de un cierto concepto predeterminado, para después encontrar en Jesús al gran maestro de esta línea de cura de almas que Clinebell llama "asesoramiento y cuidado pastoral". Para el consejero pastoral estadounidense, la tarea del asesoramiento pastoral consiste en "...guiar a otros seres humanos en su trayecto interior hacia la plenitud"[35]. Para el concepto de "plenitud", como finalidad de toda cura de almas, Clinebell se apoya en Jn 10: 10. La vida eterna, vida en abundancia que Dios quiere para sus seres humanos, la vinculamos arriba con el concepto de *Lebensgewissheit* en Dietrich Rössler:

Cura de almas es la ayuda para ganar la certeza de tener vida (*Lebensgewissheit*); ella apunta a fortalecer, promover, renovar o fundamentar esta certeza[36].

Ahora en Clinebell la vida en abundancia; o sea, su noción de plenitud y de sanidad espiritual, parecen más a lo que Rössler llama *Lebensfähigkeit* (estar físicamente habilitado, capacitado, en condiciones de vivir sanamente; la salud). Cuando un pastor ha cumplido competentemente con su tarea, se puede decir, según Clinebell:

¡Mi persona, con todas sus flaquezas y fragilidades, ha sido un instrumento por medio del cual el espíritu del amoroso universo trajo sanidad y crecimiento a otro ser humano[37]!

Este enfoque socrático-platónico, en su optimismo acerca del crecimiento y acerca del "arte de partera", como actitud del acompañante en este proceso hacia la plenitud, no parecen provenir de la tradición cristiana. Tampoco el concepto de un "espíritu del amoroso universo" corresponde a lo que los evangelistas dicen del Espíritu Santo, que lleva a Jesús al desierto (Mc 1:12) y viene como Paráclito, que no es de este mundo (Jn 14:17; 16:33). Por consecuencia la imagen del Jesús histórico en Clinebell toma rasgos particulares. La cura de almas de Jesús es reducida a la encarnación de "la fórmula para el

---

35 Clinebell, 1995, p. 54.
36 RÖSSLER, Dietrich, 1994, p. 210. ("Seelsorge ist Hilfe zur Lebensgewissheit, sie soll die Lebensgewissheit stärken, fördern, erneuern oderbegründen").
37 CLINEBELL, 1995, p. 54.

crecimiento"[38]. Pero esta fórmula no es el VERBO DEI que se hizo carne, sino según Clinebell, algo como la suma de gracia y juicio, comunicada en amor, y que lleva al otro más cerca de la plenitud. De Jesús dice Clinebell:

Se preocupaba en profundidad y con sinceridad franca por todo tipo de personas, incluyendo a los rechazados y marginados de la sociedad: los pecadores, los psicóticos, los enfermos, los pobres. Se relacionaba con ellos en términos de lo que podrían llegar a ser, además de lo que eran. Los veía a través de los lentes de crecimiento y, por lo tanto, los ayudaba a crecer"[39].

Cabe señalar, en este contexto, que Clinebell no parte de una lectura exegética del Nuevo Testamento para deducir de ella su concepto de la cura de almas de Jesús, sino que introduce a Jesús como mejor ejemplo de su concepto (clinebelliano) de asesoramiento y cuidado pastoral.

Más abajo volveremos sobre este tipo de uso bíblico. Basta ahora afirmar la dificultad de conseguir datos sobre la cura de almas auténtica de Jesús, no solamente por falta de fuentes sino, como ya destacamos arriba, por el problema del *querigma* al que resucitó Jesucristo (Rudolf K. Bultmann).

---

38 CLINEBELL, 1995, p. 62.
39 CLINEBELL, 1995, p. 62.

HISTORIA DE LA CURA DE ALMAS

§ 4 La Iglesia en los primeros siglos después de Cristo

A pesar de los conceptos bíblicos que hemos conocido en los párrafos anteriores, la Iglesia antigua comparte, en gran medida, con la filosofía griega la apreciación del alma como la parte más importante del ser humano frente a su cuerpo. Esto es una de las consecuencias de la recepción de Platón y de la filosofía griega, en el seno del cristianismo, por los apologetas, en su interés por defender el cristianismo frente a la sociedad romana. Orígenes (185-253) explica que Dios, al igual que el alma humana, es un espíritu sin cuerpo y que todo lo corporal pertenece a lo inferior y defectuoso.

Por otro lado, la Iglesia mantiene la preocupación bíblica por todo el ser humano en su unidad de cuerpo y alma. Basilio de Cesárea (330-379) utiliza por primera vez la noción de una "cura de almas" como parte de la responsabilidad de los ministros eclesiales. La cura de almas es, según Basilio, una de las tareas pastorales, como el servicio a favor de los pobres, enfermos y marginados es otra. Juan Crisóstomo (344-407), como veremos, destacó como predicador con su preocupación social hacia quienes la dedicación a los más humildes y desfavorecidos era parte de su vida espiritual.

En los primeros siglos d. C., la Iglesia recibe también de los filósofos griegos el dualismo: por un lado, una preocupación por la cura de mi propia alma, que se desarrolla, de manera especial, al margen de la sociedad, en el monacato; y, por el otro lado, la dedicación a la cura de las almas de los demás que, más tarde, desemboca en la institución de la confesión, como principal herramienta de la cura de almas por los sacerdotes.

4. 1. El monacato en el desierto

Con la aparición del constantinianismo, a principios del siglo IV, desapareció la persecución de los cristianos y, con ella, la posibilidad del martirio como entrega total de la vida a la fe en Cristo. La nueva oportunidad que se ofreció para una semejante entrega total de la vida, era el retiro al desierto, a una vida de meditación, de contemplación, de silencio y de ascetismo. Con este programa, entró en el cristianismo la idea del monacato. No se sabe si sus raíces están en el judaísmo de la secta de los Esenios o de donde viene el ejemplo de una vida ascética. El libro *De vita contemplativa de Filón de Alejandría* (ca. 20 a. C.-50 d. C.) ha sido uno de los textos que más ha influido en los movimientos ascéticos de la Antigüedad. Seguramente, los monjes cristianos recurrieron a prácticas procedentes del oriente lejano, que pueden haber entrado en el mundo del cristianismo por vía de la ciudad de Alejandría, donde las culturas y religiones del oriente se mezclaron con las del occidente. El monacato cristiano retomó, a la vez, el concepto griego de una cura de almas para con uno mismo. Era la idea de avanzar hacia una vida espiritual ejemplar y fuera de lo común.

Los personajes que tomaron este camino de una entrega integral, a menudo se hicieron famosos como curadores de almas, no solamente de ellos mismos, sino de otros. La gente salió de las ciudades en busca del consejo de alguno de estos ermitaños. Eran hombres y mujeres que eligieron este camino para dedicarse plenamente a una vida de oración y contemplación. Asimismo, hay que subrayar el hecho de que también hubo mujeres que llegaron a ser curadoras de almas en el desierto, como ha sucedido en toda la historia de la cura de almas; siempre hubo mujeres que se destacaron por sus capacidades en la conducción y la consolación de las almas de la gente en su contorno. Acerca de las "madres del desierto" Günther Schulz y Jürgen Ziemer manifiestan:

"Ya la comunidad alrededor de Jesús y la Iglesia primitiva habían ofrecido a las mujeres ciertas posibilidades de ser humanos sin trabas; ahora el éxodo al desierto entusiasmó a las mujeres oprimidas y subordinadas en el mundo antiguo como una nueva salida hacia nuevas dimensiones sociales, antropológicas y religiosas. Ya en la segunda generación del desierto, a mediados del siglo IV, hallamos a la madre Sara y a una mujer anónima de Besarión. Seguramente hubo otras mujeres más que una tradición androcéntrica no nos ha conservado"[40].

Las sentencias y consejos de estos anacoretas (ἀναχώρησις= retiro) fueron reunidos, en el siglo V, en un libro con el título *Apohtegmata patrum*[41]. Las lecciones y pequeños relatos de este libro, ofrecen la aplicación del evangelio a la vida del individuo en frases simples, a veces en tono de oráculo o como consejos sabios. Se acreditaron por la práctica consecuente y radical. Con su estilo de caminar, dieron un ejemplo impresionante de una vida dedicada plenamente a la adoración y a la obediencia a Dios. Estos ermitaños adquirieron una profunda espiritualidad y sabiduría que era lo que la gente buscaba. Son tres las capacidades que se atribuyeron a estos reverendos padres y madres: la *cardiognosía*, que es el conocimiento de los corazones que se alcanza por el autoconocimiento del propio corazón; la *diacrisis*, que es la diferenciación entre si un impulso del alma viene de Dios, de los demonios o de la propia alma; y el *dioráticos*, que es la sabiduría de distinguir, detrás de las palabras y de los gestos, la profundidad del alma.

Es interesante que estas tres facultades de los sabios del desierto continúen siendo hoy en día los requisitos de la formación de los curas y

---

40 SCHULZ, Günther; ZIEMER, Jürgen, "Sarrha, Synkletika unjd Theodora (4.5. Jh.) Mütter der Wüste", en ZIMMERLING, Peter, (Hg) *Evangelische Seelsorgerinnen*–Biografische Skizzen, *Texte und Programme*, Göttingen 2005, la cita se encuentra en la pág. 25 (la traducción es mía).
41 Una edición en castellano ofrece la editorial LUMEN, *Apotegmas de los padres del desierto*, 208 pág. Buenos Aires.

las curadoras de almas modernos, con estudios psicológicos. Se les exige un amplio conocimiento de sí mismos y de su constitución psíquica, "de corazón" decían los anacoretas. Han de conocer los diferentes conceptos psicoterapéuticos sobre los impulsos y su influencia sobre las actuaciones y sobre las emociones de un individuo; y, finalmente, los curas y las curadoras de almas modernos aprenden diversas metodologías para entender empáticamente lo que está detrás de las palabras y de los gestos de sus interlocutores.

En la temprana Edad Media, las personas en busca de asesoramiento se dirigían a los ermitaños sabios con palabras que expresaban, no solamente la necesidad de obtener un consejo específico, sino todo su anhelo de ganarse la salvación:
"Padre dime una palabra, ¿cómo puedo ser salvado?".
No siempre recibieron respuestas. Del padre Sisoes (+429) se cuenta que, una vez, cuando un alumno le golpeaba la puerta, escuchó la voz del maestro:
"Ándate, huye, no entres, porque aquí dentro no hay tranquilidad"[42].

Desde su mundo de tranquilidad, meditación y profundo autoconocimiento, los anacoretas respondieron a las inquietudes de sus discípulos, de otros monjes, y de muchos que buscaban una palabra de orientación.
Un padre explica cómo hay que atender a la gente:
"No todo lo que te dicen te ha de gustar, ni debes estar de acuerdo con todas las palabras; más bien, cree cuidadosamente lo que te dicen, pero la verdad la dirás sin tardar"[43].

Hay un tema sobre el que los ermitaños volvieron a meditar con rigor y énfasis especial, en la soledad de su celda. Este tema era: la muerte. ¿Cómo debe el cristiano enfrentar sus últimos momentos en esta tierra? Aquí nació lo que más tarde se llamará la ARS MORIENDI cristiana. Es el arte de morir de un cristiano, consolado y confiando en su pronto encuentro con el Señor, su juez y su salvador. Al padre moribundo no se le dejó solo, sino que sus discípulos se reunieron con él y esperaron

---

42 La cita se encuentra en MILLER, Bonifaz, *Weisungen der Väter*, Freiburgo 1965, nº 66 (la traducción es mía).
43 La cita se encuentra en MILLER, 1965: nº 1116 (la traducción es mía).

con respeto, interés y veneración sus últimas palabras. Muriendo, dijo el padre Benjamín (311–391) a sus discípulos:

"Haced esto y encontraréis la salvación: Estad siempre alegres. Orad constantemente. En todo dad gracias"[44]. (1 T 5:15 ss.).

Los ermitaños también sabían del miedo y de la aflicción frente a la muerte. Cuando el padre Agatón (ca. 400) sintió que iba a morir, reconoció:

"No tengo ninguna seguridad, hasta que esté frente a Dios. Porque el juicio de los hombres es una cosa, pero el juicio de Dios es otra"[45].

La cura de almas de los ascetas en el desierto recibió su firmeza, su importancia y trascendencia por la distancia que estos monjes habían tomado frente al mundo de lo cotidiano. No se involucraron ni mezclaron con los quehaceres de sus interlocutores. Sus consejos eran desinteresados, fruto de un análisis agudo, sin reservas ni disimulos, impresionantes y, a menudo, drásticos y duros, pero casi siempre se basaron en la experiencia propia del padre que no exigía de otros lo que él mismo no hubiera cumplido en su vida.

La vida ascética continúa manteniendo su atracción, más que nada en tiempos y lugares donde; por un lado, la gente tiene todo que se necesita para la vida diaria y mucho más, por eso no le hace falta luchar mucho para conseguirlo; pero, por el otro lado, se siente una angustia indefinida, y a veces muy concreta, en la que los fundamentos de la vida puedan desaparecer. Reina la inseguridad de un sin sentido que lleva a buscar caminos de seguridad, obras para ganarse la atención y la protección de lo divino. La idea de practicar una forma de ascetismo –aunque sea por un tiempo limitado, las semanas de cuaresma antes de la pascua, por ejemplo– encuentra interés en círculos protestantes del siglo XXI, en las sociedades ricas y sobrecargadas de artículos de lujo. La renuncia a algún objeto de consumo cotidiano (el cigarrillo, la bebida alcohólica, los dulces, etc.) es experimentado como una liberación de cuerpo y alma que posibilita una nueva percepción de la vida y un encuentro consigo mismo.

---

44 La cita se encuentra en MILLER, 1965: nº 171, la traducción libre es mía.
45 La cita se encuentra en MILLER, 1965: nº 111, la traducción libre es mía.

El ascetismo era y es una forma de cura de almas. Como cualquier remedio, para que cure, hay que aplicarlo en la medida justa. La exactitud de las medidas y el prudente cuidado de la dosis justa, no solamente en el ayuno, sino en todas las actividades humanas, era uno de los temas que preocupaban a la madre Sinclética (295-373), una curadora de almas tan buscada y querida que se vio obligada a renunciar a la soledad eremítica para acoger a muchas de las mujeres que dirigía, y de esa forma instituir uno de los primeros monasterios femeninos de Egipto y ser considerada como la madre de la vida cenobítica. De Sinclética conocemos estas frases:

"Hay una forma exagerada de ascetismo, que es del enemigo y que practican sus discípulos. ¿Cómo se distingue la ascética divina y real de la despótica y demoníaca? Obviamente por el empleo de la medida justa. Todo tu tiempo sea un ayuno ordenado. ... Siempre la desmesura es la que trae la destrucción"[46].

De la *poiménica* de los anacoretas aprendemos, no solamente el ascetismo, sino la importancia de la aplicación de cualquier cura de almas en una medida equilibrada. Hay un peligro que subyace en las grandes obras de piedad que pretenden ganarse el cielo por medio de una devoción malentendida y, finalmente, perversa. Las enseñanzas de las madres del desierto se caracterizan más que nada por una gran cercanía a la realidad. No pronuncian grandes principios *poiménicos,* sino que enfatizan una estrecha relación con la condición humana cotidiana. La humildad es la medida justa en la cura de almas. La humildad es la libertad y la valentía de dejar por último que Dios actúe en la vida de uno mismo y en la vida de las personas que vienen en busca de consejos y cura de almas. La humildad renuncia a cualquier actitud de poder y dominación, y es el ofrecimiento de una solidaridad entre humanos en sus limitaciones que dejan que Dios luche y venza a los demonios.

---

46 La cita se encuentra en MILLER, 20005: nº 893, la encontré en ZIMMERLING, Peter (ed.) *Evangelische Seelsorgerinnen*, Göttingen 2005, p. 34, la traducción libre es mía.

4. 2. La cura de almas y el mensaje social

La irrupción del constantinianismo presentó, a la cura de almas, el problema de una gran cantidad de personas que se llamaban cristianos, sin saber lo que significaba ser, verdadera y auténticamente, seguidores de la nueva religión. Otra consecuencia del establecimiento del cristianismo como Iglesia del Imperio, fue el crecimiento enorme del sentido de responsabilidad por los problemas sociales. Antes, en las pequeñas iglesias locales, la convivencia entre pobres y ricos ya no era fácil, como bien lo reflejan algunos autores bíblicos (Pablo, Lucas y otros); ahora, en la segunda mitad del siglo IV, la Iglesia tenía que enfrentarse con la polarización entre los acomodados y los necesitados de toda la sociedad. Juan Crisóstomo dedicó toda su vida, primero, como presbítero en su ciudad natal, Antioquia, y, después, como obispo de Constantinopla, a estas dos tareas: la cura de almas por medio de la predicación y la responsabilidad social de los cristianos como uno de los asuntos más importantes.

Consecuentemente, Juan Crisóstomo criticaba a los ermitaños que –con sus muchos talentos– se dedicaban, como primera opción, a la salvación de sus propias almas, en lugar de preocuparse por los demás. Esta crítica aparece, por ejemplo, en una cita de su tratado sobre el sacerdocio. En este escrito, que adopta la forma de un diálogo, Juan Crisóstomo contesta a su buen amigo Basilio de Capadocia, haciendo alusión a Mt 25:24–30:

"… porque no puedo creer que se pueda salvar el que no tiene cuidado alguno de la salud de su prójimo. A aquel desventurado, de nada le sirvió el no haber malgastado su talento; pero el no haberlo aumentado y acrecentado otro tanto[47], fue causa de su perdición".

Juan invitó a los ermitaños a no retirarse a las montañas y aislarse en los desiertos, escondiendo sus talentos, sino que buscaran la cercanía de las ciudades y las aldeas para, desde allí donde la vida cristiana está permanentemente puesta a prueba, ayudar con sus ejemplos y sus consejos espirituales.

Hacía falta una forma de cura de almas para con las masas que acababan de ingresar en la Iglesia, no tanto por convicción, sino por las cir-

47 CRISÓSTOMO, Juan, *Sobre el sacerdocio,* citamos de ROPERO, Alfonso (ed.) *Lo mejor de Juan Crisóstomo,* CLIE, Barcelona 2002, p. 210.

67

cunstancias políticas, como ya mencionamos. Esta cura de almas masiva tenía, más que nada, el carácter de enseñanza, en la nueva religión, por medio de homilías y discursos:

> "... pero si en el alma ha entrado una enfermedad de doctrinas bastardas, aquí es muy necesario el discurso, no solamente para la seguridad de los domésticos, sino también para combatir contra los enemigos externos"[48].

No solamente las almas de los contemporáneos de Juan Crisóstomo eran confundidas por "doctrinas bastardas", sino que los nuevos cristianos se perdieron en especulaciones que llegaban a ser juicios sobre Dios que carecían de toda base evangélica. La predicación se convertía en una herramienta indispensable para la cura de almas. Resume Juan Crisóstomo:

> "¡Ahora bien!, para todas estas cosas no se nos ha dado ninguna otra ayuda que la de la palabra; y si alguno careciere de esta facultad, las almas de los que han sido entregados a su cuidado –hablo de los más enfermos y curiosos– no se hallarán en mejor estado que los navíos agitados por las tempestades. Por esto, el pastor debe hacer todos los esfuerzos posibles para adquirir esta facultad"[49].

En sus homilías y discursos, Juan, a menudo, se dedica a los numerosos problemas sociales. Su argumentación se basa en el reconocimiento de que en los pobres y necesitados encontramos a Cristo. Donde no les ayudamos, rechazamos a Cristo mismo (Mt 25:45). Bajo este aspecto, el problema social del lujo desmedido de los ricos, por un lado, y la necesidad tremenda de los pobres, por el otro lado, es verdaderamente un problema de cura de almas. El que no se preocupa por aliviar la miseria de los pobres, se aleja de Dios y daña a su alma que depende del contacto con Él. Dedicarse a los miserables significa trabajar para acercarse al cielo. En sus exhortaciones, Juan se vale también de Mt 6:19–21 y Lc 12:32–34:

> "Pasemos al mandamiento de no atesorar en la tierra, sino en el cielo. Hay quien lo observa por deber, pero son bien pocos. Los otros actúan como si hubiesen entendido lo contrario, es decir, como si el mensaje les hubiera revelado que hemos de acumular tesoros sobre la tierra, desinteresándonos del cielo y pensando solamente en los bienes

---

48 CRISÓSTOMO, Juan, *Sobre el sacerdocio,* citamos de ROPERO, p. 160.
49 CRISÓSTOMO, Juan, *Sobre el sacerdocio,* citamos de ROPERO, p. 165.

de este mundo. Locamente, no hacen más que acumular riquezas y dan importancia al dinero aun a costa de odiar a Dios"[50].

Detrás del problema de la justicia social, está la pregunta por la relación con Dios. Juan se mueve en el tema propio de la cura de almas cuando se preocupa por predicar contra la avaricia, la envidia y el engaño, no solamente como actitudes personales, sino como problemas públicos. Donde no se escucha el clamor del pueblo pobre, no se oye el llamamiento de Cristo, y se daña la comunión con Dios.

De Juan Crisóstomo se puede aprender también mucho sobre el uso de materiales en la cura de almas. El obispo de Antioquia sabe de la importancia que tiene la colaboración de su interlocutor en la entrevista de pastoral. Sin que el otro le acompañe, el cura de almas no puede lograr nada:

"La libertad de recibir la curación está, no en quien aplica la medicina, sino en el enfermo"[51].

En este contexto, el autor cita la Segunda epístola a los Corintios (2 Cor 1:24). Otro punto que anticipa aspectos de la *poiménica* moderna en Juan Crisóstomo, es el rechazo a cualquier medida forzada en la dirección de las almas. Juan resume en el mismo párrafo:

"... porque Dios corona a aquellos que se abstienen del pecado por elección, y no por necesidad"[52].

Cuando un pastor tiene que castigar una actitud equivocada por parte de un miembro de su iglesia, el teólogo antioqueño recomienda moderación y prudencia. Antes de emitir cualquier juicio, es menester mantener una intensa entrevista pastoral.

"... porque no se debe aplicar sin consejo el castigo a proporción de las culpas, sino que es necesario explorar primero el ánimo de los que pecan, no sea que queriendo reparar lo que está roto, lo hagas más irreparable, y queriendo levantar lo caído, des ocasión a otra mayor caída"[53].

Juan Crisóstomo subraya la gran responsabilidad que tienen los curas de almas cuando recuerda que Dios les entregó una potestad más grande que la de los gobernantes que dominan la tierra. Esta potestad es la de

---

50 CRISÓSTOMO, Juan, *La contrición a la luz del Sermón del Monte*, citamos de ROPERO: 2002, p. 287s.
51 CRISÓSTOMO, Juan, *Sobre el sacerdocio*, citamos de ROPERO, 2002, p. 89.
52 CRISÓSTOMO, Juan, *Sobre el sacerdocio*, citamos de ROPERO, 2002, p. 89.
53 CRISÓSTOMO, Juan, *Sobre el sacerdocio*, citamos de ROPERO, 2002, p. 91.

atar y desatar las almas y llegan hasta el cielo; este poder coloca a los curas de almas encima de los ángeles y arcángeles. La responsabilidad de los curas de almas es tan grande porque:

"... tienen el encargo de administrar las cosas celestiales... Los que dominan en la tierra tienen también la potestad de atar, pero solamente los cuerpos; más la atadura de que hablamos, toca a la misma alma y penetra los cielos; y las cosas que los sacerdotes hicieren acá en la tierra, las ratifica Dios allá en el cielo, y el Señor confirma la sentencia de sus siervos"[54].

Por propia experiencia, Juan Crisóstomo conoce las dudas, las incertidumbres y tentaciones que atacan al alma del propio pastor, en una tarea de tanta responsabilidad:

"Conozco bien este ánimo débil, y enfermizo; conozco la grandeza de aquel ministerio, y la dificultad grande que encierra en sí este negocio. Son, pues, muchas más las olas que combaten con tempestades el ánimo del ministro que los vientos que inquietan el mar"[55].

Es una observación válida, hasta el día de hoy, que los hombres y las mujeres que trabajamos como curas de almas necesitamos tener la posibilidad de una "supervisión", como se diría en otros ámbitos. El cura de almas y la curadora de almas dependen de la posibilidad de recibir, a su vez, cura de almas por parte de una persona de su confianza. Donde esto falta —y lamentablemente la situación en muchas iglesias es así— las personas dedicadas a la cura de almas pronto se quebrantan, pierden su capacidad de escuchar empáticamente; las olas que combaten sus ánimos, como decía Juan Crisóstomo, les ahogan en el mar de tantos problemas y tribulaciones que tienen que escuchar de parte de otros, sin poderse desahogar ellos mismos.

4. 3. *Las confesiones:* un libro de cura de almas

Las confesiones de Agustín, una obra que nos ofrece, al mismo tiempo, la autobiografía del obispo de Hipona, una reflexión aguda y la búsque-

---

54 CRISÓSTOMO, Juan, *Sobre el sacerdocio,* citamos de ROPERO, 2002, p. 111.
55 CRISÓSTOMO, Juan, *Sobre el sacerdocio,* citamos de ROPERO, 2002, p. 116.

da permanente por la ubicación del hombre frente a Dios, es en varios aspectos una aportación importante a la historia de la cura de almas. *Las confesiones*, en su estilo de sincero autoanálisis, son únicas en los primeros siglos del cristianismo. Son la cura de almas de un ser humano consigo mismo. El autor es su propio cura de almas, confesando ante Dios, en una especie de oración permanente, sus pecados y el distanciamiento entre sus acciones y la voluntad inherente en ellas, por un lado, y el amor de Dios, por el que se siente agradecido de todo corazón, por el otro lado.

Agustín no queda ensimismado en este diálogo con Dios, que son *Las confesiones*, sino que deja entrar al lector y de esta manera le invita a hacérselas suyas. El cura de almas literario, por medio de su propia persona, que se ofrece como pantalla de proyección, lleva al lector ante Dios y le da las palabras para una oración sincera en el camino que recorren los tres: autor, lector y Dios.

Citamos, como ejemplo, un texto del libro X de *Las confesiones*, donde se ve esta relación trilateral. La intención del autor es que el lector vea su ejemplo; es decir, vea cómo Dios edifica, por su amor y gracia, a un débil pecador y comprenda que este ejemplo es una verdadera posibilidad para él mismo.

«Esta es una confesión de la verdad que Vos amáis; y como el que sigue la verdad llega a conseguir la luz, yo quiero seguirla y practicarla, ya sea en la confesión que os hago en lo oculto de mi corazón, ya sea en la que hago públicamente con mi pluma delante de todo el mundo. (de X, 1,1)[56].

No obstante, Dios mío y médico soberano de mi alma, dignaos declararme qué fruto puedo sacar de hacer esto. Ya veo que las confesiones de mis males pasados –que vos me perdonasteis y los borrasteis para comunicarme vuestra bienaventuranza, dando a mi alma nuevo ser con la fe y gracia de vuestro santo Bautismo– cuando se leen o se oyen, han de excitar precisamente el corazón humano, para que no se deje oprimir por el letargo de la desesperación, ni diga "No puedo ya ser otro". Ellas servirán para despertarle de tan peligroso sueño y

---

56 Citamos según *Las confesiones* de san Agustín; traducidas según la edición latina de la congregación de san Mauro, por el R.P.Fr. Eugenio Cevallos publicadas en www.cervantesvirtual.com. Hay muchas ediciones de *Las confesiones* de san Agustín en castellano.

hacerle vigilante en el amor de vuestra misericordia y en la dulzura de vuestra gracia, que es la que da a los débiles el poder y robustez que necesitan, como también la luz que es necesaria para que reconozcan su flaqueza. Aun los buenos se deleitan con el conocimiento de los males pasados de los que ya han sido liberados, pero no se placen porque son males, sino porque lo fueron de tal modo que ya no lo son.

¿Cuál, pues, será el provecho, Dios y Señor mío, ante cuya presencia mi alma se confiesa todos los días, quedando más quieta y segura con la esperanza de vuestra misericordia que con su inocencia? ¿Cuál, digo, será el provecho que puedo alcanzar al hacer ante Vos estas Confesiones por escrito, por lo que toca dar noticia a los hombres de lo que soy en el presente, no de lo que antes de ahora he sido? Porque ya he visto el fruto que corresponde a confesar lo que fui, y ya hice antes conmemoración de él.

Lo que soy ahora, en este mismo momento en que estoy escribiendo mis Confesiones, hay muchos que lo desean saber, tanto de los que me conocieron antes, como también de los que no me conocieron, sino que han oído hablar de mí, por mí mismo o por medio de otros; aunque ni los unos ni los otros pueden afinar sus oídos a las voces interiores de mi corazón, donde se halla realmente la verdad de lo que soy. Quieren, pues, oírme confesar lo que soy verdaderamente en mi interior, adonde no pueden llegar sus ojos, ni sus oídos, ni su entendimiento; con todo, ellos lo quieren saber, y están dispuestos a creerme; pero ¿acaso eso es bastante para que tengan un conocimiento cierto y seguro de lo que yo soy interiormente? La caridad que los hace tan buenos como son es la que les persuade que yo no miento en estas Confesiones que hago de mí mismo, y ella es la que hace que den crédito a mis palabras». (de X, 3,4).

Desde la temprana Edad Media hasta hoy en día, las Confesiones encontraron y encuentran sus lectores, que anhelan participar del movimiento de liberación interior que ofrecen las palabras simples y humildes de tan profunda humanidad. Agustín contempla siempre al hombre concreto en sus actividades y relaciones cotidianas y lo lleva a distinguir su fin último sobrenatural. Aquellas palabras de la primera página de *Las confesiones* conservan su actualidad, a pesar de la distancia temporal; y es como si fueran escritas para muchos jóvenes que participan, los unos, y desean desesperadamente participar, los otros, de los encantos de nuestras sociedades materialistas; personas que, a la vez, viven inquietos espiritualmente en la búsqueda de una verdad que les libere, les dé sentido y les ofrezca amparo:

"Nos hiciste, Señor, para Ti, y nuestro corazón está inquieto, hasta que descanse en Ti"[57].

Hay libros que se convierten en verdaderas curas de almas. Sus testimonios sobrepasan los límites del tiempo y de la geografía y encuentran entrada directa al mundo del lector. Sin lugar a dudas, *Las confesiones* de san Agustín es uno de estos libros. Por ejemplo, Teresa de Ávila cambió radicalmente de comportamiento al leer estas páginas. En las predicaciones de Dietrich Bonhoeffer en Barcelona se encuentra a menudo la cita del corazón inquieto.

4. 4. Cura de almas por los obispos y los sacerdotes

La cura de almas en estos primeros siglos de la Iglesia tenía tres tareas:

-Ser guía espiritual en un sentido terapéutico.
-Ser guía espiritual en un sentido pedagógico.
-Enseñar la dirección hacia la confesión.

Gregorio el Magno (540-604), en su *regula pastoralis*, trata los dos primeros aspectos: el terapéutico y el pedagógico. El primer papa-monje llevó su concepción monacal, no solamente a la liturgia y al pontificado, sino también a la espiritualidad y a la dedicación a las almas. La Regla Pastoral se preocupa por la vida del pastor y por todo el ministerio en sus diferentes aspectos, de los que la parte más importante es la dirección y la cura de las almas. A Gregorio le toca vivir entre la Antigüedad y la Edad Media, en una época de grandes disturbios. La ciudad de Roma es ocupada varias

---

57 Conf. I, 1,1.

veces por los godos, y liberada por las fuerzas bizantinas, amenazada por los longobardos, sacudida por pestes, hambrunas e inundaciones. En todas las esferas de la sociedad reina un espíritu apocalíptico. La Regla Pastoral nació en un momento histórico concreto como respuesta a los problemas mencionados; sin embargo, abarca temas y cuestiones que son fundamentales para la cura de almas de todos los siglos. Las cuestiones últimas –aquellas que cuestionan al ser humano en su más profunda intimidad y existencia– siguen siendo las mismas.

El *Liber regulae pastoralis*, que Gregorio Magno elaboró al principio de su pontificado, en el año 592 d. C., jugó un rol dominante en la teología pastoral de toda la Edad Media. Pronto fue traducida al griego, y ya en el año 594 Gregorio mandó un ejemplar a Leandro de Sevilla, quien lo dio a conocer entre los obispos hispalenses. *La regla pastoral* llegó a ser el código de los obispos y curas de almas, al igual que la *Regla de san Benito* era el código de los monjes. Por un lado, *La regla pastoral* enseña el arte de la cura de almas; por el otro, el mismo texto ya es cura de almas para sus lectores, y como tal fue leído durante siglos. Gregorio habla de *Cura pastoralis* que es la intervención en crisis individuales, y del *Regimen animarum* que es la dirección de las almas en el sentido pedagógico-ético. "La dirección de almas es el arte de las artes"[58]. (ARS artium régimen animarum).

Una gran parte de este libro, los capítulos I, II y IV, está dedicada a la persona del cura de almas. Su vida, según Gregorio, tiene que ser una síntesis equilibrada entre contemplación y acción, animada por el amor que se acerca con comprensión ante las contrariedades de los demás.

Gregorio, que hubiese preferido quedarse tranquilamente toda su vida en la comunidad de un monasterio, en lugar de ocupar cargos públicos, señala que la tarea de ser cura de almas es tan pesada y difícil que el que la busca ansiosamente, ya por esta misma aspiración, muestra que no sabe nada de ella. En la dedicatoria del libro, Gregorio escribe al obispo de la ciudad de Rávena Juan –que no entendía por qué Gregorio había intentado huir frente a las consecuencias de su elección como pontífice romano– sobre las cargas de la solicitud pastoral:

---

58 GREGORIO EL MAGNO, *La Regla Pastoral* I, 1; Introducción, traducción y notas de Alejandro Holgado Ramírez y José Rico Pavés, Editorial Ciudad Nueva, Madrid 1993, p. 160.

"A fin de que estas no parezcan a algunos que son livianas, expongo por escrito en el presente libro todo lo que considero sobre su importancia. De modo que quien está libre de ellas, no las desee imprudentemente; y quien imprudentemente ya las deseó, tema mucho haberlas conseguido"[59].

Gregorio aspira a ser, ante todo, el buen pastor de su grey; es decir, de Roma y de toda la cristiandad.

Advierte que la tentación de toda cura de almas es el abuso del poder que el PASTOR ANIMARUM puede ejercer sobre las almas, en la medida en que usa las técnicas psicológicas y los mecanismos de la vida espiritual.

El cura de almas tiene que ser una persona humilde y madura. Ni debe huir del mundo, encerrándose en sus meditaciones particulares; ni tampoco debe perderse a un activismo que le prive del tiempo necesario para la contemplación.

Escribe en la REGLA PASTORAL II, 1 que el pastor debe ser necesariamente:

"... puro de pensamiento, sobresaliente en el actuar, discreto con su silencio, útil al hablar, cercano por la compasión con cada uno; ante todos, entregado a la contemplación, compañero por su humildad de los que hacen el bien, firme en el celo de la justicia contra los vicios de los pecadores, sin que la ocupación exterior debilite su atención a lo interior, y sin que la solicitud por lo interior le haga abandonar la atención a lo exterior"[60].

Al leer los párrafos sobre la idoneidad y la 'no idoneidad' de un candidato para el ministerio, se percibe la impresión de que el cura de almas tiene que ser una persona perfecta. Ya Liciniano de Cartagena, amigo de Leandro de Sevilla, escribía a Gregorio expresándole su admiración por la Regula Pastoral y, a la vez, su preocupación de quedarse sin clero, si aplicaba el contenido de la misma. Hojeando los libros de una biblioteca moderna de teología práctica se encuentra una gran cantidad de manuales sobre cómo ser un buen pastor, y no pocos de ellos espantan al lector

---

59 GREGORIO EL MAGNO, *La Regla Pastoral* prol; Holgado Ramírez: 1993, p. 158.
60 GREGORIO EL MAGNO, *La Regla Pastoral* II, 1; Holgado Ramírez: 1993, p. 189.

por la exageración de sus exigencias; pero, obviamente, sin darse cuenta de lo que están pidiendo del candidato al ministerio. Gregorio, en su Regla Pastoral, advierte claramente al interesado que va a dedicarse a una tarea muy penosa y difícil que incluso puede superar sus capacidades. Las manuales al estilo de *Consejos a los ganadores de almas*[61] o *The contemplative Pastor Returning to the Art of Spiritual Directive*[62] y muchos más, con su optimismo, invitan a la consejería pastoral como a un trabajo que se puede aprender más o menos fácilmente, como cualquier oficio, siguiendo los pasos previstos por el manual. Incluso las elevadas exigencias sobre el estilo de vida personal del ministro, se atreven a enseñar por medio de manuales de instrucción.

Cabe la duda en dos direcciones. No compartimos el optimismo, como si la cura de almas fuera una profesión fácil de enseñar. Las advertencias del teólogo del siglo VI nos parecen vigentes hasta hoy en día. La cura de almas necesita una preparación más allá de lo que un manual puede ofrecer. Es necesaria una disposición personal a un servicio poco común. El cura de almas y la curadora de almas necesitan encontrar y desarrollar su estilo de ejercer su ministerio; hasta cierto grado, no hay reglas ni normas que aprender, sino sendas particulares que caminar. Por otro lado, no creemos que la cura de almas necesite personas excepcionales en cuanto a conducta de vida. Ni el pastor ni la pastora son personas perfectas, por lo que la cura de almas no es tarea de una élite en el sentido moral o ético. La idea de prepararse de manera especial para una vida con Dios, separándose del mundo común, es la concepción monacal de la que proviene Gregorio Magno. Este concepto parece repetirse en la convicción de algunos círculos evangélicos que insisten en algún tipo de "moralidad" especial por parte de sus ministros. Ganamos esta sensación por la lectura de manuales que pretenden ayudar al pastor evangélico en el desempeño de su ministerio, dando consejos morales que abarcan hasta el rincón más privado de la vida familiar.

Insistimos, en contra de estos conceptos, en que los curas y las curadoras de almas tienen que ser personas que compartan la vida de la gente en todos sus aspectos, incluso sus tentaciones y errores. Si el cura de almas puede ser ejemplo, no lo será por el hecho de nunca equivocarse ni ser culpable de nada, sino por la manera de corregir sus equivocaciones y tratar con su culpabilidad, dependiendo, como todos, del perdón de

---

61 BONAR, Horatius, *Consejos a los ganadores de almas*, Barcelona 1982.
62 PETERSEN, Eugene H., Grand Rapids, Mich, EE. UU. 1993.

sus semejantes y del perdón de Dios. En contra del concepto monacal, creemos que, por sus aspiraciones a una vida perfecta, una persona se aleja de su humanidad. Nos parece significativo que Gregorio Magno practicó, con tanta severidad, los tiempos de ayuno y las austeridades propias de la vida monacal, que terminó enfermando y, como papa, se quedó a menudo con tan mala salud que solo se mantenía de pie unas pocas horas diarias.

La otra gran parte de la *Regla pastoral*, el CAPÍTULO III, se dedica al conocimiento del alma en todos sus aspectos, a menudo difíciles y hasta contradictorios. Ya en el primer capítulo del libro, Gregorio había subrayado la importancia de un buen conocimiento psicológico para la dirección de las almas:

"Pues, ¿quién no sabe que las heridas del alma están más ocultas que las de la carne? Los que no conocen la fuerza curativa de las plantas se avergüenzan de ser tenido por médicos del cuerpo; en cambio, los que no han conocido en absoluto las leyes del espíritu, temen hacer de médico del alma"[63].

El CAPÍTULO III versa sobre las distintas maneras de exhortar a las personas, según sus condiciones y necesidades. Cada individuo merece un trato personalizado, es un ser único en su singularidad al que el cura de almas tiene que tratar con respeto como lo hace Dios mismo con sus criaturas. Gregorio usa la imagen del arpa. El artista toca de modo diferente las cuerdas del arpa, tensadas de distinta manera. Para que emitan una melodía armoniosa las toca con una misma púa, pero no con un mismo tipo de pulsación. De esta manera, el cura de almas tiene que tocar los corazones de sus oyentes con la misma doctrina, pero no con la misma exhortación. En lo que ocupa la mayor parte del CAPÍTULO III, y a la vez del libro entero, Gregorio desarrolló las distintas formas de exhortación. Basta con leer su resumen de los diversos modos del mismo para darse una idea de la sutileza de su psicología.

"Así pues, de un modo hay que exhortar a los hombres y de otro a las mujeres; de un modo a los jóvenes y de otro a los ancianos; de un modo a los pobres y de otro a los ricos; de un modo a los alegres y de

---

63 GREGORIO EL MAGNO, *La Regla Pastoral* I, 1; Holgado Ramírez: 1993, p. 160.

otro a los tristes; de un modo a los fieles seglares y de otro al clero; de un modo a los siervos y de otro a los señores; de un modo a los sabios de este mundo y de otro a los torpes; de un modo a los imprudentes y de otro a los tímidos; de un modo a los impetuosos y de otro a los cobardes; de un modo a los impacientes y de otro a los pacientes; de un modo a los bondadosos y de otro a los envidiosos; de un modo a los sinceros y de otro a los mentirosos; de un modo a los fuertes y de otro a los débiles; de un modo a los que viven inocentemente por temor al castigo y de otro a los que no se corrigen ni con castigos; de un modo a los que son muy callados y de otro a los que son muy charlatanes; de un modo a los perezosos y de otro a los precipitados; de un modo a los mansos y de otro a los coléricos; de un modo a los humildes y de otro a los soberbios; de un modo a los testarudos y de otro a los inconstantes; de un modo a los golosos y de otro a los abstinentes; de un modo a los que reparten lo suyo misericordiosamente, y de otro a los que intentan robar lo ajeno; de un modo a los que ni se quedan con lo ajeno ni reparten lo suyo, y de otro a los reparten lo que tienen sin renunciar a robar lo ajeno; de un modo a los que viven en discordia y de otro a los que viven en paz; de un modo a los sembradores de discordia, y de otro a los pacificadores; de un modo a los que no comprenden bien la Ley santa, y de otro a los que la entienden, pero la enseñan sin humildad; de un modo a los que predican por humildad, y de otro a los que se precipitan para predicar; de un modo a los que prosperan y de otro a los que fracasan; de un modo a los esposos y de otro a los célibes; de un modo a los que tienen experiencia de pecados carnales, y de otro a los que no la tienen; de un modo a los que deploran los pecados de obra, y de otro a los que deploran solo los de pensamiento; de un modo a los que no se abstienen de los pecados que deploran, y de otro a los que no los deploran cuando se abstienen; de un modo a los que aprueban lo ilícito deliberadamente, y de otro a los que lo condenan, pero no lo evitan; de un modo a los que son vencidos por una concupiscencia repentina, y de otro a los que se entregan a la culpa deliberadamente; de un modo a los que pecan impulsivamente, y de otro a los que lo hacen deliberadamente; de un modo a los que repetidas veces caen en pequeños pecados, y de otro a los que liberándose de estos alguna vez caen en los graves; de un modo a los que ni siquiera comienzan obras buenas, y de otro a los que empezándolas no las terminan; de un modo a los que hacen el mal ocultamente y el bien a la vista de todos, y de otro a los que actúan al contrario"[64].

Para cada uno de estos casos, que presentan ciertos trastornos respecto a su situación espiritual, la Regla Pastoral aconseja una forma de cura de almas especial. Predominan la exhortación y la amonestación. Por ejemplo, enseña Gregorio:

"A los pobres tenemos que ofrecerles el alivio de un consuelo a su tribulación; mientras que a los ricos debemos infundirles miedo a su soberbia"[65].

La profundidad del saber psicológico de Gregorio se muestra, por ejemplo, en los consejos que da respecto al trato con los sinceros y con los mentirosos en la 12.a exhortación. No siempre es bueno decir la verdad.

"Hay que alabar a los sinceros, porque se esfuerzan en no decir falsedades; pero hay que amonestarles para que sepan ocultar la verdad en algunas ocasiones. Lo mismo que siempre es perjudicial decir cosas falsas, a veces, también hace daño a algunos oír la verdad"[66].

En la cura de almas surgen situaciones donde se plantea la pregunta por la verdad. En caso de una enfermedad terminal, por ejemplo, los familiares preguntan si el enfermo soportaría saber toda la verdad sobre su estado de salud. En la discusión *poiménica* actual se tiende a insistir en un trato muy directo y abierto con toda verdad, sin ocultamiento ninguno. Sin embargo, hay que tener en cuenta la advertencia de Gregorio, a la hora de tener que informar cómo cura de almas a alguien sobre una verdad aguda y dolorosa. No siempre es bueno decir la verdad, al menos sin precauciones previas.

"Hay que decidirles que añadan a la virtud de la sinceridad, la de la prudencia"[67].

Por otro lado, decir falsedades tiene un precio elevado. Antes de amenazar a las almas mentirosas con el "día del Señor, día lleno de vergüenza y de ira", Gregorio recurre a una observación psicológica muy interesante

---

64 GREGORIO EL MAGNO, *La Regla Pastoral* III, 1; Holgado Ramírez: 1993, p. 238s.
65 GREGORIO EL MAGNO, *La Regla Pastoral* III, 2; Holgado Ramírez: 1993, p. 240.
66 GREGORIO EL MAGNO, *La Regla Pastoral* III, 11; Holgado Ramírez: 1993, p. 268s.
67 GREGORIO EL MAGNO, *La Regla Pastoral* III, 11; Holgado Ramírez: 1993, p. 269.

y válida. Las falsedades recaen sobre el mentiroso y le hacen la vida pesada. Explica *La regla pastoral*:

> «Pero, cuando un hombre se esfuerza por defender su mentira, fatiga su corazón con un trabajo muy duro. Por eso, está escrito: "Ahóguelos la labor de sus mismos labios" (Salmo 139:10). Pues, la maldad que ahora satisface, después, les descarga su peso... Por lo cual, dice Jeremías, "Enseñaron a su lengua a hablar mentiras, trabajaron en hacer el mal". (Jr 9:5). Como si dijese claramente: "Los que sin esfuerzo alguno podían haber sido amigos de la verdad, se esfuerzan por pecar y, rehusando vivir en sinceridad, se cargan de trabajos para morir"»[68].

¡Cuánto alivio puede dar una cura de almas que facilite a alguien poder desahogarse de unas mentiras que han pesado sobre su vida y salir del enredo de las falsedades! En esto, la cura de almas cumple con su función terapéutica.

En la cura de almas, en sentido pedagógico, ayuda también la predicación. Por medio de ella, los obispos y sacerdotes dan orientación a las almas de su grey explicándoles el evangelio y las doctrinas eclesiásticas, y difundiéndolas públicamente. *La regla pastoral* subraya la importancia de esta tarea en la exhortación 26, "A los que no predican por humildad y a los que se precipitan para predicar". El ser humano no solamente necesita alimentos y, a veces buena medicina, sino que depende del mensaje de la palabra de Dios. Los predicadores deben al pueblo este servicio, salvo aquellos a que "se lo impida su imperfección o su edad".

"Por tanto, vean que se cargan con una gran culpa, quienes, conociendo las heridas de las almas, se niegan a curarlas con el filo de la palabra"[69].

Ser cura de almas en sus distintos aspectos conlleva una gran responsabilidad. Gregorio el Magno trata en su *Regula pastoralis* más que nada de los dos primeros aspectos, el terapéutico y el pedagógico. No se cansa de enfatizar la responsabilidad de la persona del pastor por su ministerio. En los siglos siguientes, el acento en la cura de almas se inclinó más hacia la

---

68 GREGORIO EL MAGNO, *La Regla Pastoral* III, 11; Holgado Ramírez: 1993, p. 270.
69 GREGORIO EL MAGNO, *La Regla Pastoral* III, 25; Holgado Ramírez: 1993, p. 338.

institución de la Iglesia, como garante de un resultado satisfactorio en el proceso de cura de almas, por medio de pasos jurídicos en el confesionario.

La cura de almas como conducción hacia el arrepentimiento, a menudo, se comparó con la terapia de un enfermo. Ya Agustín escribía: "Dios mío y médico soberano de mi alma". (Conf X, 3:4). El alma enferma necesita al médico; pero ahora este médico no es, como en *Las confesiones*, Dios mismo, sino que lo es el sacerdote, que lleva al alma a la curación, que es la reconciliación con Dios y con la iglesia. En este proceso sanador también la predicación, como proclamación, tiene un rol importante.

En la medida en que la Iglesia se desarrolló como una institución que transmitía la salvación, la cura de almas se aferró a la confesión como medida para asegurar la pertenencia a esta institución y por ende la salvación. El sacerdote adquirió una importancia decisiva. En su persona se perfila el rol del cura de almas cristiano durante siglos. Al contrario de los ermitaños y de los monjes, el sacerdote local tiene una responsabilidad y un poder directo sobre las almas de sus parroquianos.

§ 5 La Edad Media

Para los sacerdotes y párrocos, *La regula pastoralis* de Gregorio el Magno mantiene su importancia durante toda la Edad Media, pero la dirección de las personas a la confesión y a su preparación, llegan a ser las dos actividades más importantes del trabajo del cura de almas en los siglos venideros. Estos dos enfoques se inscriben dentro del marco de una vida religiosa que la Iglesia y la sociedad imponen, como requisitos indispensables, para la participación de la ciudadanía plena y que, en primer lugar, pasan por los sacramentos y, luego, por una serie de medidas religiosas y formas de piedad que ofrece la Iglesia como vía a la perfección religiosa y a la salvación.

El catecismo para el pueblo laico, del arzobispo de York (+ 1373), nos puede servir como ejemplo de un directorio para la gente común[70]. Presenta, en primer lugar, los siete sacramentos: el bautismo, la confirmación, la confesión y la penitencia, la eucaristía, la extremaunción, la ordenación sacerdotal y el matrimonio. Después, sigue una lista de las obras de misericordia, que se divide en dos partes. La primera abarca las siete obras corporales (siguiendo a Mt 25): alimentar a los hambrientos, dar a beber a los sedientos, acoger a los forasteros, vestir a los desnudos, visitar a los enfermos, ayudar a los encarcelados, y dar sepultura a los muertos.

En la segunda parte hace una lista de las obras espirituales: enseñar a los ignorantes, aconsejar a los que tienen deudas, amonestar, consolar,

---

70 Este catecismo es mencionado por John T. MCNEILL, *A History of Cure of Souls*, New York 1951, pp.155s.

perdonar ofensas, tener paciencia en las tribulaciones y orar por los enemigos. El catecismo para el pueblo laico sigue con las siete virtudes: fe, esperanza, caridad, templanza, prudencia, justicia y fortaleza. Concluye con la lista de los pecados capitales que son las fuentes por las cuales los otros pecados surgen: el orgullo, la envidia, la ira, la gula, la codicia, la pereza y la lujuria.

Una parte importante de la labor de la cura de almas en el Medioevo consistía; por ende, en insistir y ayudar a que se cumplieran estas exigencias religiosas de la época, a fin de mostrar que se era un buen súbdito y acumular méritos para el más allá.

5. 1. Entre la cuna y el purgatorio

Aunque no fue hasta el Concilio de Trento (1542) que fueron solemnemente fijados para toda la Iglesia Católica Romana, ya en el temprano Medioevo son siete los sacramentos reconocidos: a saber, el bautismo, la confirmación, la eucaristía, la penitencia, la unción de los enfermos, el orden sacerdotal y el matrimonio. Los siete sacramentos corresponden a todas las etapas y todos los momentos importantes de la vida del cristiano: al nacimiento y crecimiento, a la curación y misión en la vida de fe y, a la vez, tienen un valor sociológico por ser señales del cumplimiento con el deber de ser un buen ciudadano.

Por el bautismo, el recién nacido se integra en la comunidad secular y, a la vez, en el cuerpo místico de Cristo. Esta iniciación es complementada por la confirmación, el segundo sacramento, que, otra vez paralelamente con la sociedad secular, significaba la entrada al mundo de los adultos, la llegada a la madurez necesaria para la adquisición de la plenitud del Espíritu Santo.

La institución de la confesión, la penitencia y remisión de los pecados, al igual que el sacramento de la Eucaristía, se ofrecen al creyente durante toda la vida, como parte de una cura de almas institucionalizada. Sin embargo, EL IV CONCILIO DE LETRÁN (1215-1216) se vio obligado a imponer a todos los fieles el cumplimiento con estos dos sacramentos (en el caso de la eucaristía, incluyendo el concepto de la transubstanciación) por al menos una vez en el año en su parroquia correspondiente. Se percibe una discrepancia entre cura de almas e institución con sus obligaciones. La cura de almas, para ser una ayuda verdadera, al menos para el hombre moderno, presupone, por parte del necesitado, un alto grado de libertad de elección del tiempo y del lugar. Donde no se da esta libertad, peligra su efecto. Sin embargo, a pesar de su carácter de obligación impuesta, indudablemente es una forma de cura de almas cuando el comulgante, al recibir la hostia en su boca, escucha de parte del sacerdote las palabras rituales según el rito romano: "El cuerpo de nuestro Señor Jesucristo guarde tu alma para la vida eterna".

Desde nuestra óptica protestante, el matrimonio no tiene carácter sacramental. Para Lutero, el matrimonio era cosa de este mundo; aunque, por otro lado, era ORDINATIO ET INSTITUTIO DIVINA, y, como tal, siempre objeto de sus mayores esfuerzos como cura de almas. Las motivaciones de la Iglesia medieval para reconocer en el matrimonio un sacramento, por cierto, eran diversas; pero entre ellas figura, innegablemente, el intento de proteger en el matrimonio el amor de la pareja. Frente a la práctica de los casamientos por conveniencia, fijados por las familias, el sacramento requiere el consentimiento de los cónyuges mismos y, frente a una sobrevalorización de la parte natural, carnal, pone énfasis en los aspectos sobrenaturales de la unión de las almas de los contrayentes.

Tomás de Aquino hablará de una INDIVISIBILIS CONIUNCTIO ANIMARUM. Otra pregunta es si el intento de proteger el matrimonio y la libre decisión de los cónyuges en la Edad Media, por medio de otorgarle un carácter sacramental, se convierte en una camisa de fuerza anacrónica para muchas parejas, ya rotas por dentro, en el siglo XXI. Sin embargo, para la cura de almas de todas las épocas, el acompañamiento de los matrimonios queda como una tarea importantísima que no se acaba con una consejería familiar. La bendición nupcial, la bendición de la familia en ocasión del bautismo de un nuevo miembro, la bendición de la pareja en el aniversario de su boda, son actos religiosos importantes dentro del marco de una cura de almas con los esposos. Incluso hoy en día, se ve la necesidad de una cura de almas que se dedique a las personas separadas y divorciadas. Después de haber apoyado toda su existencia en la fidelidad y en la confianza de otro ser humano bajo la bendición de Dios, muchas personas quedan con graves heridas después de una separación o un divorcio, son daños que permanecen en las almas y que requieren ser curadas.

Volviendo a la Iglesia de la Edad Media, la muerte cristiana implicaba la recepción de los sacramentos de la confesión, de la eucaristía y la extremaunción, que, en casos de no moribundos, se llama unción de los enfermos.

En la formación práctica de jóvenes teólogos evangélicos, hoy en día, se observan a menudo expresiones de un cierto malestar. Es común la sensación de estar frente a la cama de un enfermo con las manos vacías. El deseo de tener algo que se pueda dar, un gesto, un símbolo, es tan grande que se suele envidiar a los colegas católicos que, con el sacramento de la unción con aceite, disponen de un ritual que les saca de este apuro. La cura de almas evangélica, que tradicionalmente se basa solo en la palabra, la de Dios, la del cura o de la curadora de almas y, finalmente, en la del paciente, escuchando su relato con su marco de referencia, está llegando últimamente a una revalorización de lo visible, lo palpable.

Este auge de lo simbólico no significa una resacramentalización de la cura de almas en el ámbito evangélico y, menos aún, en el sentido de imponer reglas sobre cuantas veces y cómo hay que recibir los distintos medios de salvación. Se trata más bien de una nueva apreciación del valor de lo simbólico como apoyo a las palabras que, en una sociedad dominada por los medios de comunicación modernos, sufrieron una cierta desvalorización. En este sentido, se da a los jóvenes no solamente un versículo bíblico en el día de su confirmación, sino que se les regala una pequeña cruz colgante; a los enfermos se los escucha con cariño y, antes de la despedida, se deja en la mesita de noche la estatua de un ángel de la guarda que prolonga la atención del cura de almas y simboliza la presencia de Dios. La deformación que sufrió lo simbólico en la Edad Media, sea en los sacramentos, sea en otras tantas devociones y formas de piedad, se debe a su carácter obligatorio y supuestamente indispensable con el fin de la salvación. De esta manera, muchas cosas, gestos y símbolos ganaron para la doctrina, o al menos para la práctica, de una iglesia, que monopolizaba el contacto con Dios en todos sus aspectos, algo de intangibilidad que lo simbólico no aguanta. La poiménica evangélica moderna se ve obligada a responder al fenómeno de que muchas formas de piedad y devoción, conocidas desde el Medioevo, van acaparando el interés de más y más creyentes. Lejos de volverse católicos, muchos evangélicos incorporan objetos de arte simbólicos, formas especiales de devoción y hasta peregrinaciones, a su piedad evangélica y los usan también como herramientas de cura de almas. Volvamos, pues, al Medioevo con este interés poiménico actualizado.

Junto a los sacramentos, la Iglesia medieval ofrecía a sus fieles una gran cantidad de ayudas con el propósito del perfeccionamiento espiritual y para curar las almas afligidas. Se incluyó en los cultos el crucifijo y la cruz. La veneración a María, madre de Jesús, era tan fuerte que pusieron la madre de Dios muy por encima de los demás santos, casi equiparándola con las personas de la Trinidad. A diferencia de la teología dogmática (o sistemática), la poiménica no puede excluir de sus investigaciones las expresiones de la piedad popular, aunque esta "no refleja necesariamente una posición eclesiástica oficial"[71]. Esto era así en la Edad Media y sigue siéndolo en nuestras sociedades modernas tartamudeantes a la hora de hablar de la fe que consuela y ayuda en las aflicciones. La cura de almas puede apoyarse en la piedad popular si esta surge en el marco de referencia de una persona y si está libre de supersticiones dañinas. Esto vale tanto para el ámbito católico como para el mundo evangélico.

En Alemania, el "Ave María" de Franz Schubert, por ejemplo, es una de las piezas musicales más elegidas para las bendiciones nupciales, al igual que en los sepelios, no solamente en las comunidades católicas, sino también en muchas iglesias evangélicas. Se observa cuán poco el sentido de las palabras de esta plegaria influye sobre la sensación de que, con este canto, se expresan los sentimientos religiosos más importantes de muchos novios o personas enlutadas. Respecto a la persona de María para la cura de almas, además, es importante tener en cuenta el efecto materno que remite a la niñez cuando la madre consolaba y acariciaba al niño. La primera persona que curaba nuestra alma es la persona que mecía nuestra cuna y nos adormecía con aquellas canciones de cuna que expulsaban todo miedo y toda

---

71 cf. BENKO, Stephen, *Los evangélicos, los católicos y la virgen María*, Casa Bautista de publicaciones, El Paso, 19893, pág. 8.

angustia. El pueblo pobre de América Latina canta, hasta hoy en día, a la Virgen, su madre:

> Sois medicina del cielo
> para toda enfermedad,
> y en cualquier adversidad
> sois nuestro amparo y consuelo.
> Y pues mostráis tanto anhelo
> para ser tan poderosa
> Virgen Santa del Pueblito
> sed nuestra Madre amorosa[72].

Si hoy en día, sobre todo en *poiménica*, más que nada las teólogas evangélicas, redescubren los personajes femeninos de la Biblia y, entre ellos, en un lugar prominente, a la madre de Jesús, pueden apoyarse en la mariología de Martín Lutero que encontraba en la virgen un ejemplo destacado de la fe que nada toma de sí misma y todo lo espera de Dios y se pone a su disposición como taller humilde donde el Altísimo lleva adelante su obra salvífica[73]. Lutero explica: "María no es nada por su propio mérito, sino por el mérito de Cristo y María no quiere que vayamos a ella, sino a través de ella hacia Dios". Lutero honra a la Bienaventurada Virgen dándole el lugar de "Madre Espiritual" para los cristianos.

En la Edad Media se compila el santoral cristiano. Si anteriormente el pueblo exaltó a los altares a sus personajes elegidos, para interceder por los fieles ante Dios; ahora, los candidatos a la santidad tienen que pasar por un proceso de canonización a manos de la jerarquía. La santidad deja de ser el resultado del afecto y del amor popular y se la define más bien por el valor simbólico de una persona, como ejemplo de cohesión moral cristiana, dotada de las mayores virtudes y de los milagros oficialmente reconocidos, como resultados de su intercesión. El aspecto original popular de la cura de almas por los numerosos santos y santitos, toma carácter oficial y queda controlado por la Iglesia. A los santos se les asignan

---

72 VARGAS URGARTE, Rubén, *Historia del culto de María en Iberoamerica y de sus imágenes y santuarios más celebrados,* T.I. Madrid 1956, pág. 236; citamos según González DORADO, Antonio, *De María conquistadora a María liberadora. Mariología popular latinoamericana,* Sal Térrea, Santander 1988, pág. 88.
73 Cf. LUTERO, Martín, *Explicación del Magnificat,* WA 7, 540-603; 1521.

tareas en todas las áreas de la vida cotidiana del cristiano medieval. Son protectores de las profesiones ejercidas y vienen a socorrer en el caso de la adversidad. El Medioevo produjo un gran número de biografías y leyendas de los santos que, en sus versiones orales populares, eran importantes herramientas de la cura de almas, dando consuelo y ejemplos éticos, a la vez que aumentaban la disposición a esperar milagros y curaciones milagrosas efectuadas por las personas veneradas.

Mientras los evangélicos, con buena disposición, entendemos la idea de los santos como ejemplos de una vida cristiana perfecta, y hasta estamos dispuestos a compartir algunos aspectos acerca de la utilidad de orientarse por medio de personajes ejemplares de la fe, con el culto a las reliquias sentimos traspasado el límite hacia la superstición. Efectivamente, el hombre medieval era supersticioso en muchos aspectos y su religión, y la cura de almas que esperaba de su párroco, estaban llenas de elementos paganos. El filósofo milanés Pietro Pomponazzi (1462-1525) llamó la atención de la inquisición en su época al declarar que el efecto de las reliquias sobre, por ejemplo, los enfermos, era engañoso. Para Pomponazzi vale lo mismo mostrarles cualquier esqueleto para que recuperen su salud, siempre que esté presente la fe en el poder milagroso de la reliquia. Los médicos de todos los tiempos conocen este efecto, que Pomponazzi relaciona con el culto a las reliquias, y también se conoce su utilidad en ciertos tratamientos psíquicos y psicosomáticos.

Se distinguen dos tipos de reliquias: las reliquias primarias o reales, que son restos del cuerpo de un santo, y las reliquias secundarias o representativas, que son objetos que habían tenido algún contacto con la persona venerada.

El concepto de participar de las facultades de una persona extraordinaria por medio de reliquias primarias o secundarias, no se limita a la Iglesia cristiana medieval. Ya la Antigua Grecia conocía objetos sagrados por su pertenencia a algún héroe y, también en el mundo del islam, se guarda reliquias. En el palacio de Topkapi en Estambul, por ejemplo, se conservan y se exponen objetos personales de Mohammed, el profeta: su abrigo, un diente, pelo de la barba, letra, sello oficial, bandera, dos espadas, un arco y sus huellas. Estos, y un número de otras reliquias santas de líderes islámicos, fueron traídos a esta ciudad importante de la religión musulmana.

La importancia extraordinaria de las reliquias cristianas en la Edad Media se explica por dos factores: el primer factor tiene que ver con aspectos de la cura de almas. Las personas humildes de aquella época, no buscaban doctrinas metafísicas para fortalecer su fe y armarse en contra de todas las tribulaciones de la vida, sino que necesitaban signos simples y palpables que permitiesen un contacto directo con uno de los santos. El segundo factor es menos *poiménico* y más económico. Las reliquias se convirtieron en una mercancía libremente convertible en todo el Medioevo y su valor; es decir, su autenticidad fue determinada por la iglesia de Roma.

Las peregrinaciones tenían como finalidad la visita de los santuarios depositarios de las distintas reliquias. Se emprendía el camino de una peregrinación por razones puramente piadosas o para cumplir con un castigo impuesto por una falta cometida, confesada. La peregrinación era, en este caso, parte del sacramento de la penitencia. Ya en la Edad Media la peregrinación derivó en algunos casos en algo meramente "turístico". Falsos peregrinos se aprovecharon de la reputación de que gozaba el extranjero, PEREGRINUS PRO CHRISTO, PROPTER DEUM. Hoy en día las cosas son al revés. Entre los millones de turistas que visitan los lugares santos de Jerusalén, la ciudad santa de Roma o caminan por la ruta jacobea a Compostela, se encuentran cada vez más personas que recobran para sí, para su paz espiritual, o como una expresión religiosa importante, el valor de una tal peregrinación. Al menos, en el ámbito evangélico, cambió el acento. Lo importante no es tanto llegar a algún santuario a venerar alguna reliquia, sino experimentarse como persona, reencontrarse con su alma, conocerse mejor a sí mismo y al Dios que había perdido en los quehaceres de la vida moderna. Para el evangélico que emprende hoy en día el camino hacia un santuario lejano, y lo hace por más que por puras razones turísticas, el motivo, a menudo, es la búsqueda de nuevas orientaciones para la vida, ganar más profundidad en lo cotidiano, vincular su persona con la palabra de Dios y tener tiempo para escucharla atentamente. Todo esto no lo permite el mero contacto con los restos de algún santo, sino la soledad de la ruta, en la que se da, a veces, un paso transfronterizo y se pisa terreno espiritual, por eso: el camino es el fin.

Por su importancia destacada para la cura de almas medieval, nos dedicamos a continuación a la institución de la confesión por la cual el cristiano medieval supuestamente encontró alivio respecto a sus pecados. Otro tema que trataremos más de cerca es la preocupación por el arte de morir, que es tan característico en una época donde la muerte estaba presente de una manera directa y a menudo cruel, muerte que hoy en día conocemos todavía en los países más pobres y en los barrios miseria al margen de las grandes urbes del mundo moderno.

5. 2. La institución de la confesión

Ya en la Iglesia primitiva se conocía el arrepentimiento y una forma de confesión para lograr el perdón. (Véase Lc 24:47 y Hch 5:31). De Tertuliano (150-225 p. C.) proviene el esquema del arrepentimiento en los tres pasos de CONFESSIO, SATISFACTIO, ABSOLUTIO. Se confesaba ante la congregación y se recibía la absolución con la imposición de manos por parte del obispo. Los tres pecados principales que exigían el arrepentimiento eran: blasfemia, asesinato y adulterio.

Agustín (354-370) profundizó el concepto de la confesión en el sentido de que cualquier pecado requiere la penitencia y que el arrepentimiento tenía que ser un acto cotidiano. Recordamos, en este contexto, que Martín Lutero fue monje de la orden de san Agustín, la más severa que había en su época. La primera de sus 95 tesis afirmaba, «El señor y maestro nuestro Jesucristo decía: "Haced penitencia y con esto quería que toda la vida del creyente fuera una penitencia"».

La confesión pública, ante la congregación, se convierte con el tiempo en una confesión privada. En el año 590, el abad irlandés-celta Columban, introdujo la confesión auricular en Francia. Luego, como regla, se confesaba en un lugar abierto, a la vista de todos, en una iglesia entre el amanecer y la puesta del sol, de manera que todos podían ver al confesor y al confesante, pero sin escucharlos. John T. McNeill cuenta, con respecto a los peligros que especialmente las mujeres corrían en las confesiones en lugares cerrados:

«El confesario todavía no había sido introducido, La presencia de observadores se vio como una salvaguarda. Jean Gerson (+ 1429) decía:

"Hay que confesarse ante los ojos de todos en un lugar abierto", y no frente a un lobo rapaz en unos rincones. En caso de confesiones hechas por mujeres, la presencia de otros en la iglesia era fuertemente requerida por Odo de París (ca. 1198) y por concilios y autoridades posteriores; sin embargo, algunos moralistas siguieron denunciando el hecho de que, lugares secretos y rincones oscuros, eran elegidos por sacerdotes sin escrúpulos»[74].

En la iglesia de Francia, a partir del siglo VIII, la confesión con cierta regularidad se hace obligatoria para todos los creyentes. En el IV CONCILIO de Letrán del año 1215, se declara obligatoria la confesión anual a pena de excomunión y/o exclusión de la eucaristía.

La confesión así llega a adquirir un carácter sacramental y es el medio indispensable para lograr la salvación. Por el bautismo, el cristiano entra en la Iglesia; por el acto del arrepentimiento, se mantiene en ella. La pertenencia a la Iglesia le garantiza la salvación para la que el confesor tiene las llaves.

El Concilio de Trento (1546) definió el sacramento del arrepentimiento con tres pasos: CONTRITIO CORDIS, CONFESIO ORIS, y SATISFATIO OPERIS; es decir, por una muestra de una compunción verdadera, por la confesión auricular frente a un sacerdote y por obras de reparación. La absolución que el confesante recibe, a base de estos pasos, es un acto con valor jurídico. Algo que a los protestantes, a veces, nos cuesta aceptar. Esto es debido a que la imagen de una relación jurídica con Dios nos espanta. Porque enseguida le damos vuelta y vemos la posibilidad de exigir, por vía legal, gracia, amistad y atención de parte de Dios hacia nosotros. Pero si la absolución para el confesante de la Edad Media era un acto jurídico, con esto quería expresarse en primer lugar la validez de la promesa de Dios, la solidez y el carácter indestructible de su palabra de perdón.

Por cierto, hoy día no entendemos más nuestra existencia en términos jurídicos. Pero ¿cuál será la imagen moderna para expresar la seguridad absoluta de que Dios nos acepta, a pesar del abismo que separa nuestro querer y hacer de su voluntad? ¿Cómo expresamos en lenguaje moderno nuestro ser pecador?

---

74 MCNEILL, John T., *A History of the Cure of Souls*, New York 1951, p. 148. La traducción es mía.

5. 3. Danza macabra y *ARS MORIENDI*

Los hombres y las mujeres de la Edad Media vivían asustados por un profundo miedo a la muerte. A lo mejor, no tanto por la muerte en sí, que era un fenómeno común, cotidiano, en una época cuando la tasa de mortalidad infantil era altísima y la esperanza de vida era de alrededor de los 29 años, sino que el temor de la gente surgía frente a las consecuencias que advertía después de la muerte –más si se tratase de una muerte súbita, sin las preparaciones necesarias– en el juicio final, donde serían juzgados y se decidiría su destino eterno. Los justos iban subiendo al cielo, al Paraíso, los encontrados malvados bajaban al infierno juntándose a las almas condenadas.

Además de esta bifurcación escatológica, la teología eclesiástica especulaba sobre un tercer lugar, donde algunas almas recibirían la oportunidad de purificarse y, luego, subir a estratos más privilegiados. Este tercer lugar de expiación se conoce como **el purgatorio** y el culto por las almas en el purgatorio, con el fin de disminuir el tiempo de su estadía allá, arraigó profundamente en la religiosidad popular de la Edad Media. Mediante testamentos, las personas se preocupaban para acortar su estancia en el purgatorio. Se celebraban misas por las almas y se repartía pan entre los pobres, en determinadas fechas y circunstancias, celebrando este ágape preferentemente sobre la tumba del testador. En las iglesias, junto a los retablos de las almas, se colocaban los "bacines de almas" en las que se levantaban ofrendas a favor de las almas en el purgatorio.

Sería demasiado fácil llamar la atención solamente sobre el abuso de aquellos que deseaban comprarse algunos "bonos" para pasar lo más rápidamente posible por el purgatorio y obtener la salvación eterna. Esto lo hicieron luego los predicadores del indulto, al ofrecer a la venta las obras meritorias de los santos administradas por la iglesia –como una casa bancaria administra cuentas y fondos ajenos–. Pero, antes del abuso, nació el concepto del purgatorio por razones de cura de almas, como una forma de mostrar la gracia de Dios con el pecador que recibe una última oportunidad POST MORTEM para poder corregir los errores fatales de su vida terrenal.

Un fuerte mensaje moral, una apelación a preocuparse por la muerte que puede arrastrar a toda persona sin distinción, representan las *Danzas de la muerte,* o *Danzas macabras,* que se conocen en toda Europa, en la última etapa de la Edad Media. Víctor Infantes, un investigador de este género, nos da su definición:

"Por Danza de la muerte entendemos una sucesión de imágenes y textos presididas por la Muerte como personaje central —generalmente representada por un esqueleto, un cadáver o un vivo en descomposición— y que, en actitud de danzar, dialoga y arrastra uno por uno a una relación de personajes habitualmente representativos de las diferentes clases sociales"[75].

Es significativo que estas *Danzas de la muerte* aparecieran después de la gran epidemia de la peste negra del año 1348, que durante tres años disminuyó hasta la mitad la población de Europa en proporciones nunca vistas anteriormente. La muerte se convirtió, por esta enfermedad que no conocía distinciones, en un hecho aún más cotidiano y familiar para todos. Las *Danzas de la muerte* ponen énfasis en el poder igualador de la muerte. Ni el Cardenal, ni el rey se salvan.

La Muerte
Parecéis sorprendido, Cardenal:
¡pero andad, sigamos a los otros!
Vuestra sorpresa de nada os servirá.
Vos habéis vivido con honores y magnificencia.
Vivid cómodamente y disfrutad de la negación
que solo así podéis olvidar el final.

---

75 INFANTES, Víctor, *Las danzas de la muerte: génesis y desarrollo de un género medieval: siglos XIII–XVII,* Salamanca, Ediciones Universidad de Salamanca, 1997. La cita encontramos en un artículo de María Laura Pérez Gras, http://www.mnstate.edu/smithbe/dancamuerte.htm, el 28 de septiembre de 2009.

El Cardenal

Justo es que temiera
al verme tan de cerca vigilado:
la Muerte me sale al paso.
Nunca más ni de verde ni de gris vestiré,
con gran desazón debo dejar
mi sombrero rojo y mi suntuosa capa.
Nunca quise entender que toda alegría
termina en tristeza.

La Muerte

Venid, noble rey de coronada cabeza,
reconocido por tu fuerza y tu valor.
Ayer vivíais entre pompa y platillo,
mas hoy debéis olvidar vuestros aires de grandeza:
no estáis solo.
Vuestra riqueza de nada os servirá,
aun el más rico, al final, no posee más que una mortaja.

El rey

Jamás aprendí a bailar
con tal desenfreno;
¡ay!, solo ahora se medita y constata
lo que en realidad valen el orgullo, la fuerza y el linaje.
La muerte todo lo destruye,
tanto al poderoso como al débil,
sea grande o sea pequeño.
Entre menos se sobre valúe uno, más sabio se es:
pues al final sólo polvo seremos[76].

En una sociedad tan desigual y marcada por los contrastes sociales como era la del Medioevo, el mensaje de la *Danza de la muerte* tenía algo de consuelo para los pobres y de amenaza para los ricos. Todos los

---

76 Cita (e imagen) de la *Danza macabra* del cementerio de los Santos Inocentes de París, que está considerada como el punto de partida de otras danzas europeas. Fue realizada entre 1424 y 1425 en el muro sur del Convento de Frailes Menores. Lo encontramos el 20 de febrero de 2007 en www.osiazul. com/image/dm-13.jpg.

seres humanos son iguales ante la muerte con su "carácter democrático" y, la advertencia que se dirige a todos, es la de llevar una vida según los valores de la religión cristiana, preparándose; de esta manera, para un fin que permite la esperanza de la salvación eterna. El temor más sentido era el de una muerte súbita, que no dejaba tiempo para una debida preparación y la decisiva reconciliación con Dios el Creador. Hubo preocupación por el arte del bien morir.

Ya en las antiguas culturas egipcias y tibetana, existieron numerosos textos y oraciones que acompañaban al difunto. En la Edad Media europea, bajo el título ***Ars moriendi*** ("el arte del bien morir") se reúnen textos de carácter pedagógico, enseñando la preparación cristiana para una muerte que abriera las puertas al cielo. Bajo el impacto de la peste, y por miedo a una muerte imprevista, Juan Gerson, catedrático de la Sorbonne en París, editó en 1408, como prototipo de este género de textos, la pequeña obra en latín: *Opus (culum) triparttum.* Muchas Artes Moriendi la siguieron; se publicaron a menudo anónimamente.

En el siglo XV apareció, con el título *Ars moriendi*, un auténtico manual de ayuda al cristiano para sus últimos momentos de vida. Ganó una enorme popularidad porque se editó una versión ilustrada con once grabados que muestran el combate del moribundo con las tentaciones del diablo en busca de apoderarse del alma.

Ars Moriendi cerca 1470, xilografía, 219 x 162 mm *National Gallery of Art*, Washington

Las ilustraciones de la obra muestran a los ángeles protegiendo al bueno y a los demonios torturando al malo, al pecador. Este manual era necesario porque los curas de almas no siempre llegaban a tiempo para asistir al moribundo, en su último momento, con el ofrecimiento de consuelo. El estudio de esta obra enseña cómo encontrarse con la muerte y cómo evitar que tambalee la fe y se caiga en las tentaciones de la desesperación, de la impaciencia, el orgullo y la avaricia. La última escena es de un gran triunfo. Todas las tentaciones habían sido resistidas. Los demonios furiosos reconocen su impotencia y se van huyendo para intentar su suerte junto a otra cama.

Este género de literatura, la *Ars moriende*, hace de la muerte un elemento esencial respecto a la salvación del alma. El último momento de la vida puede decidir sobre el destino eterno de la persona. La ARS MO-

RIENDI facilita al moribundo los medios para salir ganador en estos momentos decisivos de tentación y encontrar la conducta adecuada para la imitación de la muerte de Cristo. En este sentido, se trata de una experiencia de transformación, en el proceso del abandono de lo anterior, para nacer a lo nuevo.

Llegando a nuestros días, encontramos una renovada curiosidad acerca del arte del buen morir. Los estudios de Elisabeth Kübler-Ross despertaron el interés por la dedicación a las últimas etapas de la vida. La médica suiza enseña las fases por las que pasa una persona después de haberse enterado de la cercanía de su muerte hasta llegar al punto cuando puede aceptar maduramente lo inevitable[77]. Es posible que estas enseñanzas sean más que necesarias en una sociedad, cuya visión mecanicista del mundo ha impregnado la muerte y todo lo relacionado con ella con un aura de tabú. Por otro lado, una ARS MORIENDI, del siglo que fuera, despierta en los seres humanos la ilusión, como si la muerte fuera algo que ya en esta vida se puede vencer. El optimismo que afirma que, con una buena preparación, la muerte pudiera perder su carácter aterrorizador y de amenaza última de la vida, puede ser engañoso y puede dañar la relación de cura de almas entre el moribundo abandonado a su destino y su acompañante, pretendiendo saber más que un ser humano por sus limitaciones puede saber.

5. 4. Cura de almas en ropaje de trovador

La cura de almas de la Edad Media no se limitó a la administración de los sacramentos ni a la confesión institucional. Conocemos testimonios importantes de personas religiosas que, con su cura de almas, tenían influencia sobre las almas, más allá del círculo cerrado de su parroquia o de su vida monástica.

En las aproximadamente 500 cartas y cientos de predicaciones que se conocen de Bernardo de Claraval (1090-1153), encontramos a un cura de

---

77 *Sobre la muerte y los moribundos*, Grijalbo, Barcelona, 1993

almas cuya experiencia vital y básica, la del ser amado por Dios, se traducía en un mensaje curador para muchos. El lenguaje de las canciones de los trovadores servía al Doctor boca de miel (DOCTOR MELLIFUUS), como llamaron al fundador de los cistercienses por su elocuencia, para declarar el amor de Dios a sus oyentes y lectores. Utilizó el género de moda, el canto de aquellos periodistas líricos, que también eran los trovadores, quienes, aparte de las historias de amor, difundieron todo tipo de noticias en sus viajes de castillo en castillo valiéndose de las lenguas vulgares.

Bernardo de Claraval describe la unión mística del alma, o a veces de la iglesia, con su esposo, que es la Santísima Trinidad. De la unión del alma con el Verbo nace la humildad; de la unión del alma con el Espíritu Santo nace la caridad y, finalmente, el alma reposa entre los abrazos del Padre Rey.

En los sermones sobre el Cantar de los Cantares, Bernardo relata esta unión mística-amorosa más detalladamente. El Verbo, en este caso, es el único esposo del alma. Su amor es tan grande que no puede soportar el momento sublime del matrimonio místico en el cielo, sino que baja a la tierra para consumar el matrimonio ahí mismo. Su esposa, el alma, lo espera. A ella se atribuye, por ejemplo, el versículo Ct 2:5, "**¡Confortadme con flores, fortalecedme con manzanas, pues languidezco de amor!**". Bernardo explica:

"Ha crecido el amor de la Esposa con la exuberancia de estímulos que lo avivan sin cesar en su corazón. Ya ves, en efecto, cuánta facilidad se le ha dado esta vez, no solo de contemplar al esposo, sino también de mantener con Él un largo coloquio. En la visión con que ha sido favorecida, se le ha mostrado el esposo con rostro más apacible y sereno, y el coloquio con ella ha sido más dulce, más íntimo y revelador que de ordinario; pues no solo ha gozado a su gusto de los encantos y atractivos de su amable trato y conversación, sino que ha oído también de sus labios palabras de grandísima alabanza y estima.

Añádase la sombra del que tanto deseaba, ha saboreado sus exquisitos frutos y apagado su sed, bebiendo en su cáliz; no siendo creíble que aún tenga sed cuando acaba de salir de la bodega, en la cual se gloría de haber sido introducida por su Esposo"[78].

---

78 BERNARDO DE CLARAVAL, *Sermones sobre los Cantares 51*, en Obras completas de san Bernardo, TOMO II, Gregorio DIEZ RAMOS, Madrid 1955, pp. 339s.

En documentos de su cura de almas, el promotor de la Segunda Cruzada, emplea, además, y a menudo, imágenes que se vinculan con el mundo materno para expresar su tarea de cura de almas como alimentar, cuidar, amamantar, criar a sus niños espirituales, de los que hablaba con mucho afecto y cariño.

En sus tratados sobre la conversión, Bernardo, no solamente subraya la incapacidad del ser humano para consolarse por sus propias fuerzas –todo consuelo viene de Dios–, sino que también conoce la necesidad y la ayuda que significa el llanto en la cura de almas. El CAPÍTULO XI lleva el título: *Los que intentan convertirse son tentados con más fuerza que los acostumbrados a vicios; a estos les es muy necesario el llanto.* En este capítulo leemos:

"Lloré abundantemente, porque llegó el tiempo de llorar, y para beber continuas lágrimas bastan estas cosas. Lloré, mas no sin afecto de piedad ni sin algún consuelo. Consideré que no se halla para él descanso alguno en sí mismo, sino que todas sus cosas están llenas de miseria y desolación. Consideré que no se halla lo bueno en su carne; que también en el siglo malo no se halla más vanidad y aflicción del espíritu. Consideré, vuelvo a decir, que ni dentro, ni abajo, ni cerca de sí se le presenta materia de consuelo, para que por fin aprenda alguna vez que se ha de buscar arriba y que de arriba se ha de esperar. Lloré, entre tanto, lamentándose sobre su dolor; arroyos de agua derramen sus ojos y no descansen sus pestañas. Sin duda, con las lágrimas se purifican los ojos antes obscurecidos y se aclara la vista para poder fijarse en la claridad de la serenísima luz"[79].

Importantes son las reflexiones de Bernardo sobre la vida espiritual, base de toda cura de almas. Solamente una persona con un profundo conocimiento de sí misma y segura de sus dones y limitaciones, puede ser cura de almas para otros. Bernardo aconseja:

"…si eres sabio, sé un recipiente y no un caño. Porque un caño recibe y casi al mismo momento devuelve; un recipiente, al contrario, espera hasta que esté lleno y luego recién devuelve de su plenitud sin pérdida de lo propio… Los tubos conductores, por desgracia, los hay muchos en la Iglesia, pero recipientes hay pocos. Estos caños conductores, que nos quieren hacer llegar torrentes celestiales, arden tanto por el amor

---

79 BERNARDO DE CLARAVAL *Tratados sobre la conversión*, CAP. XI, en Obras completas de san Bernardo, TOMO II, Gregorio DIEZ RAMOS, Madrid 1955, pp. 726s.

al prójimo, que ya quieren derramar aquello con lo que todavía no fueron llenados; son más rápidos en hablar que en escuchar; quieren ansiosamente enseñar lo que todavía no aprendieron, y quieren presidir a otros, a pesar de que ni siquiera se saben dominar a sí mismos"[80].

Con la figura de Bernardo de Claraval, a los contemporáneos del siglo XXI se nos plantea un problema que, de una u otra manera, vuelve a presentarse en otras partes de este libro. Es la pregunta por la autenticidad y la coherencia de los mismos curas de almas con sus programas *poiménicos*. Si bien estamos enfocando la historia de la *poiménica* en ciertas personas, cuya manera de ser curas de almas nos parece un aporte importante al desarrollo de la *poiménica*, no estamos escribiendo una hagiografía. No esperamos de nadie que sea un "santo", un ser perfecto, aunque fuera en un campo limitado como lo es la cura de almas. Más bien ponemos hincapié en el hecho de que, aún el concepto *poiménico* más puro y sutilmente elaborado se deforma en el momento de ser puesto en práctica por el cura de almas humano. Además, tenemos en cuenta el trasfondo histórico del momento en el que es puesto en práctica. No se puede esperar de un personaje medieval las consideraciones socioculturales, éticas, etc., de un consejero pastoral del siglo XX, por ejemplo. Seguimos fiel a nuestro propósito de invitar al lector a participar en una especie de "expedición de rescate" de lo que se tenía olvidado o perdido del arte de curar almas. En una primera parte, repasamos conceptos y prácticas del pasado, registramos a personajes conocidos por su espiritualidad, que llamaron la atención a muchas personas que fueron consultadas en su tiempo como curas de almas. Queremos aprender de ellos para la cura de almas de nuestros tiempos. En este sentido, cabe también la crítica frente a los maestros del pasado. Cuestionamos la forma de una cura de almas que, en sus extremos, se valdrá de los tribunales de la inquisición; pero más instructiva es, a lo mejor, la pregunta por la autenticidad y la coherencia de los curas y las curadoras de almas frente a sus propios conceptos *poiménicos* y, paso seguido, y aún más importante: ¿qué conclusiones sacamos para nuestra práctica pastoral?

---

80 *Las obras de san Bernardo* se editó en latín: *san Bernadi Opera*, Roma 1957-1977. En castellano hay varias ediciones, por ejemplo: *Las obras de san Bernardo*, La Editorial Católica, Madrid, 1953-1955, 2 vol. preparados por Gregorio DIAZ RAMOS O.S.B. La cita se encuentra en Christian MÖLLER (ed), *Geschichte der Seelsorge in Einzelporträts*, TOMO I, Göttingen 1994, p. 255s; la traducción libre es nuestra.

Volviendo al trovador entre los curas de almas, quisiéramos señalar unas pocas preguntas que se imponen al menos a nosotros, cristianos del siglo XXI: ¿cómo puede un cura de almas, que pretende amamantar y criar a sus niños espirituales, mandarlos a la guerra, como lo hizo Bernardo con su propaganda a favor de la Segunda cruzada en Francia y Alemania? ¿Qué sentía al enterarse del fracaso de esta empresa militar y de la muerte de miles y miles de hombres que habían tomado las armas y emprendido viaje a Palestina confiando en las palabras del doctor boca de miel, que les había ofrecido la salvación de sus almas a cambio de la participación en la cruzada? Sus esperanzas fueron brutalmente violadas y destruidas. Bernardo aceptó las críticas, pero nunca su responsabilidad. Se escondió detrás del papa EUGENIO III que le había mandado predicar a favor de la cruzada. Se nos plantea la pregunta de la responsabilidad de un cura de almas y del peligro de abusar de su influencia –por no hablar del caso de una elocuente "boca de miel"– sobre las personas que buscan orientación y apoyo. Bernardo de Claraval tenía el carisma de una enorme elocuencia y un poder retórico sobre las personas. Él mismo, sabiendo de la ambigüedad de este don, utiliza la imagen del caño y del recipiente: "...si eres sabio, sé un recipiente y no un caño". Solamente el cura de almas, lleno del mensaje evangélico, divino, y no por abundancia de temas propios, puede tratar de ser una ayuda para otros. La persona del cura de almas no es el mensaje; el mensaje en que se debe fundamentar cada cura de almas viene de Dios y no puede ser sustituido por programas políticos, sociales, culturales, ni por la poesía más bella.

5. 5. La mística de Maestro Eckhart

Una historia de la cura de almas no debe olvidarse de la aportación que brindó la mística alemana del siglo XIII Y XIV, que a su vez estimuló y tuvo influencia en la mística española, dos siglos más tarde, y en el movimiento más popular de la *devoción moderna*.

El personaje más original de la mística alemana es el dominicano turingense Maestro Eckhart (1260-1327), fundador y consumador de la mística especulativa (que se diferencia de la mística sensitiva y de la volitiva). En sus escritos en latín, pero más que nada en sus sermones y tratados en alemán, presenta su mística que, a menudo, en el intento de explicar y transmitir lo inexplicable, lo lleva a los límites de la expresión verbal. Una de las estrofas de una canción de monjas reza:

El sabio maestro Eckhart
de la nada nos quiere hablar
y quien no lo entiende
a Dios se ha de quejar;
su alma no fue alumbrada
por la divina luz acendrada[81].

Eckhart desarrolló sus ideas como predicador, supervisor y cura de almas de muchos conventos femeninos y catedrático en París y Colonia. El maestro enseña, no tanto un sistema metafísico o teológico como los escolásticos de su época, sino un instrumental religioso, una especie de técnica espiritual y habla desde sus propias experiencias. Para esta empresa, no utiliza tanto el latín, idioma de los eruditos teólogos, sino que se expresa en alemán, el lenguaje de su pueblo que tenía que afilar y forjar como instrumento para expresar los más profundos misterios del alma humana y que, en realidad, sobrepasan el entendimiento humano. Se necesita ser "alumbrada por la divina luz acendrada".

En un sermón Eckhart explica:
"Nuestro Señor llamaba alma a su espíritu creado, por cuanto le daba vida al cuerpo y estaba unida con los sentidos y la facultad intelectual"[82].

La cura de almas de Eckhart es el esfuerzo de buscar el momento de unión entre Dios y las almas de los humanos. Este instante es el nacimiento de la palabra de Dios en el alma humana, es el punto central por el que se orienta toda la cura de almas del místico. El proceso de esta UNIO MYSTICO empieza con el "desasimiento". Explica Eckhart: "Cuando predico suelo hablar del desasimiento y del hecho

---

81 Texto tomado de: *Der Frankfurter. Eine deutsche Theologie.* El editor Josef BERNHART lo cita en su «Introducción» (Munich, Hermann Rinn, (2.ª ed. 1946]) p. 110. Una traducción al castellano la encontramos en http://www.thule-italia.net/Sitospagnolo/Tratados%20y%20Sermones.doc.
82 II, s. 49, p. 662. En las citas tomadas de la obra traducida al castellano, de Eckhart, I CORRESPONDE A LOS TRATADOS Y II A LOS SERMONES. Las cifras arábicas indican la página de la que está tomada la cita en la edición original. Citamos del Internet: http://www.thule-italia.net/Sitospagnolo/Tratados%20y%20Sermones.doc.

de que el hombre se libre de sí mismo y de todas las cosas"[83]. Libre de sí mismo y de todas las preocupaciones cotidianas, la persona llega en sus oraciones a un estado de silencio y donde ha de callar todo intelecto puramente humano. Se llega a una concentración religiosa y a un desierto interior donde ya no hay más palabras. Lo divino no tiene nombre. "Cuando alguien conoce algo de Dios y le pone un nombre, esto no es Dios. Dios se halla por encima de los nombres y de la naturaleza"[84].

En este estado del "desasimiento", al que Eckhart dedica un tratado especial donde llama a Dios el "Desasimiento supremo", el ser humano llega a encontrarse con el fondo de su alma. El alma es la casa de Dios. Se encuentra con Dios, se vincula con lo más excelso y pertenece en este momento más a lo divino que a su propio cuerpo. En su fondo, el alma ya es divina, es la chispa divina increada en cada ser humano.

«Para alcanzar su verdadero fin, que es el conocimiento de Dios, el hombre debe apartarse de lo sensible; así encuentra la "chispa", la "ciudadela", que es la parte del alma que participa de la razón divina, que le une a Dios; es una parte del Entendimiento divino. Encerrándose en esa *ciudadela,* lo que logra mediante una ascesis, a través del desprendimiento de las criaturas, el hombre se une a Dios, hasta que ya no hay distinción, y puede desentenderse de todo lo demás. En ese sentido, resultan superfluas las prescripciones morales tradicionales, y la fe, la oración y los sacramentos, son inútiles desde el momento en que el alma se reúne a Dios»[85].

Ya antes de ser salvado por Cristo, según Eckhart, el ser humano pertenecía con su alma a la esfera divina. Más importante, y en el centro de la existencia de cada persona, está la Navidad y no el Viernes Santo ni la Pascua de Resurrección. El nacimiento de Dios que aconteció objetivamente en el día de Navidad en Belén, tiene que repetirse, las más veces posibles, en el alma humana. Obviamente, la cura de almas a base de un tal concepto místico no es la intervención en momentos de crisis, sino que requiere la dedicación total a un nuevo estilo de vida caracterizado

---

83 II, s. 53, p.695.
84 II, s. 53, p.695.
85 ÁLVAREZ PALENZUELA, Vicente Ángel, *Nuevos horizontes espirituales: Demandas de reforma y respuestas heterodoxas* en *Historia del cristianismo II, El mundo medieval,* coordinador Emilio MITRE FERNÁNDEZ, Granada 2004, p. 653.

por una religiosidad que penetra todos los aspectos del individuo. Sin embargo, este rigor espiritual y esta ansia de llegar a la UNIO MYSTICA no llevan a Maestro Eckhart a descuidar los problemas de esta vida terrenal. Promueve una vida activa y de dedicación a lo cotidiano, acompañada por una profunda alegría, gozando ya en el presente de la visión de la plenitud divina. Las obras buenas, de las que un ser humano está capacitado, son frutos de la participación en el ser divino y no hace falta exigirlas mediante una moral o mandamientos éticos. Quien pregunta por el sentido de la vida, muestra que no lo conoce. El místico, en contra, lo vive sin preguntar *sonder warumbe* (sin porque) porque siente que, aún en las cosas más pequeñas e insignificantes, está una chispa de Dios. Encontrar a Dios escondido en todo, y más intensivamente en el fuero íntimo de cada cual, es lo característico de la mística que, como ya dijimos, pone hincapié en la práctica correspondiente y no tanto en el desarrollo de sistemas teológicos. Sin embargo, hoy en día, se entienden mejor las enseñanzas de un maestro Eckhart que sí se tiene presente, en el fondo, la escolástica y sus SUMMAS THEOLOGICAS atrayentes y solemnes como las catedrales góticas.

En la tardía Edad Media, ganó cada vez más influencia el concepto "moderno" del nominalismo de Guillermo de Ockham (1285-1347). La vieja visión neoplatónica, con su visión global del mundo, que abarca al ser humano y a Dios en unas grandes síntesis, y su reclamo de que estas, las ideas, sean realidades últimas, este "realismo" perdió su fuerza convincente.

El nominalismo puso en duda la posibilidad de captar el mundo en conceptos universales e imponía la comprensión de la realidad en sus infinitas diferencias. Se desarrollaron las ciencias empíricas dando importancia a cada realidad, según sus órdenes autónomos. En teología, Tomás de Aquino (1225–1274) y otros elaboran los grandes sistemas escolásticos.

Como contraste, frente a este ámbito "moderno" dedicado al optimismo de las ciencias naturales, la lógica y la razón, Maestro Eckhart presenta, con su mística, algo así como una reacción que se dedica a las almas humanas, ofreciéndoles, con la experiencia mística, un acceso directo a lo transcendental. El ser humano, con sus capacidades intelectuales, está llamado al silencio, porque solo el silencio posibilita que Dios habite en el alma. El momento más importante en la vida de una persona piadosa es el nacimiento de Dios en el alma, en el castillo del alma. Es el punto final del descendimiento de lo divino a la tierra, que pasa en seguida al movimiento de ascenso, de vuelta a las esferas celestiales. El nacimiento de Dios en el alma humana ocurre en el momento en que el alma se ha vaciado de todo imaginario creacional. Esta mística dominicana y su representante más destacado, Maestro Eckhart, querían mantener la anterior visión universal de los realistas, en la tradición neoplatónica, y su profundo conocimiento de la omnipresencia de Dios. Los enfoques *poiménicos* de la mística eckhartiana son tres:

- 1. El nominalismo pretende llamar a toda realidad por su nombre científico.
   De esta manera, la profana y la priva de su posición determinada en el universo divino. Maestro Echkart, en contra, pone hincapié en la posibilidad de una experiencia profunda que encuentra a Dios en cada cosa. Y esto no solamente en un sentido ético-moral, sino ontológico-teológico.

- 2. La sensación mística de la unión de todo en todo, vinculando Dios y el mundo, se contrapone a un dualismo que expulsa a Dios fuera de la experiencia humana, a un mundo de lo espiritual, donde Él al fin no tiene una realidad verdadera.

- 3. La mística libera de una religiosidad superficial que se orienta a ejercicios exteriores, visibles, para llegar a una espiritualidad profunda que se da cuenta del propio ser, involucrado en el universo divino.

Es interesante que este concepto de una integridad 'místico total' volviera a renacer algunas veces en los siglos siguientes, como respuesta a un mundo dominado por la razón científica. Por última vez (hasta ahora) se lo observa en el siglo XX, enfrentándose al espíritu del capitalismo. Mencionamos, como ejemplos muy diversos, los enfoques de Erich Fromm en su libro *To Have o to Be*[86], de Leonardo Boff, con su visión sacramentalista del mundo, en su libro *Los sacramentos de la vida*[87], y a Gert Hart-

---

86 FROMM, Erich, *To Have o to Be*, Nueva York 1976. Primera edición en castellano 1978.
87 BOFF, Leonardo, *Los sacramentos de la vida*, Santander 19898. El original: *Os Sacramentos da Vida e a Vida dos Sacramentos*, Petrópolis 1975.

mann y su aportación en *Lebensdeutung*[88]. Para Hartmann, la tarea de la cura de almas es ayudar al individuo y a la sociedad a ver el mundo como es, creado por Dios y testigo de su presencia, e interpretar su historia de vida en su aspecto de una única experiencia de Dios.

5. 6. La definición del alma en Santo Tomás (1225-1274)

Poco aporta el DOCTOR ANGELICUS a la *poiménica* propiamente dicha; es decir, a la praxis de la cura de almas. En su gran obra, la *Suma totius theologiae* menciona la cura de almas como un oficio especial encargado a los sacerdotes. Con respecto a la pregunta de si un sacerdote puede "entrar en religión"; o sea, entrar de por vida en una orden religiosa, Tomás hace una diferenciación: "Los párrocos y arcedianos no están obligados con voto perpetuo y solemne a conservar la cura de almas, como lo están los obispos. Por eso los obispos *no pueden abandonar el episcopado...* Pero los párrocos y arcedianos pueden libremente devolver al obispo la cura de almas encomendada a ellos sin permiso especial del papa..., para entrar en religión"[89]. La cura de almas es entonces un oficio de los sacerdotes que trabajan como párrocos o diáconos que se puede abandonar y devolver al obispo si sienten otra vocación. Sin embargo, no es cosa fácil. La gran responsabilidad que significa la cura de almas se ve cuando Tomás cita a Gregorio el Magno, en una de las objeciones al respecto del tema de entrar en religión. Escribe en la PARTE II-II, cuestión 189, artículo 7 de la suma teológica:

«Dice san Gregorio, en su Pastoral, que el que recibe la cura de almas recibe un aviso terrible cuando se le dice: "Hijo mío, si saliste fiador por tu amigo, has estrechado la mano del extraño". Y añade: "Porque salir fiador por un amigo es aceptar la responsabilidad de otro. Pero el que está gravado por una deuda para con otro no puede

---

88 HARTMANN, Gert, *Lebensdeutung, Theologie für die Seelsorge,* Vandenhoeck & Ruprecht, Göttingen 1993.
89 TOMÁS DE AQUINO, *Summa totius theologiae* (ST), PARTE II, *cuestion* 189, artículo 7.

entrar en religión mientras no la pague, si puede. Por tanto, dado que el sacerdote puede ejercer la cura de almas, a la cual se obligó con peligro de su propia alma, parece que no le está permitido descuidarla para entrar en religión"»[90].

Nadie puede dedicarse a la cura de almas de forma pasajera, entre otras cosas. Tampoco es un cargo que se busca por su propia presunción, ni deseando una remuneración mayor.

La aportación de Tomás de Aquino en *poiménica* se encuentra en lo teórico. Su ontología del alma humana sigue siendo normativa en la Iglesia católica hasta hoy en día. Tomás enseña:

"Es evidente que lo primero por lo que un cuerpo vive es el alma. Y como en los diversos grados de los seres vivientes, la vida se expresa por distintas operaciones, lo primero, por lo que ejecutamos cada una de estas operaciones, es el alma. En efecto, el alma es lo primero por lo que nos alimentamos, sentimos y nos movemos localmente; asimismo, es lo primero por lo que entendemos. Por lo tanto, este principio por el que primeramente entendemos, tanto si le llamamos entendimiento como alma intelectiva, es forma del cuerpo. Esta es la demostración que ofrece Aristóteles en el II *De Animapero"*[91].

El alma es la forma del cuerpo. Tomás sigue a Aristóteles, enseñando que la materia es la sustancia de la que proviene todo. La materia no tiene ninguna calidad, es pura potencialidad, y solo por la forma llega a volverse una realidad distinguible. De la misma manera, el cuerpo, como materia, se vuelve humano solo por su forma que es el alma. Cuerpo y alma están divididos. El cuerpo solo no llega a ser humano, le falta el principio que lo hace actuar como tal. Tomás explica:

"...el alma, primer principio vital, no es el cuerpo, sino el acto del cuerpo. Sucede como con el calor, principio de calefacción, que no es cuerpo, sino un determinado acto del cuerpo"[92].

El hombre no es solamente cuerpo ni solo alma. Pero el alma, a pesar de no ser corporal, sino algo incorpóreo, ...pre está unida al cuerpo. El

---

90 ST II, c139, a 7.
91 ST Ia, c 76, a1.
92 St Ia, c 75, a1.

hombre es un ser combinado de cuerpo y alma: "El hombre no es solo, sino algo compuesto a partir del alma y del cuerpo"[93]. Ambos, alma y cuerpo, son partes de la naturaleza humana. Pero al alma se le atribuye la importancia mayor. Con Agustín, afirma Tomás, "Que la virtud no está en el cuerpo, sino en el alma, por el hecho de que el cuerpo es regido por el alma"[94]. El alma humana no puede corromperse. Sin embargo, Tomás rechaza el concepto de un alma que fuera de la misma sustancia de Dios o formará parte de un alma universal (St I, c 90, a1). El alma humana fue creada directamente por Dios a la vez que el cuerpo.

Hasta hoy en día la Iglesia católica se basa, en antropología, sobre estos conceptos tomistas. Por ejemplo, en el diálogo con las ciencias naturales, la doctrina católica sobre el alma sigue siendo una cuestión controvertida. Se reconoce que las ciencias observan, describen, miden las múltiples manifestaciones de la vida del hombre natural. Pero el hombre es, a la vez, un ser espiritual y esta "ontología superior creada por la intervención directa de Dios en cada hombre"[95] compete a la teología. Según la enseñanza de Tomás GRATIA SUPPONIT ET PERFICIT NATURAM por lo que el alma humana es el complemento que los seres humanos recibieron directamente de Dios y que, de los seres naturales hace seres espirituales, un cambio que las ciencias no pueden ni medir ni observar, aunque tienen que reconocer como limitación a su alcance. Este complemento que reciben los seres humanos se describe como una relación especial con Dios, buscada y establecida por él, una relación de apelación-respuesta.

Con esta definición del alma: una relación que Dios busca con cada ser humano, coincidimos en algo con lo explicado al principio de este libro, donde definimos el alma como el ser humano global en su aspecto de ser llamado por Dios: alma es todo el hombre en cuanto Dios le dirige la palabra.

Las diferencias surgen, más que nada, cuando la teología católica insiste en el efecto real que produce el llamamiento de Dios en su destinatario. La intervención de Dios lleva a una nueva condición ontológica. El alma

---

93 ST Ia, c 75, a4.

94 ST I-II, c 56 a4

95 Cf. ARMENGOL, Guillermo, *La cuestión del alma sigue siendo controvertida en el diálogo ciencia y religión*, octubre 2006, fuente http://www.tendencias21.net/La-cuestion-del-alma-sigue-siendo-controvertida-en-el-dialogo-ciencia-y-religion_a1157.html, encontrado el 28 de setiembre de 2009.

humana es el nuevo ser en el que se convierte el hombre natural al ser complementado por la presencia de Dios en su vida. Una cura de almas, en esta tradición escolástica, basada en el hilemorfismo[96] aristotélico, tiene que diferenciarse de una cura de almas que parte de la unidad de la vida humana y que sensibiliza para esta vida y que procura dar participación en ella. Los sistemas escolásticos no aportaron grandes cosas a la praxis de la cura de almas. Al contrario, las luchas por la doctrina correcta causaron la muerte de muchas personas y el sufrimiento de muchísimas más. Las cazas de brujas y el combate contra los herejes, significan una perversión de la cura de almas que sobrepasa todo lo conocido hasta entonces.

5. 7. El Tribunal de la Inquisición

Con Bernardo de Claraval, Maestro Eckhart y Tomás de Aquino nombramos a teólogos destacados, procedentes además del mundo de los monasterios y de las órdenes. La cura de almas que la Iglesia brindó al pueblo común tenía lugar en la parroquia local, el marco en el que se desplegó la vida religiosa y ciudadana. Esta cura de almas pasaba por algunas obligaciones básicas de la vida cristiana, la administración de los sacramentos y, más que nada, por la institución de la confesión, ante el párroco, como se ha mencionado anteriormente. Esta institución llegó a ser cada vez más efectiva en la opresión del pueblo por parte del clero.

Al principio, la inquisición estaba bajo la jurisdicción de los obispos. Era su tarea velar por la ortodoxia de su feligresía. Así lo reafirma todavía el IV CONCILIO DE LETRÁN del año 1215. Un paso en la línea de un nuevo desarrollo es la fundación de las órdenes mendicantes. A diferencia de los párrocos, los mendicantes no estaban obligados a permanecer en un lugar fijo de residencia, al contrario, viajaban por toda Europa con el permiso papal de predicar y confesar libremente en todas partes. Por más que los fundadores de estas órdenes, Francisco de Asis y Domingo de Guzmán, eran verdaderos curas de almas, motivados por los peligros que vieron subir, en una época en la que la ética de la economía burguesa y

---

96 El hilemorfismo es una teoría aristotélica seguida por los escolásticos, según la cual todo cuerpo se halla constituido por dos principios esenciales que son materia y forma.

las herejías de un pensar más independiente tomaron posesión de vastos sectores de la vida, es indiscutible la pronta inclinación de las órdenes a favorecer el dominio del pueblo por parte del poder eclesiástico. Por su indestructible fidelidad al pontífice en Roma, los franciscanos y los dominicos se convirtieron en un ejército muy eficaz para los intereses del papa.

Ya en 1231 se constituyó en Roma el tribunal de la Inquisición, o del "Santo Oficio"; su promoción fue encomendada a la orden dominica. El primer inquisidor es el fundador de los dominicanos, quien predicó ante los albigenses ya en 1208.

Con el Tribunal de la Inquisición, la Iglesia creó un instrumento poderosamente eficaz para dominar, no solamente el poder secular, sino también el pueblo hasta el último súbdito. Por ejemplo, son reveladoras las actas de las investigaciones que hizo la inquisición en un pueblo del Languedoc, cuya población cayó bajo la sospecha de ser adicta a la herejía del catarismo, un movimiento herético en la tradición del maniqueísmo[97].

En los archivos del Vaticano se encuentran los resultados de estos interrogatorios, como *Registre d'Inquisition* del inquisidor Jacques Fourniers. Estas actas revelan toda la vida del pueblo Montaillou hasta el último detalle, gracia al rigor sin escrúpulos de los investigadores eclesiásticos[98]. No hubo ningún asunto que no interesase a los inquisidores. El sistema penitencial era riguroso y los medios penitenciales duros, como es sabido.

Sin embargo, este manual de *poiménica* no es el lugar adecuado para arriesgar un dictamen histórico sobre la inquisición, que al menos tendría que tener en cuenta la jurisprudencia medieval en general.

Lo que sí podemos preguntar, teológicamente, es por el derecho de la Iglesia a juzgar sobre la autenticidad de la fe de los creyentes y el derecho de corregirla inclusive con el uso de la fuerza. Podemos hablar de una perversión de la cura de almas respecto al concepto de que, más valía torturar y quemar el cuerpo de una persona, que dejar que su alma sufriera daño o perdiese la salvación eterna. También podemos señalar el abuso que sufrió

---

97 Los cátaros ($\kappa\alpha\theta\alpha\rho o\acute{\iota}$ = los limpios, puros) empezaron como movimiento con rasgos "evangélicos" para pronto adaptar un dualismo gnóstico entre el mundo de la oscuridad y la luz de la que participan solamente unos pocos, los puros. Se encontró en el catarismo una especie de neomaniqueísmo.
98 A base de estas actas Emmanuel LEROYLADURIE publicó su libro: *Montaillou village occitan 1294–1324*, París 1975.

la cura de almas, si en esta forma todavía merece semejante nombre, en manos de unos poderes estatales o paraestatales. El dominio sobre las almas equivale al poder sobre los seres humanos vistos en su globalidad. Es por eso que, hasta hoy en día, las ideologías acompañan las conquistas militares. Mientras la fuerza de las armas ataca a las personas como cuerpos, las idcologías asaltan a los seres humanos como almas y buscan reemplazar al Dios vivo por un ídolo. Un alma enferma es un ser humano que ya no se experimenta como ser llamado por el Dios de la religión, sino que establece una relación generadora de identidad con el ídolo, con el contenido de la ideología cualquiera que sea. En este sentido, vemos, en la institución de la inquisición, un arma ideológica con diferentes poderes que se apoderó de las almas de los pueblos con el fin de someterlas a los poderes mundanos y eclesiásticos. El ídolo que ocupó el lugar del Dios verdadero era la imagen del dios castigador de todo tipo de infracciones y el retrato de un soberano humano potenciado en su despotismo, requiriendo la sumisión total del hombre pecador. El conjunto de medias jurídicas, ejecutivas –abarcando todo el instrumental monstruoso de la época–, y *poiménicas* (pervertidas, por cierto) hacía que el "Santo Oficio" durase tanto y encontrase complicidad en todos los estratos de la sociedad. En España, la Inquisición se mantiene funcionando hasta el año 1834. La cifra de personas que fueron quemadas vivas se estima en 37 368[99].

5. 8. *DEVOTIO MODERNA*: devoción moderna

A partir de los años ochenta del siglo XIV, nació en las ciudades de los Países Bajos un movimiento religioso, que era un reflejo atenuado de la mística alemana de Maestro Eckhart, y una renovación de ideas de Bernardo de Claraval. Nunca aparecieron tantos pseudo-bernardos, ni se han compuesto y traducido en su nombre tantos apócrifos, como en la época de la "devoción moderna"; o sea, en latín, la *DEVOTIO MODERNA*. Con su espiritualidad subjetiva y experiencial, biblista y cristocéntrica, no produjo grandes sistemas teológicos; al contrario, su enfoque más bien fue la santificación de la vida cotidiana del cristiano laico, en

99 CUEVA, Valentin, *Historia Ilustrada de los protestantes en España*, Tarrassa (Barcelona), 1997, p. 20.

humilde devoción y piedad modesta. La finalidad era encontrar la unión con la voluntad de Dios, y de esta manera honrar a Dios.

"Una devotio moderna, sin duda con conexiones con la via moderna que el nominalismo venía oponiendo a la via antigua: el abandono de la especulación escolástica por la observación y experimentación; el olvido de las normas litúrgicas antiguas para entrar en un diálogo más personal del hombre con Dios"[100].

La *DEVOTIO MODERNA*, y su preocupación por la *GLORIA DEI*, más tarde influyeron en Martín Lutero y en Ignacio de Loyola.

Del ámbito de esta "nueva piedad", salieron diversas obras destinadas a la lectura por los miembros laicos de las congregaciones, en especial el devocionario que, después de la Biblia, fue el libro más leído del cristianismo. Su título ya señala su programa: *IMITATIO CHRISTI* ("La Imitación de Cristo")[101]. Se considera que el autor de este devocionario es Tomás de Kempis (+ 1471) monje y escritor alemán que estudió en Deventer, en los Países Bajos. En 1407 ingresó en el monasterio de los agustinos de Mount St Agnes, cerca de Zwolle, en los Países Bajos. La mayor parte de su larga vida transcurrió en la reclusión del claustro, donde trabajó copiando manuscritos, asesorando y escribiendo.

El estilo del libro *Imitatio chisti* se parece a los *Apophtegmata patrum* de los anacoretas del siglo V. Se compone de cuatro partes y es una cura de almas por escrito. Su contenido son frases que resumen consejos para la vida cristiana, para la imitación de Cristo.

Un ejemplo del CAPÍTULO XI:

"CÓMO SE HA DE ADQUIRIR LA PAZ, Y DEL CELO DE APROVECHAR.

1. Mucha paz tendríamos, si en los dichos y hechos ajenos que no nos pertenecen, no quisiésemos meternos.

¿Cómo quiere estar en paz mucho tiempo el que se entremete en cuidados ajenos, y busca ocasiones exteriores; y dentro de sí poco o tarde se recoge?

---

100 ÁLVAREZ PALENZUELA, Vicente Ángel, *Nuevos horizontes espirituales: Demandas de reforma y respuestas heterodoxas* en *Historia del cristianismo II, El mundo medieval*, coordinador Emilio MITRE FERNÁNDEZ, Granada 2004, p. 632.
101 Hay muchas ediciones. Por ejemplo, en formato de libro de bolsillo: TOMÁS DE KEMPIS, *Imitación de Cristo*, ed. Apostolado Mariano, Sevilla 1992.

Bienaventurados los sencillos, porque tendrán mucha paz.
...
3. Si fuésemos perfectamente muertos a nosotros mismos, y en lo interior desocupados, entonces podríamos gustar de las cosas divinas, y experimentar algo de la contemplación celestial".

Las frases de este devocionario son de una claridad y sencillez que les hacen perceptible a la sensibilidad religiosa del lector laico. Es un libro de cura de almas que quiere consolar y fortalecer al individuo.
Así empieza:
"El que me sigue no va a oscuras', dice el Señor. Estas palabras son de Cristo y con ellas nos enseña a imitar su vida y sus virtudes, si queremos gozar de la luz verdadera, y librarnos de la ceguera del alma. Por esa razón, que la mediación acerca de la vida de Jesucristo sea el más profundo de nuestros estudios"[102].

No es un libro de estudios. Tomás lo aclara muy al principio:
"Si supieras de memoria toda la Biblia y las doctrinas de todos los filósofos, ¿de qué te sirviera todo eso sin el amor y la gracia de Dios?"[103].

Recordamos la cura de almas del Antiguo Testamento cuando leemos en la tercera parte del libro:
"Mi alma se entristece a veces hasta salirle lágrimas; otra vez se espanta por la amenaza de mis furiosas pasiones...
Si concedes la paz a tu siervo, si derramas santa alegría en su seno, su alma estará toda llena de armonía, y piadosa te ensalzará. Pero, si te retiras, como tantas veces lo haces, no podrás correr por el camino de tus preceptos".

El valor y la profunda sabiduría, que hace de la "Imitación de Cristo" un verdadero libro de cura de almas, se muestra en frases como la recién citada, donde se refleja la situación de la ausencia de Dios. No siempre estamos seguros de su presencia, pasamos por momentos de angustia, justamente porque nuestra fe flaquea, porque Dios parece

---

102 Libro I, cap. 1, par. 1; en la edición citada p. 3.
103 Libro I, cap. 1, par. 3; en la edición citada p. 4.

lejos de nosotros como si se hubiera retirado. Se muestra el realismo del cura de almas que habla desde su propia existencia terrena en medio de todas las tribulaciones comunes. Más tarde, Lutero se referirá a esta experiencia de una búsqueda sin éxito de Dios, con la noción del *DEUS ABSCONDITUS*.

§ 6. La Reforma

Según D. Rössler, se puede resumir la historia de la cura de almas en tres etapas, que no se contradicen, sino que, hasta cierto punto, se complementan. Cada una de estas etapas tuvo su propio tipo de cura de almas que, en su conjunto, representan la tarea entera de la cura de almas.

"En la Edad Media había, en primer plano, el confesor; en la época de la Reforma lo fue el cura de almas, como educador; y en el pietismo iba a serlo el consejero (asesor) espiritual"[104].

Este esquema sirve para obtener una primera idea del desarrollo de la cura de almas, que, como ya sabemos, no es algo que apareció, ya acabado e invariable, en cierto momento de la historia. Tampoco en la Biblia, como vimos, se encuentra una forma definitiva de cura de almas, sino que ella es una respuesta de la Iglesia a las exigencias y necesidades de los creyentes, en el correr de los siglos.

Sin embargo, el esquema de Rössler es demasiado general como para reflejar suficientemente los distintos enfoques y acentos que aportó la Reforma a la práctica y teoría de la cura de almas. El cambio fundamental se produjo a partir del rechazo reformador del concepto de Iglesia como institución mediadora de la salvación entre Dios y el hombre. La penitencia perdió, entonces, su carácter sacramental y su importancia central, obligatoria y decisiva, para la participación de la salvación y de la gracia.

---

104 Rössler: 1994, p. 176.

Las primeras, de las 95 tesis que Martín Lutero clavó en la puerta de la iglesia de Wittenberg, no dejan nada que desear en claridad al respecto: «1. Cuando nuestro Señor y Maestro Jesucristo dijo: "Haced penitencia…", ha querido que toda la vida de los creyentes fuera penitencia. 2. Este término no puede entenderse en el sentido de la penitencia sacramental (es decir, de aquella relacionada con la confesión y satisfacción) que se celebra por el ministerio de los sacerdotes»[105].

Lutero criticó el abuso de las buenas obras como moneda para comprar el perdón de Dios. El arrepentimiento no es un acto aislado de un valor determinado, sino que tiene que ser la actitud permanente del ser humano pecador. En los puntos siguientes exponemos la aportación de Martín Lutero a la *poiménica*, enfocando los puntos más destacados en los que se concentran las nuevas líneas de la cura de almas evangélica. Soy consciente de que Lutero no es una persona aislada e independiente de su entorno. Tampoco es el primero en denunciar los abusos de la Iglesia en el campo de la *poiménica*. Es menester mencionar, al menos, a John Wyclif y a Juan Huss, quienes, cada uno en su país, se expresaron públicamente contra la autoridad eclesiástica y su praxis antievangélica, también en el campo que hoy llamamos *poiménica*. El destino de los dos, y tantos otros rebeldes más, es conocido. Lo dejamos al juicio de los historiadores, porque Martín Lutero no solamente salvó su vida, sino que su rebelión creó un movimiento de tanto éxito que logró cambiar el mundo medieval. Nos limitamos a tratar de la *poiménica*.

6. 1. Martín Lutero

La aportación de Martín Lutero a la cura de almas pone de relieve, de manera especial, tres puntos:
1.   La interpretación de la confesión por Lutero.
2.   El concepto del EXTRA NOS.
3.   La realidad del diablo.

---

105 WA I, 233. Citado de *Obras de Martín Lutero*, TOMO I, Versión castellana directa de Carlos Witthaus, Buenos Aires 1967, pp. 7s.

Además, vamos a conseguir en Lutero la misma estructura trinitaria que ya encontramos en la cura de almas de san Pablo.

6. 1. 1. *La confesión*

La crítica fundamental de Lutero a la iglesia de su época, fue contra la justificación por las obras. En este sentido, rechazó el concepto católico del sacramento del arrepentimiento por los siguientes tres pasos: *CONTRITIO CORDIS, CONFESIO ORIS, y SATISFATIO OPERIS*. Y esto fue por el carácter que estos habían obtenido, como actividades humanas, con la finalidad de asegurarse la salvación (justificación por las obras).

Para Lutero, la confesión tiene un carácter consolador y reconciliador, y, en este sentido, hace que el confesante se sienta seguro de su salvación, pero 'por la fe'. La confesión pierde el carácter legalista y gana de nuevo su carácter evangélico. La absolución libera de los pecados y posibilita una vida nueva, no por una acción jurídica, en el que el hombre haya aportado lo suyo, sino en un acto de perdón gratuito por parte de Dios, que el hombre recibe solo por la fe.

Para Lutero, la confesión, además, vuelve a ser un acto voluntario, sin obligación ninguna. El que tuviese una fe fuerte ni siquiera precisaría un confesor, sino que se podría dirigir directamente a Dios.

Pero, Lutero pregunta:

"¿Cuántos hay, que tengan una fe tan fuerte? Es por eso que no dejo que me quiten la confesión auricular"[106].

La confesión auricular, según Lutero, se compone consecuentemente solamente de dos partes: *CONFESSIO y ABSOLUTIO*. En el Catecismo Menor del año 1529, explica:

"La confesión contiene dos partes: la primera es la confesión de los pecados; y la segunda, el recibir la absolución del confesor como de Dios mismo, no dudando, sino creyendo firmemente que, por ella, los pecados son perdonados ante Dios en el cielo. ¿Qué pecados hay

---

106 WA 10, 3, 63. En la última de sus predicaciones después del domingo INVOCAVIT del año 1522 Lutero defiende la confesión auricular como algo que a él mismo le ayudó mucho.

que confesar? Ante Dios uno debe tenerse por culpable de todos los pecados, aun de aquellos que ignoramos, como ya lo hacemos al decir el Padrenuestro. Pero, ante el pastor, confesamos solamente los pecados que conocemos y sentimos en nuestro corazón".

La confesión cambió su carácter. Dejó de ser obligatoria para todos los creyentes a pena de excomunión y dejó de ser medio indispensable con el propósito de lograr la salvación debido a un acto de valor jurídico. Para Lutero, la confesión es principalmente una de las maneras de recibir el perdón de Dios y la consolación evangélica gratuitamente por la fe. Lutero observa:

"Lo peor es que nadie enseñó ni supo lo que es la confesión, o cuán útil y consoladora es. Al contrario, se hizo de ella un puro miedo y una tortura infernal, de manera que uno tenía la obligación de confesarse; pero a la vez no hubo cosa más odiada"[107].

Se puede decir, que para Lutero la confesión y la absolución tienen carácter sacramental, pero el acento está en la fe del creyente y no en la institución eclesiástica. Como para todos los sacramentos, también vale para la confesión, que no son obras que ofrece el hombre a Dios, sino expresiones palpables y perceptibles de la gracia y del amor de Dios. De hecho, Lutero contaba primeramente la confesión como el tercer sacramento (al lado del Bautismo y la Santa Cena) para luego quitarle este estatus por carecer del elemento visible como es el agua en caso del Bautismo, y el pan y el vino en el de la Santa cena.

Para Lutero, la cura de almas viene del evangelio mismo –no se vincula con el ministerio– por lo que puede realizarse también *PER MUTUUM COLLOQUIUM ET CONSOLATIONEM FRATRUM*; es decir, el hermano o la hermana pueden, en una conversación fraternal, por ejemplo, tomar el rol del confesor. La confesión recobra su carácter de cura de almas cuando Lutero aclara:

"La confesión se compone de dos partes.

La primera es nuestra obra y actividad, en tanto que lamento mi pecado y pido consolación y fortalecimiento para mi alma.

La segunda es una obra que hace Dios al absolverme de mis pecados

---
107 WA 30, I, 233, *Kurze Vermahnung zur Beichte von 1529*.

por la palabra que fue puesta en la boca del hombre: esto es lo más importante y lo más noble y hace a la confesión agradable y consoladora. Hasta ahora se puso hincapié solamente en nuestra obra y no se prestó atención a otra cosa, que si realmente habíamos confesado todo.

La segunda parte, la más necesaria, se despreció y no se la predicó, como si fuese solamente una obra buena, como para pagar con ella a Dios... Con esto se llevaba a la gente a la desesperación, al tener que confesarlo escrupulosamente todo (algo que era imposible). Ninguna conciencia quedó tranquila, ni podía confiar en la absolución.

De esta manera, no solamente se nos hizo la confesión inútil, sino penosa y fatigosa. Ella llegó a ser un daño notable y una perdición para el alma"[108].

Y Lutero habla como confesor y cura de almas, cuando sigue:
"No tienes que venir (a la confesión) aclarando cuán piadoso o malo eres. Si tú eres un cristiano, ya lo sé. Si no eres cristiano, lo sé más aún. Pero se trata de esto: que vengas a dolerte de tu pena y que te dejes ayudar y devolver un corazón y una conciencia alegres"[109].

Recordando los tres aspectos de cura de almas, que ya se perfilaron en la Iglesia antigua, se puede decir que el concepto de Lutero se concentra en su estructura terapéutica. Esta observación vale para su interpretación de la confesión, pero también para la de la predicación. Mientras la confesión en las Iglesias luteranas perdió su importancia, a pesar de las exhortaciones del mismo Lutero a no olvidarse de ella, la cura de almas al individuo y a la comunidad pasó a realizarse a menudo por la palabra de la predicación. Todo el ministerio es cura de almas. Esta no es solamente una tarea entre tantas otras. Para Lutero la cura de almas es el efecto consolador, liberador y curador del evangelio. Todo se concentra entonces en la proclamación del evangelio, sea en forma de la predicación pública, o de manera individual.

108 WA 30, I, 235s
109 WA, I, 236.

6. 1. 2. *El EXTRA NOS*

La preocupación por la cura de almas es algo como el *leitmotiv* de la vida teológica, o más bien pastoral, de Martín Lutero. Ya su decisión a favor de vivir como monje tenía como motivación: el miedo de su alma frente a la incapacidad que sentía de cumplir con las exigencias de un Dios justo.

Luego publicó las 95 tesis, no tanto para buscar una discusión académica sobre cuestiones abstractas del indulto, sino que en el fondo latía la preocupación por las almas, que Lutero, como confesor, conocía lo suficiente como para saber de las perturbaciones que el negocio de la indulgencia había causado en ellas.

"Estas pocas almas felices creen, cuando compran unas bulas de indulgencias, que ya están seguros de su salvación...".

Así escribía Lutero, en un tono de alta preocupación, al arzobispo Alberto de Maguncia, el mismo día 31 de octubre de 1517[110].

En las predicaciones de Martín Lutero (arriba ya mencionamos las de la semana después del domingo *INVOCAVIT* del año 1522), así como en muchos de sus tratados, en sus sermones de sobremesa y en un sinnúmero de cartas encontramos este enfoque pastoral como su motivación primaria: Martín Lutero quiere comunicar a los creyentes afligidos el consuelo y la liberación que Dios ofrece gratuitamente a todos por medio de su evangelio.

Las predicaciones y los tratados de Lutero, por su carácter público, pertenecen al tipo de cura de almas que ya citamos con su nombre tradicional de *CURA ANIMARUM GENERALIS*. En sus charlas de sobremesa y, en especial, en las cartas, conocemos su *CURA ANIMARUM SPECIALIS*. En ellas Lutero se dedica a los problemas, las necesidades y las aflicciones de sus oyentes y lectores de manera concreta. Con gran sensibilidad, Lutero busca encontrarse con el otro allí donde este está.

Como cura de almas, Martín Lutero parte de los problemas del consultante; pero no se limita al acompañamiento, sino que da un con-

---

110 WA Br 1, pp. 108-113.

suelo que el afligido no puede darse a sí mismo. Este consuelo viene de Cristo y toma la forma de la absolución, aun sin que el otro lo haya pedido directamente.

Consolar significa, para Lutero, perdonar pecados. Este perdón viene de Dios –*EXTRA NOS*– no se lo puede dar uno mismo. Pero por su procedencia divina de *EXTRA NOS* tiene su firmeza, estabilidad y resistencia. Lutero escribe a una señora Margarita el 11 de enero de 1543:

«Por eso quédate contenta y consolada. Tus pecados te son perdonados; en esto confía resueltamente, no des importancia a tus pensamientos, sino escucha solamente lo que te dicen tus pastores y predicadores de la palabra de Dios, no desprecies su esfuerzo ni su consuelo. Porque es Cristo mismo que habla contigo por medio de ellos; tal como dice: "El que a vosotros oye, a mí me oye", Lc 10:16. Esto cree, y el diablo se retirará y terminará»[111].

La estructura de la entrevista pastoral, según el concepto luterano del consuelo *EXTRA NOS*, toma la forma de un triángulo.

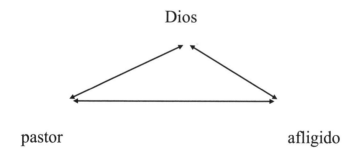

Nadie está solo con el pastor, ni el pastor está solo con alguien que busca su consuelo, sino que los dos siempre se encuentran en la presencia de Dios. De Él reciben las respuestas y soluciones para los problemas en cuestión. En esto reside la diferencia con cualquier forma de psicoterapia o consejería mundana.

---

111 WA Br 10, 239s.

6. 1. 3. *El diablo*

No solamente en la cita de la carta mencionada en el párrafo anterior, sino a menudo, Lutero menciona en sus cartas consoladoras al diablo como para resaltar el mal que se apodera de la persona en sus problemas y aflicciones. Indudablemente, Lutero tenía un concepto real de la existencia de Satanás en persona, algo que comparte, por ejemplo, con los guías espirituales españoles y la gran mayoría de sus contemporáneos. Durante siglos, a los eruditos posteriores esto parecía como un resto del mundo medieval sin que hubiese cabida en el mundo moderno. Solo podían aceptar el poder del diablo como una imagen simbólica. Por otro lado, los predicadores de las iglesias más fundamentalistas y populares, siempre, hasta hoy en día, hablan del poder de Satanás y no tienen problemas en denunciarlo. En las iglesias históricas, en los últimos años, se empieza a detectar de nuevo la realidad de este poder. ¿Cómo hablar de esta experiencia de que a veces nos encontramos frente a un poder que nos supera y nos hace actuar de una manera que ni nosotros mismos aprobamos, pero; sin embargo, somos nosotros los autores de los hechos? En un juicio civil, por ejemplo, tenemos que asumir la responsabilidad de ellos. ¿Qué sentido tiene la súplica del padre nuestro "líbranos del mal", sino este: el de posibilitar que reconozcamos que, a veces, nos vence el mal y reaccionamos como vencidos al recurrir a la violencia, al refugiarnos en la mentira, o al defendernos con el engaño? Nadie nos quita la responsabilidad por nuestros actos frente a la sociedad; pero con respecto al nivel de la cura de almas, sabemos que fuimos vencidos por el poder del mal y que tenemos que reconocer esta derrota. Al hacer esta confesión ya damos un primer paso para recibir la liberación del mal, que no es parte de nosotros, sino que nos esclaviza y, en el fondo, nos hace la vida ingobernable. La liberación del mal tampoco es tarea nuestra, supera todas nuestras capacidades. Es Dios en Jesucristo quien venció el mal según su voluntad "en el cielo" y nosotros pedimos participar de esta victoria "en la tierra". En la terapia de drogadicciones, por ejemplo, la petición "líbranos del mal" toma forma concreta, como reconocimiento de un "algo" que es más fuerte que la persona del adicto[112].

---

112 Véase por ejemplo los pasos de ayuda a los Alcohólicos Anónimos. Estos son los primeros 3 pasos del programa de los Alcohólicos Anónimos, pasos que le conducen a una nueva vida. Quiero llamar la atención al paso 1 donde se reconoce la impotencia propia frente a un poder más fuerte que el propio; y al paso 2 y 3 donde se deja la lucha por la victoria sobre este poder malo en manos de Dios. Los primeros tres de en total 12 pasos proclaman:
1. Admitimos que éramos impotentes ante el alcohol, que nuestras vidas se habían vuelto ingobernables.
2. Llegamos al convencimiento de que un Poder Superior podrá devolvernos el sano juicio.
3. Decidimos poner nuestras voluntades y nuestras vidas al cuidado de Dios, como nosotros lo concebimos.

Al hablar del diablo, Lutero posibilita esta toma de conciencia de poderes que se dirigen en contra de la vida. No se puede borrar solo este poder del mal de su vida, ni como alma ni como cuerpo. El hombre en su debilidad no se libera a sí mismo, sino que recibe su liberación en la unión con Cristo, que ya venció al mundo.

Muy al contrario, a la cura de almas de los filósofos griegos, para quienes cura de almas significó trabajar por la mejora y el desarrollo de la propia alma, Lutero pone el cuidado de su alma en manos ajenas, en las manos del único que está en condiciones de vencer todo mal que pueda dañar al alma. En esto su cura de almas no se limita a la dedicación y reparación de los problemas y aflicciones aisladas, sino que busca más atrás, en la profundidad de la existencia, para encontrar consuelo, no solamente en distintas situaciones, sino en vistas a toda la vida y la muerte.

Toda cura de almas tiene, según Lutero, su punto de referencia y de partida en Cristo. En su salterio de uso personal, Lutero anotó, en la primera página, algo que puede ser un breve resumen de su concepción de la cura de almas, no solamente respecto a otros, sino también respecto a sí mismo:

"No me preocupo donde mi alma encuentre su morada, a pesar de que estoy sumamente puesto en peligro por el diablo. Cristo se preocupa por esto; él que cuidó tan decisivamente mi alma, que prefirió dar su vida, su propia alma, para salvar la mía, él es el mejor pastor y obispo alabado por las almas, las que creen en él.

No es que él tuviese que empezar a aprender conmigo, a curar las almas de aquellos que creen en él. Tampoco quiero tener que cuidar mi propia alma. Porque entonces sería en seguida devorada por el diablo. Más bien Cristo tiene que tenerla en su mano, de la que nadie la puede sacar. A mí me basta saber, que hay mucho espacio en la casa de mi padre"[113].

---

[113] Traduzco esta cita de Lutero (WA 48, 165) a base de una paráfrasis de G. Ebeling en EBELING, Gerhard, *Luthers Seelsorge an seinen Briefen dargestellt*, Tubinga 1997, p. 40.

6. 1. 4. *La estructura trinitaria*

El ser humano necesita curar su alma cuando nada y nadie más parece estar en condiciones de ayudarlo, cuando solo queda Dios. La cura de almas de Martín Lutero vuelve siempre sobre este hecho. En su realización se vale de una estructura trinitaria. A esta observación llega Gerhard Ebeling en su investigación sobre la cura de almas en las cartas de Lutero. Ya al tratar de la cura de almas de Pablo, hemos observado una estructura trinitaria en el concepto *poiménico* del apóstol.

Parece llamativo que hoy en día se busca, en varios campos teológicos, llegar a afirmaciones teológicas poniendo énfasis en semejante estructura trinitaria. El motivo para este renovado interés trinitario parece ser la voluntad de superar el apoyo unilateral que se encontró en la cristología. Por más firme que se mantenga en la teología luterana el *SOLO CHRISTO*, frente a una posible colaboración en la salvación desde afuera; es decir, por parte de la tradición eclesiástica o por parte de la institución iglesia, teólogos protestantes buscan la comunicación hacia dentro, hacia las demás personas de la trinidad. Es Dios que salva al ser humano por Cristo y es el Espíritu Santo que hoy en día nos hace partícipes de la salvación efectuada por Jesucristo.

Acentuando únicamente el rol de Cristo en la salvación, sin que se tenga en cuenta toda la trinidad, puede llevar a un individualismo que sobrevalúe la relación del individuo con su salvador (por ejemplo, en el misticismo la idea de un casamiento de Cristo con el alma, etc.) a costo de otros aspectos como, por ejemplo, lo comunitario o la relación con la creación, el medio ambiente. Para evitar este unilateralismo cristológico se abre el entendimiento de la relación salvífica hacia la comunidad, poniendo hincapié en el espíritu, por un lado, y hacia una inclusión de Dios Padre, creador del universo entero, por el otro lado.

Un ejemplo: en un papel de un grupo de estudios de la Federación Luterana Mundial, publicado en Wittenberg, el Día de la Reforma, el 31.10.1998, varios teólogos tratan de la justificación solo por la gracia de Dios y llegan a preguntar: "¿Cómo entiendo *vida en Cristo* hoy? ¿No significaría *vida en Cristo* teológicamente superar la concentración unilateral e individual en la cristología a través de la dimensión trinitaria?"[114].

---

114 Resultado oficial de la consulta de la Federación Luterana Mundial, a un grupo de teólogas y teólogos jóvenes de todo el mundo, Wittenberg, 31 de octubre de 1998 –Día de la Reforma–.

Lo que la Federación Luterana Mundial busca expresar en la interpretación de la doctrina de la justificación por la fe, se puede encontrar en la *poiménica* de Martín Lutero. Gerhard Ebeling observa en sus cartas:

"La cura de almas de Lutero se remite a la existencia de Dios, la unión con Cristo y el morar en la palabra de Dios"[115].

Seguimos las líneas de esta observación.

6. 1. 4. 1 El Dios padre

El Dios padre, creador, está presente para Lutero en cada situación de la vida, inclusive en los momentos cuando lo echamos a faltar. Esta omnipresencia es parte de su ser divino. A un grupo de refugiados, Lutero propone esta oración consoladora:

"Aunque ningún ser humano se da cuenta de mi miseria, tú sí la percibes tan de cerca que cuentas todos los pasos de mi huida, por lejano y desviado que fuera expulsado y tuviera que correr; y no olvidas ninguna de mis lágrimas que lloro; sino que sé que tú las anotas todas en tu registro y no las olvidarás"[116].

La presencia bondadosa de Dios en todo lo que hay es un hecho inquebrantable, Lutero confía en ella aun cuando parece ser desmentido por los acontecimientos:

"La voluntad de Dios es buena, sin embargo, de una bondad profundamente escondida, de manera que se podría llegar a opinar que nada es más cruel"[117].

Este realismo pastoral que no argumenta desde un punto de vista celestial, del ya salvado, sino desde la ubicación terrenal del afligido, compartiendo solidariamente con él los momentos de una aparente ausencia de Dios, cuando su bondad está "profundamente escondida". Esta sabiduría verdaderamente humana ya la hemos encontrado en el libro *La imitación de Cristo* de Tomás de Kempis. Son aquellos momentos cuando el cura o la curadora de almas no ayudan tanto por

---

115 EBELING:1997, p. 449.
116 WABr 6, 422.
117 WABr 4, 89.

su saber más, o por una óptica más comprehensiva, sino por el reconocimiento de la propia necesidad y por la disposición de soportar solidariamente con el otro la dependencia total de un Dios libre en sus decisiones y sus revelaciones.

Sin embargo, Dios está siempre presente en la vida de todos. De este hecho cierto e indudable, Martín Lutero parte en toda su cura de almas. La finalidad de una carta consoladora nunca llega a ser convencer al otro de que Dios está presente, ni siquiera en una situación dolorosa. Lutero se basa más bien en este dato existencial que es la omnipresencia de Dios. Omnipresencia de Dios también significa, Dios siempre acompaña personalmente a todas las personas. No hay ningún enfoque misionero en la cura de almas luterana. Lutero no se aprovecha del contexto problemático de una persona que se acerca a él con sus dificultades, como para demostrarle la presencia de Dios. Ebeling aclara:

"El hecho que nadie llega al Padre, sino por Cristo, no se puede esquematizar como método de una cura de almas. Respecto a la relación con Dios, vale que siempre estamos ya plenamente dentro, aunque sea sin saberlo, pero nunca partimos de cero, aunque no supiéramos nada de la Biblia ni de Cristo"[118].

La "vida en Cristo", bajo este aspecto teológico, se parece a algo casi natural; es decir, que pertenece al ser humano como tal, producto de un creador que no terminó su obra con la puesta en marcha de este mundo, sino que se preocupa por su sostenimiento y su salvación.

6. 1. 4. 2. Jesucristo

El segundo punto sobre la cura de almas luterana que Ebeling investiga en las cartas de Lutero, es la unión con Cristo.

La cura de almas es un despliegue de la teología de la cruz. En el crucificado y solamente en él, tenemos un sostén inviolable para todo tipo de tribulación. Cualquier angustia parece pequeña si la mirada se dirige

---

118 EBELING, Gerhard, *Luthers Seelsorge an seinen Briefen dargestellt,* Tübingen 1997, p. 459.

al Hijo de Dios en su pasión por nosotros. Lutero escribió a su propio padre cuando este estaba muriendo:

"Deje, entonces, en toda su debilidad que su corazón sea animado y consolado; porque allá, en aquella vida con Dios, tenemos a un ayudante seguro y fiel, Jesucristo, él que ha vencido a la muerte e inclusive a los pecados, y ahora está sentado allí por nosotros, y conjuntamente con todos sus ángeles nos mira y nos espera, cuando pasemos hacia allá. De manera que no tengamos que preocuparnos, ni temer que nos despeñemos, ni que caigamos al fondo...

Nuestra fe es cierta y no dudamos que, dentro de un momento, nos veremos de nuevo con Cristo. Ya que la despedida de esta vida, ante Dios, es mucho menor que si yo saliera de Mansfeld dejando a Ud. o Ud. saliera de Wittenberg hacia Mansfeld dejándome atrás. Esto es ciertamente así, se trata de una corta hora de sueño, nada más, y ya cambiará"[119].

Ebeling matiza lo que es el concepto de la justificación del pecador que posibilita fundamentar la cura de almas en Cristo. La siguiente cita de una carta de Lutero al Duque Joaquín de Anhalt lo muestra:

"¿Qué nos puede afligir con la excepción de nuestros pecados y mala conciencia? Pero esto ya lo borró Cristo por nosotros, aunque pecamos diariamente. ¿Quién nos puede asustar excepto el diablo? Pero más grande que este es Él, quien habitó en nosotros, a pesar de que la fe es débil"[120].

Como respuesta a nuestros pecados y a la mala conciencia que nos acusa, Lutero presenta a Dios en la forma de Jesucristo quien, al vencer al Diablo, posibilita un actuar libre, y cada día nuevo. El perdón de los pecados significa cristológicamente: Cristo me liberó de los pecados y me llama a seguirle; es decir, me llama a actuar en su nombre.

6. 1. 4. 3. El Espíritu Santo

Como tercer pilar de su cura de almas, Lutero llama a una vida espiritual que se alimenta de la lectura bíblica y la oración.

---

119 WABr 5, 240s.
120 WABr 7, 336.

"Porque sin la palabra de Dios el enemigo es demasiado fuerte; pero la oración y la palabra de Dios no le gustan"[121].

En su interpretación del *MAGNIFICAT* (1520/21), Lutero subraya que nadie que no fuera instruido por el Espíritu Santo entiende la palabra de Dios. El aspecto pneumatológico subraya la posibilidad de vivir nuevamente en comunión. El hecho que el diablo huye, significa que la reconciliación será posible.

Una conocida canción medieval ruega por la asistencia del consolador frente a las angustias y a la muerte[122]. Lutero agregó a este Himno tres estrofas en las que describe la labor del Espíritu Santo en la cura de almas. En la segunda estrofa dice: "Guíanos hacia el Señor". La tercera apunta a la comunidad cantando: "Llénanos de fervoroso amor, para que hermanado tu pueblo entero marche en paz por el mismo sendero". Y la cuarta alude a la esperanza cuando invoca al "consuelo fiel... contra el enemigo cruel". Fe, amor y esperanza son las aportaciones del Espíritu Santo en el encuentro triangular de la cura de almas.

6. 2. Cura de almas como pedagogía

Para Martín Lutero, la cura de almas es la continuación de la predicación. La *CURA ANIMARUM GENERALIS* se convierte en *CURA ANIMARUM SPECIALIS*, la cura de almas en general se vuelve ayuda concreta en el contexto del individuo. La *poiménica* luterana responde a la necesidad existencial del individuo de escuchar y reconocer el mensaje evangélico de la gracia gratuita ofrecida por Dios en Jesucristo. El presupuesto vivencial en esto es que el individuo, en sus situaciones cotidianas, está experimentando la distancia que le separa de Dios por la intervención del mal. Lutero mismo vivió esta búsqueda desesperada de encontrar a un Dios que le tuviera compasión. Este Dios compasivo en su Trinidad –inclusive en su libertad– es el contenido de toda cura de

---

121 WABr 6, 323.
122 "Rogamos al buen consolador", en *Culto Cristiano*, n° 95, ed. Publicaciones el Escudo, 19792, Buenos Aires, título del original en alemán: "Nun bitten wir den Heiligen Geist".

almas. Por las experiencias que Martín Lutero tuvo en las controversias con los extremistas antinómicos, Lutero llegó a limitar la cura de almas a encuentros voluntarios, buscados por las personas afligidas. En asuntos de cura de almas no puede haber obligaciones o encuentros forzados. El pastor luterano no visita una casa sin ser invitado especialmente, y nadie tiene el derecho de predicar en una casa, sino el cabeza de la familia, el *PATER FAMILIARIS*.

En otras ramas de la reforma, la *poiménica* tuvo otros acentos. Ulrico Zuinglio (1484-1531) era profundamente humanista y fue este el motivo que le impulsó a adherirse a las ideas reformadas. Sergi Ronchi llama a Lutero un profeta, mientras Zwinglio, el capellán castrense y patriota suizo, es:

"...el reformador de corte tradicional, el eclesiástico absolutamente dedicado a depurar y a simplificar los órganos religiosos y las prácticas piadosas..."[123].

La *poiménica* de Ulrico Zwinglio tiene un fuerte enfoque pedagógico.

Juan Calvino (1509–1564), en toda la teoría teológica reformada que elaboró, no perdió de vista su motivación primaria que consistía en fortalecer las almas desviadas por las *SUPERSTITIONIBUS PAPATUS* y enseñarles el camino hacia la nueva doctrina de la Reforma. El reformador de la ciudad independiente de Ginebra agregó a la pedagogía reformada, desde el principio, un contenido de disciplina eclesiástica y dio a la cura de almas un alcance hasta lo político mundial.

Martín Bucero, en Estrasburgo, desarrolló la primera teología pastoral evangélica dándole un fuerte enfoque eclesiológico; es decir, la cura de almas está al servicio de la edificación de la iglesia.

6. 2. 1. *Ulrico Zwinglio*

A menudo, hemos visto cómo la propia aflicción y la experiencia de una angustia existencial, que hasta pone en peligro la propia vida, llevan

---

123 RONCHI, Sergio, *El protestantismo*, traducido por Jesús Manuel Martínez, Buenos Aires 1985, título del original italiano: *Il Protestantismo*, Milán 1984, p. 46.

a alguien a ser, de manera especial, apto para realizar la tarea de la cura de almas con otros. Sabemos que toda la teología de Martín Lutero está llena de este enfoque pastoral que tiene su punto de partida en los años de luchas fervientes para encontrarse con un Dios benigno. También en la vida de Ulrico Zwinglio encontramos muy temprano un tiempo en que el reformador de la ciudad de Zurich parece haber recibido su iniciación en la profundidad de la cura de almas por experiencias propias. En agosto de 1519 la peste atacó la ciudad de Zurich y Zwinglio enfermó gravemente. En el poema *Gebetslied in der Pest* (canción de oración en tiempos de la peste) se dirige a Dios con toda su angustia frente a la muerte, pero también con toda su confianza en Cristo. En el momento clave de la lucha renuncia a sus propias fuerzas y deja todo en manos de Cristo. Dice:

Ahora todo concluyó,
mi lengua enmudeció,
no es capaz de decir ni una palabra,
mis sentidos se han secado.
Por ello es hora
que tú mi lucha
conduzcas ahora,
pues no soy
tan fuerte
como parar resistir
con éxito
a la trampa y al atrevido golpe del diablo.
No obstante, mi alma
te seguirá siendo fiel, por más que sople aquel[124].

Y nos recuerda a los salmistas que toman de su mano al lector para llevarlo a través de toda la miseria hasta el encuentro con Dios y el proceso de mejora hasta la conclusión final, que en el futuro no puede haber peligros más grandes que aquel que, con la ayuda de Dios, acaba de vencer.

Si seguimos usando el esquema *poiménico* de la Iglesia antigua como modelo, se puede decir que el concepto de cura de almas de Ulrico Zwin-

---

124 La cita se encuentra en *Ulrico Zuinglio. Una antología*, Trad. y Ed. René KRÜGER y Daniel BERROS, Buenos Aires 2006, pp. 30.

glio y de la Iglesia reformada, en su tradición, se concentra sobre el aspecto pedagógico.

Mucha necesidad espiritual proviene, según Zwinglio, de la falta de conocimiento del evangelio por parte del pueblo. Parecido a Lutero, también para Zwinglio, la cura de almas no es solo una parte de la tarea pastoral, sino que la cura de almas es la proclamación del evangelio y donde se predica a Cristo, se curan las almas, sea individualmente; o sea, colectivamente.

Pero, mientras para Lutero, la cura de almas tiene un carácter sacramental que lleva a una experiencia existencial de consuelo, Zwinglio pone el acento en la enseñanza. La enseñanza apunta a la capacidad intelectual de entender las cosas. La diferencia entre Lutero y Zwinglio, no solamente en la *poiménica*, sino en un punto central de las controversias posteriores, la vemos muy bien en el ejemplo de las diferentes doctrinas respecto a la Santa Cena. Para Martín Lutero, en el momento de celebrar la eucaristía, lo importante es la acción divina que se realiza en, con y debajo de los elementos de pan y vino. El comulgante, por lo tanto, participa de una realidad divina. Para Ulrico Zwinglio, los elementos materiales y lo que se hace con ellos es una señal de la realidad espiritual, algo que apunta a la razón humana.

Partiendo de la parábola del crecimiento de la semilla que crece sola, Zwinglio describe la tarea del pastor como la proclamación de la verdad que después se impone por sí misma. En última instancia, Dios es el responsable de que su palabra crezca y se divulgue. La cura de almas de la reforma suiza es una ayuda para la mejora de la vida del elegido. Toma el carácter de educación y disciplina.

En su libro programático para la nueva imagen del pastor evangélico, *Der hirt* (El Pastor), del año 1524, Ulrico Zwinglio describe la tarea del pastor como la formación de los creyentes por medio de enseñanza y disciplina.

«Una vez que la persona ha reconocido su miseria y ha encontrado su salvación en Cristo, ya no le está permitido vivir en el pecado: "Puesto que ahora en Cristo hemos muerto al pecado, ya no podemos vivir más en él" (Ro 6:2). Por eso el pastor debe prestar mucha atención, para que sus ovejitas, ahora limpias, no vuelvan a caer en la mugre. Ello significa que después de que los creyentes hayan llegado al conocimiento de su Salvador y que hayan experimentado la amable gracia de Dios, deben llevar en adelante una vida irreprochable, para que ya no vivan en la muerte»[125].

El pastor mismo tiene que ser modelo de un estilo de vida que demuestre su santificación. Introduce el escrito dedicado al pastor Jacobo Schurtanner y a sus compatriotas de Appenzell, con estas palabras programáticas: "En la primera parte encontrarás pintados los trozos y la figura de un pastor recto. ¡Por cierto, ningún cosquilleo placentero para la carne! Antes bien, un ataque eterno e ininterrumpido a toda carne, a padre y madre, a sí mismo, a todo poder injusto, a todo lo que no se mantiene junto a Dios. Con lo cual debiera quedar claro que no se necesita de fuerza humana, sino de fuerza divina para ejercer, de modo irreprochable, un ministerio tan arduo"[126].

La tarea dura de ser pastor evangélico incluye exponerse hasta correr peligro de vida. El miedo a tener que sufrir el martirio y la pregunta por la protección de parte de Dios frente a tantas hostilidades, surgieron a menudo en la pastoral de aquella época. Zuinglio se dirige a sus colegas, pastores evangélicos, en un diálogo imaginado que expone en *Der hirte* como es su cura de almas:

«Por eso el pastor debe llevar a cabo el trabajo de su Señor y dejarlo regir y que le defienda. Pero si aquí el pastor desea expresar su reparo, diciendo:
"Sí, él me protege –¡hasta que sea muerto!", yo respondo: "Entonces él te ha protegido recta y ciertamente. Pues nadie que no sea de Dios sufre la muerte por causa de Dios... ¿Crees tú qué existe un único y todopoderoso Dios? Sí. ¿Crees, también, que él, tu Dios, es tu Señor y Padre? Sí. ¿Depositas también toda tu confianza en él? Sí. ¿Entonces crees también, sin dudar, que él no te ha prometido nada que no te vaya a dar? Sí. ... Pues si lo tienes por tu Padre, seguro lo amarás. Si lo amas, entonces no tolerarás que su nombre sea de algún modo menoscabado, que no se le preste fe a su Palabra y que se viva vergonzosamente en su contra. Y así como tú preferirías la muerte antes que la deshonra de tu padre carnal, preferirías mucho antes la muerte que el perjuicio de tu Padre Celestial. Si tú crees que la Palabra de Dios no

---

125 La cita se encuentra en *Ulrico Zuinglio. Una antología*, Buenos Aires 2006, pp. 136s.
126 La cita se encuentra en *Ulrico Zuinglio. Una antología*, Buenos Aires 2006, p. 132.

puede engañar, también comprendes que morir por él aquí abajo es el mayor honor que le puede hacer un hijo a su Dios y Padre Celestial. Cuanto menos le temas a la muerte, tanto mayor será la fe en ti. Donde hay recta fe y amor a Dios, allí la persona sabe que morir por Dios es 'una ganancia'. (Flp 1:21) y el inicio de la vida verdadera»[127].

Se nota la preocupación del cura de almas por sus colegas afligidos por la amenaza constante del martirio. Una preocupación que se transmite mediante un estilo pedagógico, didáctico. Zwinglio está enseñando el porqué no se tiene que tener miedo frente a la muerte.

Es característico de la cura de almas de Zwinglio que no se limitó a una vida espiritual, como campo aparte de lo mundano, sino que intervino activamente en la política práctica de su ciudad y de su país.
"Del mismo modo debe surgir también un pastor y proteger a las ovejas, si los tiranos oprimen a sus súbditos de ese modo, contra todo derecho divino y humano y contra toda costumbre. Pues los regentes deben ser hacedores del bien, y no ser gente de malos tratos, no ser opresores, no ser explotadores (véase Lc 22:25)"[128].

La cura de almas, como tarea del pastor en el concepto de Zwinglio, abarca mucho más que la de Lutero. Mientras este mantuvo un enfoque más individualista, en Ulrico Zwinglio encontramos un precedente de una cura de almas "diacónica"[129] y hasta política.

Ulrico Zwinglio falleció en el año 1531 como capellán del ejército de Zurich en una batalla, "luchando valientemente", como anotan las actas.

6. 2. 2. Juan Calvino

Juan Calvino, igual que Zwinglio, fue influido por el humanismo. Fue un humanista, que supo agregar al humanismo las enseñanzas de

---

127 La cita se encuentra en *Ulrico Zuinglio. Una antología*, Buenos Aires 2006, p. 142.
128 La cita se encuentra en *Ulrico Zuinglio. Una antología*, Buenos Aires 2006, p.139.
129 Hennig Luther exige una "Diakonische Seelsorge" en el capitulo "Alltagssorge und Seelsorge. Zur Kritik am Defizitmodell des Helfens" en *Luther*.1992, pp. 224 ss.

su teología, llegando a una síntesis superior con fuertes acentos sociales.
Andre Bieler describe este resumen científico así:

"La ciencia de Calvino es un humanismo teológico y social que incluye, al mismo tiempo, el estudio del hombre y de la sociedad, alimen-
tado por el doble conocimiento del hombre por parte del hombre, y
del hombre por parte de Dios"[130].

El concepto de alma que tenía Juan Calvino se parecía en algo a la psicología de los griegos. La primera obra teológica del reformador francés
era un tratado sobre la inmortalidad del alma[131]. En este explica: "Después de la muerte física de una persona, su alma no se deshace ni duerme
hasta el juicio final. Más bien entra en, o sigue, en un proceso de crecimiento espiritual. Es un proceso de meditación en estrecha vinculación
con Cristo. El alma goza de una visión de Dios cada vez más completa,
está acercándose a la plenitud en una permanente *MEDITATIO FUTU-
RAE VITAE* (meditación de la vida futura)". En contra de la psicología
griega, el alma, según Calvino, pasa por una historia, crece hacia su perfección que alcanzará en el último día de la historia de la salvación.

El aspecto más destacado de la *poiménica* calvinista me parece ser la
vinculación del individuo con la comunidad. Las aflicciones que siente la
persona son delegadas a la cura de almas de la comunidad eucarística que
se constituye en la mesa del Señor.

Siguiendo a Mt 18:15-20, la *poiménica* calvinista toma un fuerte
acento eclesiológico. Por un lado, Juan Calvino desarrolla el concepto
de la disciplina eclesiástica como para proteger la gloria de Dios, por
ejemplo, frente a un posible decaimiento del respeto a la Santa Cena; por
el otro lado, la atención que presta la comunidad al comportamiento del
individuo tiene el aspecto de una preocupación fraternal.

El individuo, debido a la atención que le presta la congregación, siento
el alivio de no estar solo con sus problemas. Nadie se queda abandonado
en sus tribulaciones, sino que es recomendado al cuidado de los demás.
La cura de almas individual lleva a la intercesión de la iglesia que siente
su responsabilidad, no solamente para la congregación, sino para todo

---

130 BIELER, Andre, El humanismo social de Calvino, traducido al castellano por Antonio Cesari Galés,
Buenos Aires 1973, título del original francés: *L'Humanisme Social de Calvin*, Ginebra 1961, p. 11.
131 Una primera versión concluyó Calvino en 1534, recién en 1542 el libro fue impreso en Estrasburgo con el título: *Psychpannychi*a. CO 5, p. 165–232.

el mundo. La cura de almas se vuelve política. La disciplina eclesiástica calvinista, por más criticada que fuese por sus abusos posteriores, toma en serio lo que las psicoterapias sistémicas hoy en día subrayan: la importancia de la vinculación entre individuo y sociedad, familia y grupos de convivencia. Sin el apoyo positivo de su contexto, el individuo enferma.

Durante su pastorado en Estrasburgo (1538-1541) y después en Ginebra hasta el fin de su vida, Calvino puso en práctica este enfoque comunitario; es decir, la cura de almas individual se abre hacia la preocupación de la comunidad por el afligido. Este concepto no solamente significa una atención profunda hacia las personas afligidas en la comunidad, sino que es una fuerte aportación a la edificación de la iglesia.

En la medida en la que la congregación se hace sujeto de la cura de almas, se preocupa por los problemas de distinta índole de sus fieles y llega a dedicarse activamente a la política. Pero el equilibrio dentro del concepto de una cura de almas, como parte de la eclesiología, es frágil. Se agudiza la situación cuando la eclesiología tiende a imponer una teocracia en la sociedad por la que los pastores ejercen la jurisdicción civil. En Ginebra, el *Consistoire* (pastores y ancianos) y la *Venerable compagnie* (pastores y doctores) fueron sus instrumentos. La visita pastoral, en la comunidad calvinista, se hizo por lo menos anualmente con la finalidad de detectar faltas en el estilo de vida de los ciudadanos. El sistema de vigilancia pastoral, con los consecuentes castigos severos, desacreditaba la idea de una cura de almas comunitaria en la Ginebra del siglo XVI.

6. 2. 3. *Martín Bucero*

Martín Bucero mismo (alsaciano, nacido en 1491, reformador de la ciudad de Estrasburgo, fallecido como profesor de teología en Cambridge, Inglaterra, en 1551) se llamó luterano, a pesar de que su influencia a fin de cuentas era más fuerte en las iglesias reformadas. Para Martín Bucero, la vida cristiana siempre es una vida en comunidad. Es el Espíritu Santo que hace que los creyentes crezcan constantemente hacia la renovación de su *IMAGO DEI*; es decir, recuperan la imagen de Dios en la que fueron creados. Esta renovación es la tarea de cada cristiano y, por su crecimiento, se reforma la iglesia.

La cura de almas es la tarea de todos los creyentes y no solamente de los ministros ordenados. Esta cura de almas fraternal apunta a la edificación de la comunidad de Cristo. Martín Bucero enseña las reglas de la ciudad cristiana y los métodos de la disciplina eclesiástica como para alcanzar su construcción. Esta cura de almas, en función de la edificación de la iglesia, se dirigía en primer lugar a los apartados por dudas o problemas doctrinales. Las personas enfermas, enlutadas, con problemas familiares, etc., quedaban al margen de la dedicación del reformador. Su obra principal sobre cura de almas se publicó en el año 1538:

"De la verdadera cura de almas y del servicio pastoral correcto, tal como tiene que ser ordenado y ofrecido en la iglesia de Cristo"[132].

El concepto *poiménico* de Bucero se basa en lo que llamamos cura *ANIMORUM GENERALIS*. Pone más énfasis en la predicación, la educación religiosa, la enseñanza y la dirección de la congregación que en el diálogo íntimo entre un afligido y su pastor. La Cura de almas, según Bucero, tiene que tomar cuerpo en la vida de los creyentes para que el Reino de Cristo crezca. Se observa que la cura de almas se convierte en una herramienta para la edificación de la Iglesia reformada frente a la Iglesia romana de antes. En este sentido, esta forma de cura de almas es para Bucero, más que nada, una ayuda importante para llegar finalmente a la unidad de toda la cristiandad.

Martín Bucero enumera 5 tareas de la cura de almas:

1. Llevar a Cristo a aquellos que están lejos. Por la cura de almas Dios llama a sus elegidos (aspecto de misión).

2. Los que se alejaron hay que traerlos de vuelta para que se incorporen a la comunidad (aspecto eclesiológico).

3. Ayudar a los que cayeron en pecado, para que mejoren (aspecto disciplinario y pedagógico).

4. Fortalecer a los débiles por la proclamación (predicación) de la palabra (aspecto terapéutico y de alimentación).

5. Mantener firmes y formar a los creyentes a conocer mejor la Biblia para que crezcan en la fe (aspecto educativo).

---

132 BUCER, Martin, *Von der waren Seelsorge und dem rechten Hirtendienst*, BDS VII, 67–241.

La cura de almas es para Martín Bucero la preocupación por el ser humano que depende de su incorporación en la comunidad de los creyentes. Esta comunidad tiene que ayudarlo, tiene que hacerle bien. Los métodos de la cura de almas son, más allá de la predicación pública, la charla personal en ocasión de una visita a la casa. Bucero quiere llevar su cura de almas a las situaciones concretas de la vida de la gente. Con el libro *Von der waren seelsorge…*, se publicó la primera teoría *poiménica* fundamentada teológicamente y en la Biblia. El concepto *poiménico* de Martín Bucero tuvo gran influencia sobre la cura de almas de las iglesias reformadas.

Sin embargo, caben algunas observaciones críticas respecto a ciertas peculiaridades de la *poiménica* del cura de almas reformado de Estrasburgo. Sigo en esto a Reinhold Friedrich[133]. La cura de almas, según Bucero, es parte indispensable de la Reforma, que no es un acontecimiento histórico concluido, sino un proceso de crecimiento y mejora. Es la tarea de todos los cristianos, algo que incluso hoy en día parece importante a subrayar. Lo que no compartimos es la inclusión de las autoridades municipales y del gobierno en todos los asuntos de la cura de almas.

Para Martín Bucero, la cura de almas es siempre la integración del individuo a la comunidad cristiana. A la vez, es la comunidad la que actúa con él, por ejemplo, en el sentido de una disciplina eclesiástica iniciando un proceso pedagógico de integración como una forma de cura de almas. La cura de almas con una persona individual, Bucero la pierde a menudo de vista. La cura de almas de Bucero se dirige casi solamente a los pecadores, que son aquellos que viven separados de la comunidad de Cristo. Su finalidad declarada es unir a todos en la iglesia verdadera. Los afligidos, los tristes, los enfermos y moribundos no son en primer lugar objetivos de esta forma de cura de almas.

6. 2. 4. *Cura de almas reformada*

La cura de almas de la tradición reformada calvinista zwingliana es, principalmente, educación y formación de la feligresía. Como ya dijimos,

---

133 REINHOLD Friedrich, "Martin Bucer", en MÖLLER, Christian (editor), *Geschichte der Seelsorge in Einzelporträts*, Tomo 2, Göttingen 1995, pp. 85–101.

su característica mayor es la pedagogía. Cura de almas llega a ser transmisión y enseñanza del dogma, sobredimensiona el aspecto pedagógico.

Juan Calvino, y siguiéndole las iglesias reformadas, ponen mucho énfasis en el **TERTIUS USUS LEGIS**; o sea, en el uso de la Biblia en su carácter como ley para con los renacidos. Calvino lo llamó **USUS PRAECIPUUS**, es decir: el uso especial, principal, y se refiere al uso de la ley, y en especial al valor del Antiguo Testamento, para el creyente. Él que se ha convertido y, por tanto, ya ha llegado a Cristo, necesita; sin embargo, la ley como manual para su vida. Liberado por Cristo, el creyente orienta ahora toda su vida por la ley de Cristo.

Esta interpretación se encuentra con una dificultad, que Lutero marcó con la fórmula: el hombre siempre es **SIMUL IUSTUS ET PECCATOR**. Esta expresión apunta a un proceso que se repite y no constituye una línea de progreso; quiere decir que no existe persona que no necesite diariamente volver otra vez a Cristo, dejando atrás, "ahogando", al viejo Adán. La problemática existencial humana es, según Lutero, la necesidad de esta conversión diaria y no la pregunta sobre cómo vivir en el estado, seguro de la salvación. Santos somos, según Lutero, solamente en Cristo.

Ya dijimos anteriormente que el enfoque pedagógico de la *poiménica* reformada se debía también al énfasis que pusieron los reformadores en "limpiar" las almas, perturbadas por las supersticiones de la Iglesia romana, de estos restos de la vieja religión. Obviamente, a su vez, la Iglesia católica contestaba a semejante ataque contra la paz de las almas de sus pueblos, con grandes esfuerzos que llevaron a los acontecimientos de la contrarreforma.

Sobre el rol de la Compañía de Jesús, juzga Alban Butler:

"Se puede afirmar, sin pecar contra la verdad histórica, que los jesuitas atacaron, rechazaron y derrotaron la revolución de Lutero y, con su predicación y dirección espiritual, reconquistaron a las almas, porque predicaban solo a Cristo y a Cristo crucificado"[134].

No es tarea de este manual entrar en los vaivenes de la historia de la Iglesia, ni vamos a profundizar sobre los abusos que sufría la cura de almas por los intereses políticos y de los poderes. Donde se declara una

---

134 Adaptado del trabajo de Alban BUTLER *et all*, edición en español de R.P. Wilfredo GUINEA. *La Vida de los Santos*, vol. 3, Chicago, 1965, pp. 222-228.

guerra por la conquista o la reconquista de las almas, percibimos el peligro de que los perdedores serán siempre las almas en cuestión. Aun sin utilizar un imaginario bélico, y hablando de un enfoque misionero que acompaña la tarea *poiménica*, sentimos que se está desviando de lo que significa dedicarse a las almas por el bien de ellas. La cura de almas cristiana no soporta una motivación secundaria, más allá de la finalidad declarada de curar el alma por el evangelio del amor de Dios.

Nuestra tarea en este manual se centra más bien en subrayar los enfoques positivos de cura de almas que hubo en todas épocas y en todas partes, para; de esta manera, obtener el material necesario para trazar unas líneas de cura de almas eficaces y basadas en la Biblia, que nos puedan ayudar en la tarea de desempeñar una cura de almas en el siglo XXI. En este sentido seguimos, dando un vistazo a los grandes guías espirituales de los siglos XV y XVI.

6. 3. Guías espirituales

Hemos empezado este párrafo 5 citando el esquema de Dietrich Rössler de las tres épocas de la cura de almas. Según Rössler, en la Edad Media, el confesor era el protagonista de la cura de almas. Su tarea era la dirección de las personas en la confesión y la preparación para ella. Trabajaba dentro del marco de las parroquias que estructuraban la vida religiosa de la sociedad, que, "entre la cuna y el purgatorio", pasaba por la administración de los sacramentos, en primer lugar, y luego por una sería de medidas religiosas y formas de piedad que la iglesia ofrecía como vía común a la perfección religiosa y a la salvación de las personas.

En la época de la Reforma, el cura de almas desempeñó su tarea asumiendo el papel de educador. Cura de almas era ofrecer a las almas afligidas el consuelo que procede de la palabra de Dios. El confesor, como el educador, se dirige a todas las personas a su alcance. Ofrece consuelo y fortalecimiento para la vida cotidiana, especialmente en situaciones de crisis, apuntando a la mejora de la relación con Dios; por medio de un acto de carácter judicial y el cumplimiento de ciertas imposiciones religiosas, el uno; y por el reconocimiento de la propia incapacidad de hacer algo y por recibir la relación con Dios como un regalo, el otro. Aparte de estas dos formas de cura de almas, que fueron acompañadas y abrazadas por ciertas formas populares de espiritualidad, como algunas oraciones, la observación de ciertos tiempos eclesiásticos, fiestas parroquiales y de los santos, etc., siempre hubo una corriente de cura de almas, en cierto modo elitista, que ofrecía unas experiencias más directas y mucho más inmediatas con Dios. Rossler menciona, cómo tercer tipo de cura de almas: al consejero espiritual del pietismo. Y, por cierto, si nos fijamos en las necesidades del pueblo común, el asesor de las almas pietista tomará el rol del cura de almas para aquellos que sentían más necesidad de una cercanía a Dios y de una vida más dedicada a la religión que los pastores protestantes de aquella época les ofrecían, en su praxis de curas de almas para todo el pueblo. Pero todavía no hemos llegado a este punto en nuestro recorrido por la historia de la *poiménica*. Ahora preguntamos por la mística que, como fenómeno, pertenece a cada religión y que, también en el cristianismo, estaba y está presente de diferentes formas. Respecto a la mística, Gerhard Wehr, diácono evangélico e investigador en el campo de la mística, propone hablar de una "ecumene del espíritu"[135] ya que la persona que se siente en comunicación más directa con el espíritu divino traspasa todas las fronteras eclesiásticas. Por más que no pocos místicos hayan luchado para ser reconocidos como fieles hijos e hijas de su iglesia, en sus experiencias espirituales van mucho más allá que lo que las confesiones concretas pueden aceptar.

Ya hemos mencionado la aportación de la mística a la *poiménica* pre-rreformada al mencionar a Bernardo de Claraval y a Maestro Eckhart. Es este el momento de dedicarnos más de cerca a la relación de la cura de almas con la mística. Ya nos referimos a su fama de elitista. La mística no ha sido nunca un camino ancho popular sino, más bien, una forma de espiritualidad que se cultivaba en el aislamiento de los monasterios, en círculos de adeptos iniciados de los secretos místicos. Sin embargo, los grandes místicos, como aquellos personajes españoles que a continuación conoceremos, han tenido una gran influencia en la vida eclesiástica de su época y, como guías espirituales, ha influido de generación a generación hasta hoy en día. Cabe preguntarse, entonces, por el valor *poiménico* de la mística en el pasado. En otro capítulo preguntaremos por la mística en la cura de almas que necesita el siglo XXI.

---

135 WEHR Gerhard, *Mystik im Protestantismus, Von Luther bis zur Gegenwart*, Munich 2000, p.12.

6. 3. 1. *Cura de almas y mística*

6. 3. 1. 1. Definición

Las experiencias místicas son una forma de cura de almas. Si definimos con Rössler y Hartmann cura de almas como la ayuda para ganar la sensibilidad y la certeza de estar vivo, de participar de la vida, de tener y ser vida, y si con vida entendemos la vida verdadera en profundidad y no solamente una serie de actos físicos, y si la participación de esta vida en profundidad se logra mediante una relación estrecha con Dios; entonces, la mística es un camino para entrar en esta relación curativa del alma. Es un camino a menudo solitario, es cura de almas de la propia alma más que una dedicación a las almas de los demás. No es, primordialmente, aunque a veces sí lo es, intervención en situación de crisis; es más bien una experiencia que marca toda la vida. "La experiencia mística es, en primer lugar, una nueva y original forma de conocimiento de Dios"[136]. No es un saber adquirido por medio de un aprendizaje intelectual, sino que es un conocimiento por convivencia, por experiencias vivenciales. El místico:

"sabe infinitamente más, pero no porque conozca nuevas verdades sobre Dios, sino porque toma conciencia de Dios mismo –que está más allá de toda determinación– presente en el centro de su ser personal y comunicándose personalmente a él"[137].

Juan Martín Velasco cita al gran místico brabazón Juan van Ruysbroeck (1293-1381) señalando que la experiencia mística procede «del padecer y gustar a Dios presente en el alma, y consiste; de alguna manera, dice Ruysbroeck, en "ser Dios con Dios sin medio"»[138]. Esta relación íntima con Dios cura el alma por medio de una percepción inmediata de Dios, donde apenas llegan las palabras, expresándose por símbolos difíciles de comunicar a otros. La vía mística como indica Gonzáles Noriega:

"…toma la forma de un saber extraño, apenas transmisible, casi indecible: un saber que asegura conducir directamente a Dios –a Dios mismo–, pero que apenas puede saber nada ni de lo que conduce di-

---

136 VELASCO, Juan Martín, *Espiritualidad y mística*, Madrid 1994, p. 55.
137 VELASCO, Juan Martín, *Espiritualidad y mística*, Madrid 1994, p. 57.
138 VELASCO: 1994, p. 56s.

rectamente a Dios ni de lo que es posible contemplar una vez llegados a él; es la *mística* el camino interno hacia Dios"[139].

Es un camino íntimo que recorre el místico o la mística, poco apto para la imitación por la mayoría de la gente, salvo por algunos discípulos muy cercanos. Sin embargo, los grandes místicos anhelaban compartir la fruición, que encontraron en su camino, por la abundancia de gozo que recibieron en él, con todo el mundo.

Además, no tenemos por qué fijarnos solamente en los extremos, en los perfectos; debe existir algo así como una "mística de la cotidianidad", como sospecha Karl Rahner. Si Dios quiere encontrarse con los seres humanos, su palabra va a encontrar oídos abiertos y, donde se cierren los oídos, encontrará otros caminos de acceso directo a los corazones, a las mentes y a todos los centros de la persona que quiere alcanzar. Todas las personas viven en la presencia de Dios, ¿cómo no van a sentir algo de ella, aunque les falten las herramientas religiosas para articular sus experiencias teológicamente correctas? Sobre la posibilidad de experiencias místicas en la vida de las personas comunes, reflexiona Javier Vitoria Cormenzana:

«Sin embargo, me apoyo en razones muy poderosas en las que se fundamenta la fe cristiana para no desistir del empeño. En todo hombre y en toda mujer existe siempre una posibilidad abierta de que el encuentro con Dios se produzca. Si Dios ha salido al encuentro de la humanidad (como 'Palabra y Espíritu'), su convocatoria no puede estar dirigida exclusivamente a las personalidades religiosas excepcionales, integrantes de la nube de testigos y amigos privilegiados de Dios que acompañan a esta vieja humanidad y cuyos nombres son sobradamente conocidos. La nostalgia que Dios siente por la totalidad de los seres humanos (N. Berdiaiev) no pasaría de ser una divina pasión "inútil", si el común de los mortales no tuviese posibilidad de acceso a la experiencia de encuentro con Dios (a la escucha de su Palabra y a la seducción del Espíritu) en medio de su vida cotidiana. Toda persona humana es un ser visitado por el Otro, precedido por una "pre-donación"

---

139 NORIEGA, Gonzáles, *Guía espiritual* (de Miguel de Molinos), Edit. Nacional, Madrid 1977, p. 10 (la cita la encontramos en: MARTÍNEZ, José M. *Introducción a la espiritualidad cristiana*, Clie, Terrassa (Barcelona) 1997, p. 300).

(A. Gesché 2004, 123). Los hombres y las mujeres buscamos a Dios porque nos encontramos habitados y movidos por Él mismo. "Nos hiciste Señor para ti y nuestro corazón está inquieto hasta que descanse en ti". (S. Agustín). Buscamos a Alguien que ya nos ha encontrado: "No me buscarías si no me hubieses encontrado", escribió sabiamente Pascal.

K. Rahner ha llamado "mística de la cotidianidad" a esta apertura universal a la experiencia religiosa, que; aunque hoy muy frecuentemente ni es vivida de forma expresa, ni interpretada religiosamente, encuentra su fundamento en la visión cristiana de la persona humana: "El hombre es el ser creado como oyente de la Palabra, como quien, en la respuesta a la Palabra, se iza a su propia dignidad [...] Porque en su más íntima entraña está dialógicamente diseñado. Su inteligencia está dotada de una luz propia, exactamente adecuada para lo que necesita, para escuchar a Dios que le habla. Su voluntad es tan superior a todos los instintos y tan abierta a todos los bienes como para seguir sin coacciones los atractivos del bien más beatificante. El hombre es un ser con un Misterio en su corazón que es mayor que él mismo". (H. U. Balthasar 1985, 16)»[140].

Cualquier experiencia de Dios en medio de la vida, hecha por cualquier ser humano, por poco religioso que sea, puede entenderse de esta manera como una experiencia mística, como un contacto íntimo del Dios misterioso con el misterio humano. Estamos descubriendo que la mística, lejos de ser algo elitista de una disciplina arcana, llega a ofrecer caminos que pueden recorrer todos cuantos lo desean, ejercicios espirituales que son respuestas a la llamada de Dios en su nostalgia por la totalidad de los seres humanos. Es un primer ejercicio hacia una especie de primer brote de una experiencia mística, que Javier Vitoria Cormenzana nos propone:

"Invito a mis lectores a realizar un recorrido por la propia constelación de maravillas cotidianas que les rodean y con las que conviven a diario. ... podrán descubrir todo el prodigio sublime que las cosas, desde las más usuales (como tomarse un café por la mañana) hasta las

---

140 CORMENZANA, Javier Vitoria, *Bordeando a Dios historia adentro, Iglesia viva*: revista de pensamiento cristiano, ISSN 0210-1114, nº. 223, 2005, pp. 43-62, la cita se encuentra en la p. 46.
Las citas de otros autores fueron tomadas de Hans URS VON BALTHASAR, *La oración contemplativa*, Madrid 1985, Adolphe Gesché, *El sentido*, Salamanca 2004.

nunca vistas, encierran. Todas estas maravillas aproximan a los seres humanos hasta la partitura que Dios canta en la noche, invitándonos a salir en su búsqueda y a su encuentro"[141].

Indudablemente, esta invitación no se dirige solo ni, en primer lugar, al raciocinio o a la capacidad intelectual de las personas, sino que es una forma de curar las almas en situaciones de miedo y angustia.

6. 3. 1. 2. Historia

Ni en la Biblia ni en los escritos de los Padres Apostólicos se encuentra la palabra "mística". En los monasterios del siglo IV y en la soledad de los ermitaños nació el misticismo cristiano en forma de aspiración a una *UNIO CUM CHRISTO*. La unión íntima del ser humano con Dios padre parecía, a los primeros místicos cristianos, una herejía. Los monjes ascéticos y contemplativos pusieron énfasis en una *IMITATIO CHRISTI* que los llevaba a una unión con Cristo, como sustancia última de su fe, incluyendo el martirio como perfección de la imitación a su señor. Apoyándose en Orígenes y el neoplatonismo, en el oriente cristiano aparecieron manuales místicos, indicando los peldaños que el espíritu humano tiene que subir hacia la unión del alma con la luz de la segunda persona de la Trinidad. Dentro del monacato de oriente, estas corrientes místicas eran muy fuertes y perduraron durante siglos en los personajes de los *starets* rusos, quienes en el siglo XIX tuvieron su auge con gran influencia sobre amplios círculos del laicado. Fedor Dostojevski los ha descrito con el ejemplo del *Staret Sossima* en la novela *Los hermanos Karamasov*.

La mística occidental encontró a su padre y primer representante en Agustín (354-430). El obispo de Hippo Regius sabía de la tensión mística entre contemplación y éxtasis en el sentido que, por más que el místico se sumerja en el hondón de su alma, se concentre en la sustancia misma de su persona, en el más profundo centro de su ser, es una persona inquieta, que busca el éxtasis, la ubicación fuera de sí (ἐκ – *fuera;* ἵσημι – ubicar), el salir de sus límites, y la entrega al ser del Otro. Agustín lo describe en su comentario al salmo 138 en aquella conocida frase:

---

141 CORMENZANA: 2005, p. 51.

"Nos has hecho para ti Señor, y nuestro corazón no estará insatisfecho hasta que descanse en ti".

El místico encuentra la tranquilidad en el éxtasis y en el centro de todo su ser fuera de sí mismo (*EXTRA SE*).

Como grandes místicos se conocen, en el siglo XI Y XII, a Ricardo de san Víctor, escocés y canónigo regular de san Víctor de París, que fue prior de la abadía en 1164. Enseñaba que, partiendo de la *COGITATIO* y la *MEDITATIO*, el conocimiento es una escalera que asciende finalmente hasta el último peldaño que es la *CONTEMPLATIO* del misterio de Dios. Ya conocemos a Bernardo de Claraval y su mística en ropaje de trovador. El camino místico del seguimiento a Cristo, según el fundador de la orden cisterciense, pasa por los peldaños de la humildad y del amor al prójimo, llegando a la contemplación de la esencia de Dios.

Hay que mencionar la obra *ITINERARIUM MENTIS IN DEUM* un clásico de la literatura espiritual cristiana del franciscano francés Bonaventuras (+1274)[142]. Para Bonaventuras la contemplación de Dios es la forma superior del conocimiento. El camino místico empieza en el mundo sensible, mirando las cosas de la naturaleza que hablan del poder y de la sabiduría de su creador. Con el peldaño de las criaturas el peregrino místico llega de lo sensible, a lo espiritual. En la escala del alma se abre la vista hasta Dios mismo siendo el alma la imagen de Dios. El último peldaño permite contemplar al ser divino en la unidad de su particularidad, al igual que en la pluralidad de las personas de la Trinidad. El *EXESSUS MENTIS*, el éxtasis, es el momento del silencio absoluto y de la paz. El camino místico de la mente llegó a su fin.

Ya arriba mencionamos a Maestro Eckhart, dominicano acusado de herejía, porque en su mística no distinguía claramente los límites entre el creador y su creación. Exponía sus ideas, que rozaban el panteísmo, en lenguaje veraniego; de manera que, su influencia era importante aún más allá de los círculos eclesiásticos. La Inquisición trató de limitar, al menos para las gentes no ilustradas, la influencia de sus predicaciones. Eckhart murió antes de conocer la bula papal que condenaba como herejía parte de su mística.

---

142 Entre varias ediciones mencionamos: *Obras de san Buenaventura.* TOMO I: *Breviloquio. Itinerario de la mente a Dios. Reducción de las ciencias a la teología. Cristo, maestro único de todos. Excelencia del magisterio de Cristo.* Dirigida, anotada y con introducciones por: L. AMORÓS, B. APERRIBAY, M. OROMÍ. Biblioteca de Autores Cristianos. Madrid 1968.

Otro dominico místico es Juan Taulero (1300-1361) un discípulo de Maestro Eckhart y un cura de almas destacado. Según J. Amando Robles, de la Universidad Nacional de Costa Rica, el secreto de su éxito como pastor de almas y del impacto *poiménico* está "en la forma como él hizo de la religión una espiritualidad, una experiencia; lo mismo que en forma creciente los seres humanos hoy buscamos"[143]. Juan Taulero distinguió tres niveles en el ser humano: los sentidos, la razón y el fondo; es decir, el alma. Esta última dimensión significa el estado más pleno del ser humano. Es el nivel donde se produce la unión con el ser divino.

Es el mérito de los místicos el haber insistido en esta profundidad de la relación del hombre con su Dios. Donde esta no se da, donde la fe no se eleva más allá de los sentidos y de la razón, la religión no llega a su verdadera finalidad. J. Amando Robles juzga:

"El tercer nivel o dimensión jamás será fruto de una racionalización, cosa que con frecuencia ofrecen religiones y peseudorreligiones al uso, sino de una experiencia, de una nueva capacidad adquirida de ver, entender, amar y actuar. De ahí esa huida de la religión a la espiritualidad a la que estamos asistiendo en nuestros días. De ahí también la proliferación de pseudoofertas como las de la Nueva Era, pseudoofertas por ser racionalizaciones. De ahí la actualidad y la vigencia de Juan Taulero: ¡él hizo la experiencia!"[144].

La importancia de la mística para la cura de almas se encuentra en esta parte práctica. Los místicos son prácticos de la espiritualidad. Hablan de experiencia propia y enseñan caminos hasta estas experiencias. Por cierto, no siempre es fácil seguir por estas sendas, pero al menos se ve por dónde empezar y a menudo ya el camino tiene algo del fin en cada paso que se da.

6. 3. 1. 3. La situación en el siglo XVI

Es en la Iglesia católica española donde con más fuerza florece el misticismo, en el siglo de la Reforma y contrarreforma. Si hablamos de la

---

143 ROBLES, Amando J., "Taulero, 700 años", en *Toma de Pulso*, Boletín mensual del Programa de Ética de la Economía y del desarrollo, Costa Rica marzo, 2001 (se encuentra el Boletín en la página *web*: http://www.jp.or.cr/pulso/2001/amando03.html).
144 ROBLES, Amando J.: 2001.

contrarreforma, estamos apuntando a la lucha católica para ganar nuevamente terreno perdido a las iglesias protestantes nacientes. Sin embargo,
es preciso ver, que ya antes de la protesta de Lutero, en la Iglesia católica
romana, especialmente en España, se había formado un movimiento de
reforma eclesiástica importante. En España se vincula con los nombres de
Isabel la Católica (1457-1504) y de Jiménez de Cisneros (1436-1517), la
reina y el arzobispo de Toledo, ambos muy comprometidos con la mejora
de la calidad de la iglesia.

Para el misticismo, la religión no es un asunto meramente intelectual,
sino un misterio que debe celebrarse en alabanza y con devoción.

"Los místicos españoles no eran, por regla, filósofos ni aun especula-
tivos. Se preocupaban más bien por los medios prácticos de alimentar
la vida del espíritu, y tuvieran una vaga comprensión de lo que hoy se
llamaría la psicología, con un análisis del estado del alma"[145].

Son curas y curadores de almas, de las propias y de las de sus contemporáneos y futuros discípulos y lectores hasta hoy en día. Enseñaron que
la vía hacia las profundidades espirituales va por la ascética, por el amor,
la disciplina, y la obediencia. Las obras de Teresa de Ávila (1515-82), de
Juan de la Cruz (1542-91), y de Ignacio de Loyola (1491-1556) encuentran aún en el siglo XXI un amplio círculo de lectores.

Indudablemente, la mística española fue influida por la mística alemana. Las ideas de la *DEVOTIO MODERNA* llegaron a España por las
vinculaciones con los Países Bajos. Obviamente, tuvieron gran repercu-
sión en los pueblos, donde encontraron almas sedientas de este tipo de
espiritualidad y alarmaron a la inquisición eclesiástica.

"Los peligros del misticismo alertaron a los místicos católicos quienes, para evitar desvíos, pusieron énfasis en que el éxtasis no era la
finalidad, ni la señal de predilección, sino la obediencia Santa Teresa,
san Juan de la Cruz y san Ignacio de Loyola insistieron en que la más
alta realización del alma estaba, no en el éxtasis, ni en la experiencia
mística, sino en la obediencia total, en la conformidad habitual de la
voluntad humana con la voluntad divina"[146].

145 SCOUT, Kenneth, *Historia del Cristianismo*, tomo III, 1986, El Paso, Tx., original en inglés 1983, p. 209.
146 DI MARE, Alberto, *Una Crónica de la Cristiandad*, CAP. VI *Revista Acta Académica*, Universidad
Autónoma de Centroamérica n° 15, Costa Rica 1994, pp. 9-24.

Ya Maestro Eckhart fue declarado hereje después de su muerte. A lo largo del año 1527 Ignacio de Loyola vivió varios procesamientos inquisitoriales y fue encarcelado, lo que le llevó a salir del país para perfeccionar su preparación teológica. También Juan de la Cruz pasó algunos meses del año 1578 en la cárcel de Toledo.

6. 3. 2. *Ignacio de Loyola. Trabajo por el bien de las almas*

Ignacio de Loyola, noble por nacimiento, renunció a su carrera militar para hacerse soldado al servicio de Cristo. Dejó su espada en el altar de la Virgen de Montserrat y se dedicó –mediante meditación, oración y ruptura con el pasado– a la elaboración de sus *Ejercicios Espirituales*. Después de amplios estudios en Francia y España, en 1537 fue ordenado sacerdote en Italia y fundó, con unos amigos, la orden de la *SOCIETAS JESU* que fue aprobada por el papa en 1540. A los tres votos de pobreza, castidad y obediencia, para imitar más de cerca al Hijo de Dios, el fundador de la Compañía de Jesús agregó el de ir a trabajar por el bien de las almas adondequiera que el papa le ordenase.

Con los *Ejercicios Espirituales* su orden disponía de un instrumento para influir muy profundamente, no solo en sus miembros, sino también en el clero común, al igual que a los laicos. Augusto Guerra habla de la importancia de los ejercicios espirituales hasta hoy en día y llegando hacia los círculos evangélicos:

"Aunque el creyente protestante se acerque con recelo a los ejercicios espirituales ignacianos, dado el papel que su autor tuvo en la Contrarreforma, seguramente hallará en ellos algo que contribuirá a enriquecer su propia espiritualidad, especialmente la práctica del autoexamen, el descubrimiento de la gravedad del pecado y lo glorioso de la persona y la obra redentora de nuestro Señor Jesucristo"[147].

Ignacio de Loyola mismo era todavía laico cuando empezó su labor de reforma de la espiritualidad y asumió compromisos sociales de su iglesia. Un fin específico de los ejercicios es enseñar al practicante, lo que los anacoretas, ya desde los principios de la Iglesia, llamaron: la diacrisis, que es la

---

147 GUERRA, Augusto, *Acercamiento al concepto de espiritualidad*, Madrid, 1994, p. 352.

diferenciación entre si un impulso del alma viene de Dios, o de los demonios, o de la propia alma. Es una ayuda en los momentos de crisis, cuando alguien tiene que tomar una decisión, sea en general sobre su vida o en un asunto particular. Se aprende a considerar, en primer lugar, lo que más fácilmente conduce a la máxima gloria de Dios y a la perfección del alma.

La conocida Oración de Entrega de Ignacio de Loyola refleja el espíritu de abnegación del propio yo y el traspaso de todo a las manos y la voluntad de Dios:

Tomad, Señor, y recibid
toda mi libertad,
mi memoria,
mi entendimiento
y toda mi voluntad;
todo mi haber y mi poseer.
Vos me disteis,
a Vos, Señor, lo torno.
Todo es Vuestro:
disponed de ello
según Vuestra Voluntad.
Dadme Vuestro Amor y Gracia,
que estas me bastan. Amén.

En el paso de la Edad Media a la época moderna, Ignacio de Loyola resume la sabiduría espiritual de la tradición eclesiástica. Si bien las principales reglas y consejos que da Ignacio de Loyola se encuentran diseminadas en las obras de los padres de la Iglesia, Ignacio tuvo el mérito de ordenarlas metódicamente y de formularlas con gran claridad.

Bajo los aspectos de una *poiménica* moderna, nos parece del todo inaceptable lo que Ignacio exige de los siguen sus ejercicios:

"Debemos siempre tener para en todo acertar, que lo blanco que yo veo, creer que es negro, si la Iglesia hierática así lo determina, creyendo que entre Cristo nuestro Señor, esposo, y la Iglesia su esposa, es el mismo Espíritu que nos gobierna y rige para la salud de nuestras ánimas, ..."[148]. (sic).

---

148 IGNACIO DE LOYOLA, *Ejercicios Espirituales*, [365] 13.ª regla en *Obras Completas de san Ignacio de Loyola*, Edición Manual de Ignacio Iparraguirre S.L., Madrid 1963, pág. 272.

Desde el punto de vista de una eclesiología protestante, este sacrificio de la razón espanta. Sin embargo, en la praxis de la cura de almas, conocemos situaciones de aflicción donde la ayuda más profunda consiste en guiar al paciente por líneas fijas, exigiéndole cosas cuyas razones él mismo todavía no puede entender.

Ya antes de desarrollar los ejercicios espirituales, Ignacio de Loyola practicó la cura de almas con personas de su entorno. De su estancia en Loyola, tiempo de recuperación después de haber recibido graves heridas en una batalla, y apenas convertido al seguimiento de Cristo, sabemos por su autobiografía:

"El, no se curando de nada, perseveraba en su lección y sus buenos propósitos, y el tiempo que con los de casa conversaba, todo lo gastaba en cosas de Dios, con lo cual hacía provecho a sus ánimas"[149].

El diálogo personal sobre asuntos espirituales era entonces el método de cura de almas de estas primeras etapas de la vida de Ignacio de Loyola.

Parece que Ignacio, al mismo tiempo que seguía su vocación, llevaba una vida extremadamente ascética. En la medida en la que se daba cuenta de la influencia que tenía sobre las almas de las personas con las que trataba en las entrevistas pastorales, pero también en catequesis ("declarar la doctrina cristiana"), y por las primeras enseñanzas de algunos ejercicios espirituales, dejaba este estilo de vida ascético y de penitencia extrema. Leemos en su autobiografía:

"... después que empezó a ser consolado de Dios y vio el fruto que hacía en las almas tratándolas, dejó aquellos extremos que de antes tenía; ya se cortaba las uñas y cabello"[150].

Es interesante este paso. El cura de almas no quiere ser una persona extraordinaria, ni por su aspecto físico, ni por unas obras ascéticas llamativas. La dedicación a las almas, a la propia y a las de los demás, requiere una forma de sobriedad espiritual a la que llevan los ejercicios:

"Porque así como el pasear, caminar y correr son ejercicios corporales; por la misma manera, todo modo de preparar y disponer el ánima para quitar de sí todas las afecciones desordenadas y, después de qui-

---

149 IGNACIO DE LOYOLA, *Autobiografía*, n. 11, en Iparraguirre: 1963, p. 93.
150 IGNACIO DE LOYOLA, *Autobiografía*, n. 29, en Iparraguirre: 1963, p. 104.

tadas, para buscar y hallar la voluntad divina en la disposición de su vida para la salud del ánima, se llaman execicios spirituales"[151].

La salud del alma es la finalidad de los ejercicios espirituales. El practicante llega por ellos a un estado de alma que le predispone a entregarse al prójimo en el amor que sentía de parte de Dios para consigo mismo. Curada la propia alma se dispone a ser cura de almas para con los demás. El énfasis que depositaba Ignacio de Loyola en la cura de almas por el amor de Dios, le traía la sospecha de pertenecer al grupo de los "alumbrados", herejes que predicaban una pasividad de la persona y la total entrega al amor de Dios.

6. 3. 3. *Teresa de Ávila*

En el año 1970 Teresa de Ávila fue nombrada como primera mujer de la historia eclesiástica *DOCTOR ECCLESIAE.* Ya antes se la llamaron *DOCTRIX MYSTICA* y *MATER SPIRITUALIUM* como para resaltar su importancia como acompañante de las almas en busca de orientación. Hoy en día, con el nuevo interés que despiertan los guías espirituales, la reformadora de la orden de las Carmelitas vive un auge de popularidad.

Teresa de Cepeda y Ahumada nació el 28 de marzo de 1515 en Ávila, hija de un judío converso que se había comprado la entrada a la baja nobleza. Con 21 años entra en el convento Carmelita de la Encarnación en su ciudad natal. Después de luchas internas, enfermedades y graves crisis, con 39 años encuentra la plenitud espiritual, que ella siempre atribuyó a la gracia de Dios. Teresa experimenta el amor de Dios como la liberación para poder aceptarse ella misma. Esta vida nueva regalada, este recogimiento interior quiere compartirlo con otros. Empieza una vida de incansables actividades para reformar la orden Carmelita, fundando más de 32 conventos, después de peregrinar de monja caminante sin reposo y como autora de sus conocidas obras espirituales:

Libro de la vida, Las moradas, La perfecta casada, Camino de perfección, Relaciones espirituales y otras. Teresa de Ávila falleció el 4 de octubre de 1582 en Alba de Tormes (Salamanca).

---

151 IGNACIO DE LOYOLA, *Ejercicios Espirituales* 1,1.

Ulrich Dobhan, actual prior del monasterio de los carmelitas en Würzburg, investigó sobre Teresa de Ávila como curadora de almas[152]. Llega a la conclusión que la forma especial de cura de almas teresiana es animar a las personas a la "oración mental". Esta forma de orar es la expresión de una amistad especial con Dios.

"De lo que yo tengo experiencia puedo decir, y es que por males que haga quien la ha comenzado, no la deje, pues es el medio por donde puede tornarse a remediar, y sin ella será más dificultoso... Y quien no la ha comenzado, por amor del Señor le ruego yo no carezca de tanto bien... que no es otra cosa oración mental, a mi parecer, sino tratar de amistad, estando muchas veces tratando a solas con quien sabemos nos ama"[153].

La persona que acude a la oración mental confía en la amistad con Dios que ama a la persona, a pesar de toda la maldad que albergue. Teresa habla de experiencias propias, y en ella parece escucharse la desesperada voz del joven Lutero, en su búsqueda por un Dios que lo acepte, y frente a un supuesto Dios terrible condenador del pecador, cuando Teresa narra:

"Este fue el más terrible engaño que el demonio me podía hacer debajo de parecer humildad, que comencé a temer de tener oración, de verme tan perdida; y parecía que era mejor andar como los muchos, pues en ser ruin era de los peores, y rezar lo que estaba obligada y vocalmente, que no tener oración mental y tanto trato con Dios la que merecía estar con los demonios, y que engañaba a la gente, porque en lo exterior tenía buenas apariencias"[154].

La liberación, para Lutero, provenía del concepto de la justicia pasiva por la cual Dios hace que el ser humano sea justo ante sus ojos, una justicia regalada. Teresa de Jesús encuentra el remedio contra su desesperación existencial en lo que llama la amistad con Dios. Esta amistad se practica por la oración mental: "No es otra cosa oración mental, a mi parecer, sino tratar de amistad, estando muchas veces tratando a solas con quien sabemos nos ama". La encarnación de Dios en Jesucristo hace posible

---

152 DOBAHN, Ulrich, *Teresa von Avila*, en MÖLLER, Christian (Ed.) *Geschichte der Seelsorge*, TOMO II, pp. 145–160.
153 *Libro de la vida* 8.5. Las obras de Teresa son de fácil acceso; en Internet se encuentran distintas versiones, por ejemplo, en http://www.cervantesvirtual.com.
154 *Libro de la vida* 7.1.

esta amistad. Siendo humano puede acercarse a Dios en los momentos de su aflicción. Explica Teresa:

"Tenía este modo de oración: que, como no podía discurrir con el entendimiento, procuraba representar a Cristo dentro de mí, y hallábame mejor –a mi parecer– de las partes adonde le veía más solo. Parecíame a mí que, estando solo y afligido, como persona necesitada me había de admitir a mí. De estas simplicidades tení muchas.

En especial me hallaba muy bien en la oración del Huerto. Allí era mi acompañarle. Pensaba en aquel sudor y aflicción que allí había tenido, si podía. Deseaba limpiarle aquel tan penoso sudor. Mas acuérdome que jamás osaba determinarme a hacerlo, como se me representaban mis pecados tan graves. Estábame allí lo más que me dejaban mis pensamientos con Él, porque eran muchos los que me atormentaban. Muchos años, las más noches antes que me durmiese, cuando para dormir me encomendaba a Dios, siempre pensaba un poco en este paso de la oración del Huerto, aun desde que no era monja, porque me dijeron se ganaban muchos perdones. Y tengo para mí que por aquí ganó muy mucho mi alma, porque comencé a tener oración sin saber qué era, y ya la costumbre tan ordinaria me hacía no dejar esto, como el no dejar de santiguarme para dormir"[155].

El Dios hecho humano en su necesidad hace posible el acercamiento del ser humano y la amistad entre ellos. Este Dios, Lutero diría el Dios revelado en la cruz en aquel que "despreciamos y no tuvimos en cuenta"[156], es la piedra fundamental también de la cura de almas teresiana. Quiere ganar a las personas para esta amistad que curará las almas.

"Veía que, aunque era Dios, que era hombre, que no se espanta de las flaquezas de los hombres, que entiende nuestra miserable compostura, sujeta a muchas caídas por el primer pecado que Él había venido a reparar. Puedo tratar como con amigo, aunque es señor"[157].

Típico para la mística es que la amistad con Dios vuelve a ser una unión tan estrecha que se ofrecen imágenes del mundo matrimonial. Escribe Teresa en alusión al versículo Rut 1:16 citado en tantas bendiciones

155 *Libro de la vida* 9.4
156 Is 53:3; WA V, 36, 22.
157 *Libro de la Vida* 37.5

nupciales hasta hoy en día, sobre las consecuencias de su amistad con el Dios hecho hombre:

"Juntos andemos, Señor. Por donde fuereis, tengo de ir. Por donde pasaréis, tengo de pasar"[158].

La amistad de Dios que afirma Teresa como fundamento de su vida, la que se mantiene viva por la práctica de la oración mental y que describe en su autobiografía como camino hacia el desposorio espiritual, ha sido la cura de su propia alma y se vuelve la motivación para la cura de almas de otros. Una cura de almas que no responde solamente a necesidades en momentos de crisis, sino que es una dedicación total a la vida de su prójimo. Ulrico Dobahn observa:

"La cura de su prójimo es, según la experiencia y la opinión de Teresa, el fruto de su amistad con el Dios hecho hombre. Es, de alguna manera, la prolongación y la continuación de la cura de almas por Dios, que por medio del hombre Jesús de Nazaret ha demostrado como es. Y quien vive con este hombre en amistad, se vuelve cura de almas en la medida en la que se profundiza esta unión. … Cura de almas, según Teresa; por ende, no es una actividad entre tantas otras a las que una persona puede dedicarse o no, sino que es el desarrollo existencial de la vida humana"[159].

En consecuencia, Teresa de Jesús no elaboró una metodología *poiménica*, sino que en todos sus escritos da testimonio de la amistad que Dios mantenía con ella y de los efectos que esta amistad tenía sobre su vida. Especialmente en sus cartas, con más franqueza por no temer a la Inquisición, habla vivamente de su camino con Dios. Invita a semejante caminar y en esto se vuelve verdaderamente una guía espiritual para las personas que hasta hoy en día buscan orientación y consejería espiritual a base de experiencias propias, vividas en carne propia por el cura de almas o la curadora de almas.

De los salmos dijimos en un capítulo anterior que son algo como "una ayuda para la respiración (*Atemhilfe*)"[160]. Son palabras de vida en el doble sentido de hablar de la vida y de ser palabras para la vida. Lo mismo vale

---

158 *Camino de perfección* 26.6
159 DOBAHN, Ulrich, en MÖLLER:1995, p. 150.
160 MÖLLER: 1994, p. 11.

para Teresa de Ávila y para muchos de los grandes místicos. Al leer sus experiencias, el lector es tomado por la mano y llevado a hacer sus propias experiencias en y con la presencia divina. Ulrico Dobhan observa, acerca de la fundadora de su orden:

"Los relatos sobre sus propias experiencias espirituales y sobre su práctica de oración, al igual que aquellos sobre la fundación de san José, se vuelven una oración e involucran al lector en este diálogo vivencial con Dios, de manera que el lector no sigue siendo lector, sino que, cuando entra en el diálogo con ella, también es absorbido por el diálogo que ella mantiene con Dios. Ella misma sirve como medio para llevar al lector al diálogo con Dios, lo que es verdaderamente: enseñarle orar, y esto es cura de almas *par* excellence"[161].

El Camino a la perfección es, en este sentido, un libro de cura de almas. Es un manual que enseña la oración mental que mantiene su actualidad hasta el siglo XXI. También la poesía de Teresa se caracteriza por este estilo incluyente que hace del lector que participe de la oración y de la amistad entre Dios y la guía espiritual.

En un mundo dominado por las imágenes, y en su mayoría se trata de imágenes angustiosas, sabemos de nuevo apreciar aquellas imágenes que confirman y consuelan las almas agitadas. Aunque, a menudo, ya no se suele hablar del alma, sino de la conciencia, de los nervios, de la psiquis, etc., en el fondo late la pregunta por la relación con la fuente de la vida que afirma y da una base segura. Bombardeado con las imágenes destructivas y de horror en distintas graduaciones, el ser humano posmoderno sabe apreciar el ofrecimiento de una imagen que le invita a la meditación y le lleva a la paz que no le otorgan ni los periódicos, ni su vida laboral, ni el *zapping* nocturno con el televisor.

El castillo interior es, según Teresa de Ávila, el lugar donde el alma se encuentra con Dios. Cada ser humano tiene un tal castillo dentro de sí. Su estado puede ser deplorable, todo en oscuridad, un alma apartada de la luz divina, pero; sin embargo, "no pierde su resplandor y hermosura que siempre está dentro de ella"[162]. El castillo interior está situado en medio de un foso como las fortalezas verdaderas, así el cuerpo envuelve el alma. El

---

161 DOBAHN, Ulrich, en MÖLLER: 1995, p. 151.
162 Morada primera, CÁP. II. 4.

castillo tiene una puerta por la que se comunica el interior con el exterior, simboliza la oración, la consideración y la abertura hacia la trascendencia. La gente que habita el castillo, "los vasallos del alma" son los sentidos "que se han ido fuera y andan con gente extraña, enemiga del bien de este castillo"[163], pero que vuelve al escuchar el silbo del Buen Pastor. Las potencias de la persona son los alcaldes, los mayordomos y maestrales del castillo.

En el interior del castillo se encuentra una serie de aposentos o moradas por las que pasa el camino místico al que invita Teresa. Son peldaños en la subida al aposento, a la pieza o al palacio del Rey, "adonde pasan las cosas de mucho secreto entre Dios y el alma"[164]. En la primera morada, se trata de la humildad. A la segunda, llegan las almas con perseverancia. El tercer aposento está dedicado al temor frente a Dios, bajo el lema: *BEATUS VIR, QUI TIMET DOMINUM*[165]. En las cuartas moradas se meditan toda clase de experiencias gratas como la paz y la satisfacción que son, según Teresa, experiencias adquiridas mientras el pensamiento y el entendimiento llama experiencias infusas. En la quinta morada se da la unión del Rey con la esencia del alma. Lo que significa esto es tan difícil de explicar que Teresa se queja:

"¡Oh hermanas!, ¿cómo os podría yo decir la riqueza y tesoro y deleites que hay en las quintas moradas? Creo fuera mejor no decir nada de las que faltan, pues no se ha de saber decir el entendimiento lo sabe entender ni las comparaciones pueden servir de declararlo, porque son muy bajas las cosas de la tierra para este fin"[166].

Faltan las palabras para expresar lo que es esta unión con Dios. Pero es algo seguro; aún inefable, la mística la vive con gran certeza. Dice:

"Y osaré afirmar que si verdaderamente es unión de Dios, que no puede entrar el demonio ni hace ningún daño porque está Su Majestad tan junto y unido con la esencia del alma, que no osará llegar ni aun debe de entender secreto"[167].

Con esta seguridad de haberse encontrado con Dios el alma avanza subiendo a las moradas del sexto nivel. Se vuelve a hacer mucho más

---

163 Morada primera CÁP. III. 2.
164 Morada primera, CÁP. I. 3.
165 Morada tercera, CÁP. I. 4
166 Quinta morada, CÁP. I. 1
167 Quinta morada, CÁP. I. 5.

difícil encontrar palabras para transmitir las experiencias del alma a este nivel. Busca la soledad y no quiere que nada le estorbe. El alma quedó ya "herida del amor del Esposo". En las sextas moradas se da el pleno encuentro del alma con Dios, se consuma el desposorio, el matrimonio espiritual. Es esta la imagen que utiliza Teresa para hablar de la plenitud de esta unión, señalando a la vez que no sabe ni es digna de compartir estas experiencias. Sin embargo, tiene que hablar a sus hermanas, no puede quedarles debiendo nada.

> "Esperanza tengo que, no por mí, sino por nosotras, hermanas, me ha de hacer esta merced, para que entendáis lo que os importa que no quede por vosotras el celebrar vuestro Esposo este espiritual matrimonio con vuestras almas, pues trae tantos bienes consigo como veréis. ¡Oh gran Dios!, parece que tiembla una criatura tan miserable como yo de tratar en cosa tan ajena de lo que merezco entender"[168].

A muchos cristianos modernos –evangélicos por añadidura– costará familiarizarse con estas imágenes y con este lenguaje del ámbito de un monasterio femenino. Por otro lado, cantamos con fervor "castillo fuerte es nuestro Dios" y poco nos molesta un lenguaje bélico que se sirve de los armamentos del siglo XVI. El castillo interior de Teresa de Ávila es una imagen curativa, es cura de almas que a lo mejor podemos rescatar para responder a la demanda creciente por una cura de almas que sea más que una intervención puntual en momentos de crisis. Estas imágenes curativas, o símbolos, del alma de Teresa de Ávila y otros místicos, son imágenes que remiten a una realidad que es más grande de lo imaginado y que no hay palabras para expresarlo. Los símbolos son como granos de semilla que dan sus diversos frutos en las personas que los asumen como suyos. Al compartir sus imágenes, sus visiones, el místico, hasta cierto grado, se desprende de ellas y las pone a disposición de sus lectores en cuyas experiencias se desarrolla una dinámica propia a su manera individual de ser. Este proceso de habituarse, de iniciarse en los significativos de una imagen simbólica, empieza en el momento cuando todavía se escuchan las explicaciones que el mismo guía espiritual da sobre sus propias imágenes.

---

168 Séptima morada, cáp. I. 2

6. 3. 4. *Juan de la Cruz*

Excedería los límites de este trabajo profundizar sobre la obra de san Juan de la Cruz más allá de un breve resumen de su aportación a la *poiménica*. Los escritos del "DOCTOR MYSTICUS", no solamente son una contribución importante a la literatura española, en especial sus poemas, sino que son cura de almas y más que exposiciones teóricas sobre *poiménica*. Como místico, llegó a una altura de conocimiento y cercanía a Dios que inspiró a Salvador Dalí para pintar el Cristo de san Juan de la Cruz, encima de las nubes; mística desde una óptica sobrehumana que solamente es posible a Dios.

Juan de la Cruz nació en Fontiveros (Ávila) en 1542 como hijo de padres pobres. Con 21 años ingresa a la orden de las Carmelitas. En Salamanca estudia filosofía y teología escolástica y mística. Se encuentra con Teresa de Ávila y colaboran en la reforma de la orden. Juan de la Cruz es cura de almas y guía espiritual en distintos monasterios de las carmelitas descalzas, sufre nueve meses de cautiverio en Toledo por conflictos internos de la orden y muere en el año 1591 dejando una producción literaria de alto rango. A parte de sus poemas y una gran cantidad de cartas, son conocidas sus cuatro obras principales: *La subida del monte Carmelo, Noche oscura del alma, Cántico espiritual y Llama de amor viva.*

El tema principal de la *poiménica* de Juan de la Cruz es el ser humano, como un ser llamado a vivir su vida entera ante Dios, en relación con Dios. La vida humana es un proceso de "trasformación en Dios"[169]. En los Avisos espirituales Juan explica:

"Lo que pretende Dios es hacernos dioses por participación, siéndolo él por naturaleza, como el fuego convierte todas las cosas en fuego"[170].

Esta trasformación coloca al ser humano en una relación existencial con Dios y con sus prójimos. Esta relación es caracterizada por el amor. Lo resume Juan de la Cruz en su conocida frase:

"A la tarde te examinarán en el amor**; aprende a amar como Dios quiere ser amado y deja tu condición**"[171].

Amar significa dejar las pretensiones y exigencias propias y vivir plenamente y abnegadamente la relación de amor con Dios y con el prójimo. Juan, como cura de almas, sabe de las limitaciones humanas. No son las obras humanas que crean esta relación, sino que es Dios mismo que, en su hijo, agrega a los esfuerzos humanos, que no son más que los ruegos por misericordia, todo lo que hace falta para que su reino se establezca. Es esta la oración de Juan de la Cruz:

"¡Señor Dios, amado mío! Si todavía te acuerdas de mis pecados para no hacer lo que te ando pidiendo, haz en ellos, Dios mío, tu voluntad, que es lo que yo más quiero, y ejercita tu bondad y misericordia y serás conocido en ellos. Y si es que esperas a mis obras para por ese medio concederme mi ruego, dámelas tú y óbramelas, y las penas que tú quisieras aceptar, y hágase. Y si a las obras mías no esperas, ¿qué esperas, clementísimo, Señor mío?; ¿por qué te tardas? Porque si, en fin, ha de ser gracia y misericordia la que en tu Hijo te pido, toma mi cornadillo, pues le quieres, y dame este bien, pues que tú también lo quieres"[172].

La trasformación del alma en su amor por su amado, la *UNIO MÍSTICO*, según Juan de la Cruz, tiene a Cristo en su centro. El camino a Dios pasa por Cristo, por el Dios en su encarnación:

---

169 Subida I.4.6. Hay muchas ediciones de las obras de Juan de la Cruz. Por ejemplo: *Juan de la Cruz, Obras Completas*, ed. J.V. RODRÍGUEZ, Madrid, 19883; véase también las páginas *web*.
170 AVISOS ESPIRITUALES II. 27.
171 AVISOS ESPIRITUALES I. 60.
172 AVISOS ESPIRITUALES I. 26.

"Y tal manera de semejanza hace el amor en la transformación de los amados, que se puede decir que cada uno es el otro, y que entrambos son uno. La razón es, porque en la unión y transformación de amor el uno da posesión de sí al otro, y cada uno se deja y da y trueca por el otro, y entrambos son uno por transformación de amor. Esto es lo quiso dar a entender san Pablo cuando dijo *VIVO AUTEM, JAM NON EGO: VIVIT VERO IN ME CHRISTUS*; que quiere decir: Vivo yo, mas ya no yo; dio a entender que, aunque vivía él, no era vida suya, porque estaba transformado en Cristo, que su vida más era divina que humana; y por eso dice que no vive él, sino Cristo en él; de manera que, según esta semejanza de transformación, podemos decir que su vida y la de Cristo toda era una por unión de amor; lo cual se hará perfectamente en el cielo, con divina vida, en todos los que mereciesen verse en Dios; porque, transformados en Dios, vivirán vida de Dios y no vida suya, aunque sí vida suya, porque la vida de Dios será vida suya"[173].

Ya lo dijimos: la cura de almas de los guías espirituales no es intervención puntual en momentos de necesidad, sino que se dirige a un acompañamiento de toda la vida. Con la ayuda de ellos se puede crecer en la fe, dejar atrás la fe de niño y encontrar una manera de vivir su fe como adulto. Por cierto, no es una empresa fácil, pero parece algo de gran actualidad en un tiempo donde mucha gente deja la iglesia y cualquier relación de fe después de la niñez, por falta de saber articular sus necesidades religiosas. En el siglo XXI en nuestras comunidades hacen falta hombres y mujeres que sean guías espirituales y sean suficientemente entendidos para ayudar a padres y abuelos a volver a entrar en diálogo sobre cuestiones de la religión con sus hijos y nietos y no, por último, consigo mismo. Juan de la Cruz se preocupa "por la mucha necesidad que tienen muchas almas" porque les faltan "guías idóneas y despiertas que las guíen hasta la cumbre". Por consecuencia, se quedan como principiantes en la fe, sin la posibilidad de crecimiento.

"Y así, es lástima ver muchas almas a quien Dios da talento y favor para pasar adelante, que, si ellas quisiesen animarse, llegarían a este alto estado, y quedanse en un bajo modo de trato con Dios, por no querer, o no saber, o no las encamina y enseñar a desasirse de aquellos principios"[174].

---

173 *Cántico espiritual*, CANCIÓN XII declaración.
174 *La subida al monte Carmelo*, prólogo 3.

Faltan cura de almas experimentados, Juan de la Cruz se queja: "Porque algunos padres espirituales, por no tener luz y experiencia de estos caminos, antes suelen impedir y dañar a semejantes almas que ayudarlas al camino, hechos semejantes a los edificantes de Babilonia que, habiendo de administrar un material conveniente, daban y aplicaban ellos otro muy diferente, por no entender ellos la lengua (Gn 11:1¬9), y así no se hacía nada"[175].

Otro aspecto muy moderno de la *poiménica* de Juan de la Cruz es el concepto de "la noche oscura" o como diríamos hoy en día el concepto de la crisis necesaria para el crecimiento. La noche de crisis por más oscura que sea es un momento de mucha esperanza, porque estando en la noche y dándose cuenta de su condición, ya es señal de un cierto avance en la senda del monte de perfección. La noche es un estado de ***tránsito que hace el alma a la unión de Dios.*** Escribe Juan en el primer libro de *La subida al monte Carmelo*:

> *En una noche oscura,*
> *con ansias, en amores inflamada,*
> *¡oh dichosa ventura!,*
> *salí sin ser notada*
> *estando ya mi casa sosegada.*

1. En esta primera canción canta el alma la dichosa suerte y ventura que tuvo en salir de todas las cosas externas, y de los apetitos e imperfecciones que hay en la parte sensitiva del hombre, por el desorden que tiene de la razón. Para cuya comprensión hay que saber que, para que un alma llegue al estado de perfección, ordinariamente ha de pasar primero por dos maneras principales de noches, que los espirituales llaman purgaciones o purificaciones del alma, y aquí las llamamos noches, porque el alma, así en la una como en la otra, camina como de noche, a oscuras"[176].

Reinhard Körner, *poiménico* de la orden de los carmelitas, ve tres aportaciones principales de Juan de la Cruz para la *poiménica* moderna. Resume:

---

175 *La subida al monte Carmelo*, prólogo 3.
176 *La subida al monte Carmelo*, I.

"1. No el conocimiento, ni el dominar de las metodologías de cura de almas hacen al cura de almas, sino el saber del fin y la experiencia (reflexionada) en el camino.

2. Toda cura de almas está a servicio de la "cura de almas" de Dios.

3. La cura de almas en el ministerio necesita de la experiencia reflexionada en la comunidad con el pueblo de Dios"[177].

La queja de Juan de la Cruz sobre la falta de buenos curas de almas mantiene su actualidad hasta hoy en día. Por más ayuda que el cura o la curadora de almas reciba de las ciencias, la sociología, la antropología y más que nada de la psicología, la falta se refiere a la persona del cura de almas como creyente. Tiene que ver a su "paciente" desde la óptica de la fe, desde su vocación última que le llega de Dios. Es un ser llamado de Dios, es un alma, como dijimos antes, por eso hacen falta curas de almas con esta preocupación propia que le lleva a dedicarse al ser humano como alma.

La cura de almas verdadera siempre es cooperación con Dios. El cura y la curadora de almas actúan a partir de la unión con Dios, donde les falta esta experiencia mística su cura de almas se hace en función de algunas ideas pastorales de lo que podrían ser la vida, la libertad y las tareas éticas de los seres humanos. Pero, por último, no se trata de todo esto, sino que se trata de la "trasformación" que la persona recibe en su contacto con el Dios vivo. Donde este contacto no se da, la cura de almas no llega a la altura de sus posibilidades; es, a lo sumo, enseñanza religiosa o psicoterapia con un enfoque piadoso.

Hoy, tal vez como nunca, las personas que buscan cura de almas vienen con la pregunta de aquel intérprete de la ley que quería probar a Jesús justamente con esta duda: "Maestro, ¿haciendo qué cosa heredaré la vida eterna?". (Lc 10:25). La gente pregunta por la ortopraxis, mientras los teólogos están discutiendo la pregunta por la ortodoxia. Al menos en Europa central, pero seguramente en muchos lugares más, en la vida de las comunidades se juntan evangélicos y católicos compartiendo gran parte de su praxis comunitaria, incluyendo la celebración común de la eucaristía, mientras un papa ajeno a la realidad de los creyentes cita documentos eclesiásticos de siglos pasados. La pregunta de hoy me parece ser la pregunta por la recuperación de la religión: ¿qué tengo que hacer para obtener de nuevo mi religión? Y la respuesta de la cura de almas

---

177 KÖRNER, Reinhard, "Johannes vom Kreuz", en MÖLLER, *Christian, gechichte der Seelsorge*, TOMO II, pp. 161–176, la cita en la página 174s.

será la práctica del amor a Dios y al prójimo. Tiene que ser una respuesta muy concreta, entrar en relación con el otro ser humano y con Dios, y ¿cómo se entra en contacto con Dios? Hacen falta guías espirituales que enseñen a las personas del siglo XXI lo básico de una vida de oración, y contemplación, y como se pasa por la noche oscura para avanzar en el camino que discurre por la purgación y la iluminación y llega a alcanzar experiencias de una perfección inefable.

6. 3. 5. *Problemas con la mística*

La Iglesia católica tenía problemas con la mística a pesar de que la gran mayoría de los guías espirituales se mantuvieron fieles a su tradición. Pero, obviamente, el camino, que enseñaron al individuo hacia una unión con Dios, prescindió llamativamente de la mediación de los sacramentos y de la iglesia misma, por lo que resultó sospechoso y peligroso al instituto monopolista de la salvación. Era una cura de almas demasiado directa. El individuo buscaba a su Dios por caminos independientes, un concepto protestante de verdad.

Pero también en las iglesias evangélicas los místicos no siempre encontraron muchos amigos. Ya Martín Lutero, poniendo todo el énfasis en la doctrina de la exclusividad de la palabra de Dios, como escritura, percibía un peligro en el individualismo de un camino tan libre y soberano hacia el encuentro con Dios. Sabemos del repudio que encontraron los anabaptistas de Thomas Münzer en los ojos de Lutero con su doctrina mística-revolucionaria y el concepto de la "palabra interior". Por otro lado, sabemos de la importancia que atribuía Lutero, por ejemplo, a la espiritualidad de Juan Taulero. La experiencia propia de Dios, una relación personal con él, eran también para Lutero fundamentos de la vida cristiana. Nadie entiende la palabra de Dios, que no fuera enseñado por el Espíritu Santo. Esta palabra divina, no es solamente un desafío intelectual, si no hay que experimentarla, probarla y sentirla. Así lo explica Lutero en su exégesis del *MAGNIFICAT*, con el ejemplo de la madre de Jesús.

En los siglos siguientes, las críticas al misticismo se valieron de la psicología como para desacreditar las experiencias místicas. Como fenómenos psíquicos rozando lo patológico y el autoengaño.

Para un autor evangélico moderno, la mística, aunque nos puede enseñar algo del "poder para el testimonio en un mundo que avanza en su alienación", peca de una forma de justificación por las obras; es decir, la aportación humana en la preparación para el encuentro con Dios choca con el concepto protestante de la SOLA GRATIA. Citamos a José Martínez:

«Poco o nada dicen los místicos de la doctrina bíblica de la santificación, del "nuevo nacimiento" en el sentido expresado por Jesús a Nicodemo (Jn 3), de la obra del Espíritu Santo y de la "nueva vida" que comienza en el preciso momento en que la persona creyente, sin eliminación previa de sus apetitos, arrepentida de sus pecados, se vuelve a Diso reconociendo a Cristo como su Salvador y Señor. Tampoco aparece claramente en la literatura mística lo enseñado por el apóstol Pablo sobre la santificación como resultado de la identificación del creyente con la muerte y resurrección de Cristo (Rom 6:8 y 1 Co 3), lo que permite que Dios lo vea como santo, "santificado en Cristo Jesús"»[178]. (1 Cor 1:2).

Martínez critica además el elitismo de los místicos, dado en el hecho que el don de purgación, iluminación y unión obviamente es concedido como don extraordinario solamente a unos pocos elegidos, mientras el Nuevo Testamento abre a todos los creyentes el camino a la salvación.

Karl Rahner, jesuita y teólogo, comprometido con la razón y las ciencias, al contrario, opinaba que existe algo como una "mística de la cotidianidad"; o sea, una apertura universal a la experiencia religiosa. Esta disposición a experiencias místicas; aunque fueran de corte cotidiano, según Rahner, crecerá en el futuro y se hará cada vez más común en el mundo por venir:

"El hombre piadoso del futuro será un místico, alguien que ha tenido la experiencia de algo, si no, no existirá"[179].

No todos los teólogos protestantes tomaron una distancia tan expresiva al misticismo como Martínez. De vez en cuando hubo dentro del protestantismo formas de acercarse a esta forma de religiosidad libre de grandes

---

178 MARTÍNEZ, José M.; *Introducción a la espiritualidad cristiana*, Clie, Terrassa (Barcelona), 1997, p. 320.
179 RAHNER, Karl, "Frömmigkeit heute und morgen", en: *Geist und Leben* 39 (1966), pp. 326-342, la cita se encuentra en la p. 335.

vínculos con las instituciones eclesiales y dependiente de la conciencia y de la vida interior propias del individuo. En el pietismo se encuentra, de vez en cuando, una simpatía para las experiencias de los místicos y a Schleiermacher, la teología dialéctica le acusó de un misticismo poco teológico[180].

A lo mejor, con el siglo XXI, ha llegado la hora para una revalorización de la aportación de la mística a la teología práctica. Arriba ya hemos señalado la importancia de la mística para la *poiménica*. Las meditaciones y contemplaciones de los místicos son una forma de cura de almas para el místico mismo y siguiendo a él, como guía espiritual, también para otros. No es tanto una cura de almas como intervenciones en situaciones problemáticas: son más bien la invitación a un camino largo, a la subida a una montaña o a la exploración de un castillo, que nos lleva al autoconocimiento y a este encuentro con uno mismo que tiene lugar frente a Dios. Por eso los ejercicios espirituales de los místicos son una forma de cura de almas, por medio de ellos el ser humano se ve en todas sus relaciones y actividades, por un lado, enfrentado con Dios; por el otro, protegido por él. T. Álvarez destaca lo especial de esta forma de autoconocimiento:

"… conocemos a nosotros mismos, pero conocemos ante Dios, único modo de ver nuestras miserias sin caer en el pesimismo y la pusilanimidad, y de captar nuestros valores sin salir de la verdad y caer en la soberbia"[181].

En nuestro contexto, la mística parece interesante y prometedora especialmente en vistas a un conocimiento *poiménico*. Más adelante conoceremos la aportación de Manfred Jossuttis que redescubrió el rol del guía espiritual como tarea del cura de almas para hoy. El gran interés que despiertan actualmente los cursos donde se enseñan los ejercicios espirituales de Ignacio de Loyola a un amplio público interesado, la dedicación con la que se vuelve a leer la poesía de un Juan de la Cruz o el acogimiento que encuentra Teresa de Ávila, no solamente en círculos de teólogas, demuestran la necesidad e importancia de una nueva dedicación a los místicos y sus aportaciones a la espiritualidad del siglo XXI y a la cura de almas de los seres humanos carentes de alimentación para su vida interior.

---

180 Cf.: BRUNNER, Emil, "Die Mystik und das Wort", en *Anfänge der dialektischen Theologie*, tomo I, Munich 1962, pp. 279 ss., el original del año1924.
181 ALVAREZ, T., *Diccionario de Espiritualidad*, HERDER III, p. 484, citado por MARTÍNEZ, José M. *Introducción a la espiritualidad cristiana*, Clie, Terrassa (Barcelona) 1997, p. 317.

.

§ 7. La poiménica protestante de los siglos XVII-XX

7. 1. El pietismo

El pietismo propiamente dicho, en el sentido estrecho histórico, forma parte de un gran movimiento interconfesional de renovación religiosa, que surgió a fines del siglo XVII en Europa central, como reacción a los cambios económicos y políticos importantes y al ritualismo frío y formalista, tan predominante en las iglesias protestantes, tanto de tradición luterana como de las ramas reformadas. El cristianismo parecía, en aquella época, por un lado, una cuestión de cálculo político y, por el otro lado, más un tema de especulación filosófica y de discusión que una religión viva con consecuencias en la vida particular de cada uno de los fieles.

Participaron en este movimiento opositor: los pietistas alemanes y holandeses, con influencia en Dinamarca y Suecia, el jansenismo de Francia[182], el puritanismo inglés, los cuáqueros, extendiéndose en varias direcciones con el paso de los años, llevando la inquietud pietista por la espiritualidad personal casi literalmente a todo el mundo. A través de los moravos, el pietismo influyó significativamente en John Wesley y en el metodismo, fue asimismo influyente entre los menonitas, los hermanos y los cristianos reformados holandeses; y llegó por la predicación del Gran Avivamiento hasta los EE. UU., a mediados del siglo XVIII. Hasta cierto

---

182 Un movimiento dentro de la Iglesia católica, su nombre proviene del obispo Cornelio Jansen (+1638) ponen énfasis en la teología de san Agustín.

punto se puede incluso contar la mística católica dentro de esta corriente, cuyas particularidades conocimos en el capítulo anterior.

Las corrientes religiosas que resumimos bajo el concepto de pietismo se caracterizan por la importancia dada:

- A la conversión interior.
- A la piedad vivida interiormente y de un modo intimista.
- A la unión entre los fieles (*ECCLESIOLA IN ECCLESIA*, sociedades y clases).
- A la comunidad.
- A la experiencia religiosa en general.
- A la separación del mundo y sus placeres (baile, teatro, literatura mundana, naipes, etc.).
- A un renovado énfasis en la Biblia.
- Al rechazo de una práctica formalista e individualista de la religión influida por el racionalismo de las formulaciones doctrinales.
- Al énfasis en una *PRAXIS PIETATIS*; es decir, a una vida práctica dedicada a las obras a favor del prójimo.

Después de la Reforma y de la época en la que, con diversas luchas internas, se consolidaron las iglesias protestantes en los distintos países, el pietismo marca el momento de dedicación al desarrollo de una teología pastoral más allá de las peleas interconfesionales, con su obligación de perfilarse dogmáticamente de forma correcta y con la posibilidad de centrarse en el ser humano en sus necesidades individuales. Mientras Lutero pone todo el énfasis en la liberación que Dios regala al creyente por su gracia y deja que el resto se desarrolle a partir de este empuje principal, confiando en las fuerzas y la fantasía liberadas por el regalo divino, la *poiménica* pietista pregunta por la manera en la que se recibe el regalo de la salvación y cómo este es incorporado en la vida cotidiana. Los curas de almas pietistas preguntan cómo se practica y cómo se vive la nueva libertad en la fe. La justificación por la fe, únicamente por la gracia de Dios, no solamente es un acto de liberación, sino que también es un camino que después hay que recorrer. La cura de almas del pietismo quiere colaborar con el Espíritu Santo en su obra de renovación de la imagen y semejanza de Dios en el alma de cada persona. Pone un fuerte acento en el sacerdocio de todos los creyentes y en la participación de los laicos en los estudios bíblicos en grupos o por la ayuda espiritual que se concedieron mutuamente.

Para esta nueva *poiménica* es significativa la importancia que se da a la piedad interior del individuo. Dio sentido a la psicología del alma individual. Se desarrollaron herramientas para la observación y el análisis minuciosos del alma. El yo aprendió a estudiarse a sí mismo, prestando atención hasta los más íntimos rincones de su interior. Un medio importante de la cura de almas del pietismo y del puritanismo vuelve a ser la confesión diaria por escrito. Los "renovados" llevan diarios donde se apuntan las emociones piadosas y se editan biografías de personas con una vida de fe ejemplar. Se puede decir que ahora, en la época del pietismo, con su interés por la situación emocional del individuo, nace lo que en el siglo XX se llamará en psicoterapia el "centrismo en el paciente". Pero, a diferencia del siglo moderno, con su plena fe en las capacidades de los especialistas en terapias del alma, los pietistas del siglo XVII desconfiaban de los curas de almas profesionales.

Para todo el pietismo, la cura de almas de los ministros eclesiásticos cayó bajo la sospecha de ser superficial. Esta sospecha era válida en especial frente a la institución de la confesión. Felipe Jacobo Spener, pastor alemán, autor de las *Pia Desideria*[183] y figura importante del pietismo en Europa Central, sentía en toda su vida un cierto rechazo a la palabra "cura de las almas"; hasta llegó a tener miedo a la tarea pastoral de una *CURA ANIMARUM SPECIALIS*, porque en la época de la ortodoxia luterana estaba estrechamente vinculada con la institución de la confesión obligatoria en el confesionario. En algunas iglesias luteranas todavía se encuentran confesionarios hasta fines del siglo XIX. Por lo general, se imponía la praxis de la confesión en grupos y, bajo la influencia del pietismo, se encontró la forma de una confesión en común de toda la congregación reunida como parte del culto, antes de celebrar la Santa Cena.

En contra de cualquier forma institucionalizada de confesión pública, los teólogos pietistas señalan que la cura de almas tiene que ser el fortalecimiento

---

183 1675, *Deseos Piadosos*, hay una traducción al castellano: SPENER, Felipe Jacobo, IA DESIDERIA, Traductores y Editores: René KRÜGER y Daniel BEROS Instituto Universitario ISEDET, Buenos Aires, 2007.

del individuo creyente por otro individuo creyente, laico, experimentado en la fe, para que este se pueda experimentar como lugar y sujeto de la acción del Espíritu Santo, y por ende asegurarse de su estado de salvación. De esta manera, se realizaba el sacerdocio de todos los creyentes. La cura de almas del pietismo es cosa de creyentes experimentados, en una conversación entre dos, donde el más fuerte da su testimonio y guía al todavía menos experimentado en la fe. La cura de almas pietista es cura de almas *querigmática* como más tarde la conoceremos en la *poiménica* de Eduardo Thurneysen. También en los círculos pequeños, las asambleas piadosas, las clases, los conventillos se conversaba en función de una cura de almas de los participantes. En enfoque pietista, en *poiménica* recayó sobre el fortalecimiento del creyente; es decir, se dirigió hacia dentro de la iglesia, hacia los círculos de los renacidos.

La cura de almas era una ayuda para la *PRAXIS PIETATIS* del núcleo más fiel de las iglesias y, a pesar de su rechazo frente a la cura de almas institucionalizada, las entrevistas pastorales trabajan con una metodología bien elaborada. La visita en casa de los miembros de la iglesia por parte del cura de almas es una práctica muy valorada y sirve al fortalecimiento de la fe del renacido. Por primera vez se pone hincapié en la entrevista fuera del confesionario, trasladándola al despacho pastoral, a la casa de un anciano o en ocasiones a hogares particulares donde el individuo puede hablar de su situación y de sus problemas. También la carta se vuelve a percibir como medio apropiado para la cura de almas.

Pero el diálogo pastoral no se queda en el marco de referencia de los problemas de la gente. La cura de almas pietista lleva al individuo a la comunidad con los demás fieles, formando de esta forma círculos de elegidos, salvados dentro de las iglesias. Se hablaba de pequeñas iglesias dentro de la gran iglesia, en latín: *ECCESIOLA IN ECCESIA*. En estos círculos se practica la cura de almas mutuamente entre los hermanos y hermanas, como un *MUTUUM COLLOQUIUM FRATRUM*.

La idea de pequeños círculos cuyos integrantes se ayudan mutuamente, ya por el mero hecho de "dar testimonio" y hablar de sus métodos y experiencias de tratar con distintos problemas, se realiza hoy en el ámbito de los grupos de autoayuda. Estos grupos están integrados por pacientes y familiares de enfermos con distintas patologías. Constituyen un grupo de apoyo o autoayuda donde "Ayudando a los demás se ayuda a uno mismo"[184].

184 La cita encontramos el 1 de octubre de 2009 en http://www.fund-thomson.com.ar/autoayuda.html

Los grupos se retroalimentan, la experiencia compartida ayuda a vencer temores, enseña a que cada uno se conozca y evalúe, promoviendo el autoestímulo y fortaleciendo la actividad grupal.

Anticipando este concepto moderno, Felipe Jacobo Spener escribió, en una de sus cartas de cura de almas a una dama de su anterior congregación en Francfort sumida en aflicciones de fe:

"... sé muy bien que hay muchas almas queridas que piensan juntas –y cada una de ellas por sí sola–, que son las únicas en el mundo y se avergüenzan de mostrar sus heridas, preocupadas por el hecho de que pudieran ser tan graves que no se pueden mostrar a nadie sin asustarlo. Ya será un cierto alivio para usted ver o escuchar que hay tantas personas parecidas a usted, inclusive entre aquellas de las que usted misma no duda en pensar que pertenecen a los hijos de Dios"[185].

Los pequeños círculos, *the class meetings,* eran también los lugares preferidos de la cura de almas de John Wesley. Son espacios de maduración y disciplina en vista de un crecimiento en la vida. Bajo la guía de un "jefe de clase", los integrantes rinden cuenta de su vida espiritual en el seguimiento a Cristo. Aprenden a orar y adorar sistemáticamente, se reúnen en la lectura organizada de la Biblia e interrogan sus almas mediante entrevistas mutuas. Practican la llamada #introspección#, que es la reflexión del creyente sobre sí mismo. Es llamativa la semejanza con los ejercicios espirituales de Ignacio de Loyola.

Los pastores pietistas que compartieron la importancia renovada que se dio a la cura de almas, en grupos; pero también de forma individual, pusieron énfasis en la charla pastoral mediante entrevistas con los miembros de sus comunidades y anotaron en cuadernos los diálogos que habían mantenido, para después estudiarlos y sacar provecho para futuras conversaciones pastorales. Nació el método que siglos más tarde emplearán los entrenadores del *clinical pastoral training.*

Aunque la cura de almas pietistas se dirige en primer lugar al individuo o a círculos internos de la iglesia, apuntando de esta manera a una piedad interior, indudablemente tiene un fuerte enfoque diacónico. Se

---

185 Esta carta se encuentra en SPENER, P.J. *Theologische Bedenken,* Halle 1700–1702, se está editando una reimpresión de las obras de P. J. Spener editado por Erich Beyreuther, Hildesheim, New York 1979 ss. La cita la tomé de Möller: 1995, pp. 273 ss. (la traducción es mía).

lleva al consolado a participar en el trabajo de edificación del Reino de Dios, empezando en la sociedad a la que pertenece. Parte de la vida corporativa que organizó John Wesley y sus colaboradores fueron las obras de beneficencia, actividades que salieron como consecuencia de las clases y sociedades. Del pietismo alemán conocemos, por ejemplo, las obras diacónicas en la ciudad de Halle (las "Fundaciones Francke").

De August Hermann Francke tenemos varios testimonios que muestran la estrecha vinculación entre cura de almas y diaconía. La cura de almas de este representante del pietismo luterano tiene un fuerte enfoque pedagógico. A los pobres hay que alimentarlos material y espiritualmente. Citamos un pasaje de "Las pisadas del Dios amoroso y fiel todavía viviente y activo..." del año 1701, donde Francke cuenta cómo recibe a los pobres en su congregación en un suburbio de la ciudad de Halle:

"...era costumbre que la gente fijara cierto día para que en él los pobres vinieran a sus puertas, es decir, una vez por semana, a pedir las limosnas. Como en la vecindad de mi parroquia... esto ocurría el jueves, a la gente pobre se les ocurrió reunirse ese día ante mi puerta con idéntica finalidad. Durante un tiempo, les hice repartir pan a la puerta en ese mismo día, pero pronto me puse a pensar que esa sería una buena oportunidad para ayudar a las almas de esa gente pobre –en las que a menudo suele haber gran ignorancia y existir mucha maldad– por medio de la palabra de Dios.

Por eso, en una ocasión en que esperaban de nuevo delante de la casa para recibir limosna material, los hice entrar a todos, ordenando que en un lado se ubicaran los mayores y en el otro la gente joven. De inmediato comencé a plantear amablemente a los más jóvenes, preguntas del catecismo de Lutero sobre el fundamento de su cristianismo, haciendo que los mayores escucharan. Dediqué a esa catequización solo alrededor de un cuarto de hora, finalizando con una oración, y procediendo luego a distribuir los bienes según era costumbre, agregando la propuesta de que de esta manera, en un futuro, siempre recibieran simultáneamente lo espiritual y lo material, exhortándolos a venir siempre los jueves a mi casa, lo que ellos, de hecho, hicieron. Esto se inició a comienzos del año 1694.[186]

---

[186] "Segensvolle Fußstapfen des noch lebenden und waltenden liebreichen und getreuen Gottes" 170–1709. La traducción del pasaje la encontramos en ZORZIN Alejandro, *Curso de ubicación histórica*, Buenos Aires 1998, pág. 315s.

Parte del trabajo pietista para la edificación del Reino de Dios eran asimismo los esfuerzos de los misioneros. Los luteranos fundaron misiones en la India, los hermanos moravos mandaron sus misioneros también a África y América del Norte e influyeron, además, en este aspecto, en John Wesley y las actividades misioneras del "pueblo llamado metodista".

Ya sabemos que, en esta época de renovación religiosa, se vuelve a percibir la carta como medio apropiado para la cura de almas. En la época del pietismo experimentó un auge significativo la producción de literatura religiosa para la vida espiritual de los laicos. Hasta hoy en día, los devocionarios, los libros de oraciones y de textos piadosos, cumplen con su función de cura de almas para el lector, más que nada en aquellas regiones del mundo donde las iglesias protestantes son pequeñas y escasean las posibilidades de hablar directamente con un pastor o una pastora, o asistir a un culto evangélico.

El pastor Federico Fliedner, en sus viajes por España a los fines del siglo XIX, siempre llevaba consigo algunos tratados de esta índole. En sus memorias relata cuánto éxito tenían estos escritos entre los presos con los que tuvo que compartir unos días el calabozo en El Espinar[187].

Desde el principio del cristianismo, se solían leer ciertos pasajes de la Biblia con frecuencia para el fortalecimiento de las congregaciones. La intención de la mayoría de las cartas del Nuevo Testamento era que fueran leídas públicamente. El salterio, desde siempre, era el devocionario de los laicos, a menudo en ediciones especiales. Muy temprano se usan las actas de los mártires y las hagiografías como alimentación espiritual. Conocemos las "oraciones místicas" de Anselmo de Canterbury. *Los libros de horas* alcanzan su máximo esplendor entre 1350 y 1480, en el tramo final de la Edad Media. Son textos de oraciones para laicos, más cortos que los que utilizaban los clérigos e ilustrados –en muchas ocasiones– con mayor calidad. Se usaban confesionarios para memorizar las reglas para confesar y confesarse. "Ars moriendi" –el arte de morir– era el título o la finalidad de muchos libros religiosos que tenían como objetivo el bien morir, según la fe cristiana. Empezaron a escribirse hacia los siglos XIV y XV, y desaparecieron hacia finales del siglo XIX. Ya mencionamos

---

187 *Memorias de la familia Fliedner*, edición de textos originales preparada por Ana RODRÍGUEZ DOMINGO, Barcelona 1997, pp. 82 ss.

el devocionario más difundido de la época de la devoción moderna: la "Imitación de Cristo" de Tomás de Kempis. También la contrarreforma produjo una amplia literatura de devoción para los laicos. Además de Ignacio de Loyola, se puede nombrar al místico Pedro de Alcantara y al patrono de los escritores y periodistas, el francés Francisco de Sales.

El género de los devocionarios pietistas empieza con el satírico obispo inglés José Hall (1574-1656), un reconocido predicador de su época. *Ocasional Meditations* es el título de una composición de relatos en los que este anglicano, tocado por el puritanismo, parte de observaciones de la naturaleza o de la sociedad para llegar a sus conclusiones piadosas, que invitan al lector de meditar su vida bajo la gracia del Dios trino.

El pastor y destacado cura de almas Christian Scriver sigue a Hall en este género y publica *Gottholds Zufällige Andachten* (1663-1671). En el prefacio a estos cientos de devocionales ocasionales de un cierto Gotthold –un personaje con rasgos autobiográficos– explica Chr. Scriver algo de su metodología:

"Para mí la gracia de Dios es nueva todas las mañanas. No puede satisfacerme mirar la grandeza de mi Dios, no solamente en el firmamento, en el cielo precioso y en otras criaturas majestuosas, sino también en los más pequeños y humildes. A mí me pasa a menudo como a una gallina que frecuentemente encuentra un granito en un estercolero..."[188].

Partiendo de la adoración al Dios creador, estos devocionales pietistas cambian de óptica, tomando un ángulo cristocéntrico, y llegan a una observación espiritual en la que los objetos materiales se convierten en símbolos. Los devocionales cobran de esta manera un carácter emblemático. En la cura de almas, estas "meditaciones accidentales" tienen el efecto de liberar el alma del lector, condicionada por sus problemas y su encerramiento; y la lleva a distinguir, de nuevo, la grandeza de la creación y de la gracia de Dios con sus resultantes posibilidades renovadas.

Más allá apuntar a la disciplina de una lectura bíblica hecha con regularidad, los leccionarios (*Losungen*) de la iglesia Morava buscan un efecto

---

188 http://heidi.ub.uni-heidelberg.de/volltextserver/volltexte/2003/3118/pdf/UBDis031.PDF el, 18 de octubre 2008.

parecido. Los leccionarios son una selección diaria de dos versículos bíblicos, uno del Antiguo Testamento y otro del Nuevo Testamento. Los dos versículos están relacionados el uno con el otro. Los leccionarios fueron creados en el año 1731 y, desde entonces, se vienen publicando en forma de un librito que se edita anualmente en más de 50 idiomas. La persona que usa los leccionarios diariamente como alimentación de su fe, por la elección casual de los textos, es llevada a percibir la riqueza de la palabra de Dios. No se enfoca solamente en los textos que supuestamente tratan de su situación personal concreta, sino que deja trasladar su alma al campo amplio de las muchas facetas de la liberación efectuada por la gracia de Dios.

Los devocionarios pietistas representaron, junto a la Biblia, la lectura más importante del pueblo. Acompañaron al lector y a la lectora cristianos por toda su vida y acuñaron la vida piadosa y moral y la fe de muchas generaciones. Se dirigen entonces a personas cristianas y no son misioneros propiamente dichos, sino que apuntan a alimentar y a fortalecer al que ya es creyente.

El Aposento Alto (*The Upper Room*) es la guía devocional de mayor circulación en el mundo. La idea de este librito nació en el año 1935, pero sigue la línea de los devocionarios pietistas desde el siglo XVII. En cada página se encuentra un pasaje bíblico, un versículo bíblico, una meditación relacionada con el pasaje bíblico, una oración breve, un pensamiento para el día y una sugerencia para intercesión. Todas las publicaciones de El Aposento Alto (73 ediciones en 44 idiomas), al igual que las de los leccionarios, apuntan a manifestar y afirmar la naturaleza global y ecuménica de la comunidad cristiana pietista.

Para la *poiménica* surge la pregunta por la globalidad de la cura de almas. ¿La cura de almas es ecuménica, inclusive transcultural, traspasando los límites de las mismas religiones?
Más abajo volveremos sobre estas preguntas que nos plantea el pietismo en su afán de extenderse mundialmente.

7. 2. La cura de almas en la Ilustración

Las corrientes del pietismo, hasta donde llegaron a los corazones y a las mentes de la gente, unieron al creyente con Dios de forma muy íntima y personal. Las personas entregaron sus vidas a Cristo con afecto y dedicación y, a menudo, sacrificando la razón y la vinculación con el mundo real

La ilustración, al contrario, si no se rindió directamente al ateísmo, intentaba encontrar a Dios por medio de la lógica y en una relación inteligente con los fenómenos de este mundo. Al igual que el pietismo, la ilustración rechazaba la autoridad eclesiástica institucionalizada como indispensable en asuntos religiosos. Se puso énfasis en la autonomía intelectual del individuo.

El hombre del "siglo de las luces" pensaba que todo se puede entender por la razón y que no había nada que no fuera accesible a la inteligencia humana. Lo que no parecía razonable se rechazaba como superstición inútil. De esta manera, rechazaron el valor general de las verdades reveladas de las religiones, entre las que no diferenciaron mucho, aunque las toleraron como asunto particular de cada persona.

Sin embargo, los ilustrados defendieron la idea de la religión como algo que pertenece a la naturaleza del ser humano. Una religión racional forma parte de la humanidad. Su lugar, más bien su punto de referencia, es, según Immanuel Kant, la razón práctica. Por la ley moral, que se encuentra innata en el ser humano, deduce Kant la idea de un ser superior. Son cinco las verdades fundamentales que forman esta religión:

a) Existe un Dios, que para los deístas ilustrados era el ser supremo, que lógicamente tenía que existir como creador y garante del funcionamiento del mundo y sus leyes, pero su existencia pertenecía a un nivel tan alto y distante del mundo que el ser humano no entendía la divinidad, ni podía entrar en contacto directo con ella.

b) Hace falta una forma de culto a este ser supremo.

c) La virtud es el centro de este culto.

d) Puede que se dé la necesidad del arrepentimiento.

e) Habrá una recompensa en una vida eterna.

También en la *poiménica* reinaba la razón. Si leemos la respuesta de Immanuel Kant (1724-1804) a la pregunta ¿qué es la Ilustración?, ya tendremos una idea de la base de la cura de almas ilustrada. Escribe Kant en el año 1784:

"La ilustración es la salida del hombre de su minoría de edad. Él mismo es culpable de ella. La minoría de edad estriba en la incapacidad de servirse del propio entendimiento, sin la dirección de otro. Uno mismo es culpable de esta minoría de edad cuando su causa no se basa en un defecto del entendimiento, sino en la falta de decisión y ánimo para servirse con independencia de él, sin la conducción de otro. **¡SAPERE AUDE!** ¡Ten valor de servirte de tu propio entendimiento! He aquí la divisa de la ilustración"[189].

El teólogo suizo Karl Barth comenta esta definición[190]: "La ilustración es un concepto que se basa en una fe que presupone la omnipotencia de la facultad humana".

La otra convicción de la fe ilustrada era el optimismo de que la naturaleza era una especie de máquina perfecta que funciona bien en todo y que la historia es la evolución progresiva de la humanidad en su camino a la perfección[191]. La escatología ilustrada se reducía a la esperanza de una sociedad justa que satisficiera toda necesidad humana; es decir, una especie de paraíso en la tierra.

Entre estos dogmas críticos racionales se practicó la cura de almas en el ámbito de la ilustración. Como en el pietismo, la persona del cura de almas ilustrado es un consejero en todas las cuestiones de la vida, desde lo más cotidiano hasta las últimas preguntas existenciales. El cura de almas tenía que ser una persona que, en todos sus aspectos, pareciera segura, representando los valores que quiere transmitir a su feligresía. En el trasfondo del optimismo ilustrado y su racionalismo, la cura de almas tomó un fuerte sabor a consejería práctica, racional, apostando por las fuerzas inherentes del ser humano que había que activar, para que se sirviera de su propio entendimiento.

La cura de almas ilustrada se preocupa por la mayoría de edad del individuo, exhortándole a salir de "su minoría de edad" de la que él mismo era culpable y le exige el uso de la propia razón sin la dirección de otro.

---

189 KANT, Emmanuel, "¿Qué es Ilustración?" en *Filosofía de la Historia*, 1784. El texto encontramos en http://www.inicia.es/de/diego_reina/moderna/ikant/que_es_ilustracion.htm, el 1 de octubre de 2009.
190 BARTH, Karl, *Die zwei Wege der katholischen Theologie*, 1926.
191 Esta convicción se expresa, por ejemplo, en la bien conocida frase de Emmanuel Kant: "Dos cosas llenan el ánimo de admiración y respeto, siempre nuevos y crecientes cuanto con más frecuencia y aplicación se ocupa de ellas la reflexión: *el cielo estrellado sobre mí y la ley moral en mí*". (*Crítica de la Razón Práctica*, Conclusión).

La pecaminosidad humana no se percibió como algo tan grave que la moralidad implantada con la religión natural no la pudiera superar.

La finalidad de la cura de almas de los pastores ilustrados es el mejoramiento moral de su feligresía. La cura de almas es, a la vez, un deber de todos los cristianos y toma carácter de enseñanza pública, apuntando al mejoramiento del estado moral e intelectual del pueblo.

7. 3. Friedrich Daniel Ernst Schleiermacher (1768-1834)

Recién en el siglo XIX surge una ciencia de cura de almas teóricamente fundamentada. Con Friedrich Daniel Ernst Schleiermacher empieza una nueva época en la historia de la *poiménica*. Schleiermacher es el fundador de la teología práctica como ciencia teórica independiente, y una de las materias de ella es la *poiménica*.

La cura de almas, según Schleiermacher, se dirige al individuo que, por razones diversas, ha caído fuera de la comunidad de la iglesia. La finalidad de la cura de almas es la reintegración de este individuo a la congregación. La cura de almas es una ayuda para que el individuo pueda volver a "la identidad con la totalidad". El cura y la curadora de almas se vuelven verdaderamente pastores que se dedican a buscar las ovejas perdidas, por diversas razones, y a conducirlas de vuelta al rebaño. Las razones que alejan a un miembro de la comunidad pueden ser de carácter diverso, desde una desgracia que sacude la vida hasta unas dudas existenciales que ponen en peligro la fe. El trabajo del cura de almas para recuperar un miembro, separado de la comunidad por sus problemas y la crisis que está viviendo, pasa por el aumento de la emancipación espiritual de la persona en conflicto. Schleiermacher puso especial énfasis en la libertad y en la autonomía del miembro individual de la iglesia local, cualidades que la cura de almas tenía que fortalecer. El concepto de Schleiermacher pone la base para los conceptos *poiménicos* del siglo XX.

Veamos, pues, un poco más de cerca las ideas de este teólogo destacado que intentaba combinar el racionalismo de la ilustración con el énfasis en lo afectivo del pietismo. El romanticismo alemán, en cuyos círculos berlineses Schleiermacher se movía, sostenía que el ser humano era mucho más que la pura razón fría y calculadora de la ilustración. Mientras Immanuel Kant, como leímos en el capítulo anterior, había basado la religión en la razón práctica, Friedrich Daniel Ernst Schleiermacher la basa en el afecto. El afecto, no en sentido psicológico moderno, sino que, para Schleiermacher, el afecto significa lo opuesto al conocimiento. En sus *Discursos sobre la religión dirigidos a sus menospreciadores cultivados*[192], del año 1799, Schleiermacher explica a sus lectores postilustrados que la religión no es un conocimiento de alguna ortodoxia biblicista –en esto está de acuerdo con la ilustración– ni tampoco es una especie de moral, por más ilustrada que esta fuera, sino que la religión es afecto; es decir, un sentimiento profundo que nos lleva a percibir la existencia de Dios, creador y fundamento de todo lo que hay. La religión es "sentido y gusto de lo infinito", es la percepción de dependencia absoluta. Al teólogo no le interesan de los hechos empíricos, por ejemplo, de la creación; los datos objetivos son objetos de las ciencias, pero el teólogo se dedica al análisis descriptivo de las experiencias religiosas que los mitos resumen.

Importante para la *poiménica* es que, según Schleiermacher, la religión enseña al ser humano su ubicación en el mundo. Esta ubicación encuentra, más allá de los efectos de sus actividades y más allá de los datos de su conocimiento, en la experiencia religiosa de una relación incondicional, en la percepción de esta dependencia absoluta de Dios, su creador. El pecado, por tanto, es el intento del hombre de vivir independientemente de esta relación con Dios. Distinguimos la cercanía de la mística cuando escuchamos a Schleiermacher explicar la religión como una participación del individuo en lo infinito. Mientras el dogma solo constituye el marco de lo religioso, la manifestación superior de la religión es, para Schleiermacher, como en la mística, el sentir y el experimentar directo de la dependencia total del ser humano de su Dios.

La teología de Schleiermacher es el intento de superar la ilustración por un lado y el pietismo, por el otro, y, a la vez, unir los dos en un nivel superior. En *poiménica* este concepto lleva a su autor a definir la cura de

---

192 SCHLEIERMACHER, Friedrich Daniel Ernst, *Sobre la religión. Discurso a sus menospreciadores cultivados,* Madrid, 1990, original 1799.

almas como una ayuda al individuo en su singularidad y, a la vez, como un apoyo en el proceso de su integración en la comunidad cristiana. Schleiermacher vincula la cura de almas a la eclesiología y le da contenido cristiano. Después de los enfoques de la *poiménica* pietista, por un lado, y de la ilustración, por el otro, la cura de almas de Schleiermacher se reduce al sentido estricto de una *CURA ANIMARUM SPECIALIS;* es decir, a la ayuda al individuo en su situación de crisis. La idea de una pecaminosidad total del ser humano, que solamente la gracia plena de Dios puede superar, se ablanda por el énfasis que Schleiermacher pone en la dignidad que atribuye a cada persona.

De la *poiménica* ilustrada queda la tarea de aumentar la libertad espiritual del individuo. Cura de almas es una entrevista con el individuo por medio de un consejero, normalmente el ministro, con la finalidad de que pueda ver sus asuntos bien claros y llegar a una decisión propia. La cura de almas, en este sentido, es una especie de ayuda a la autoayuda.

Como herencia pietista de los hermanos silesianos queda el enfoque de la cura de almas como preocupación por la salvación individual de aquellos miembros de la iglesia que han caído fuera de la identidad de la comunidad eclesial. En este sentido, la cura de almas se sirve de conceptos pedagógicos de catequesis. La cura de almas, en la *poiménica* de Schleiermacher, tiene esta doble función: apuntar a la emancipación y a la autonomía del paciente para que llegue a una identidad con, y una integración a, la vida de la comunidad.

Partiendo de Schleiermacher la cura de almas protestante, en los siglos XIX y XX, se entiende casi exclusivamente como ayuda e intervención en problemas concretos del individuo. Procura reparar los déficits del individuo que amenaza con desaparecer de la comunidad por problemas personales o existenciales como aparecen, por ejemplo, en situaciones cercanas a la muerte, encarando una enfermedad, una desgracia, etc. La *poiménica* se apoya en los conocimientos de la cultura y de las ciencias. Se caracteriza por un optimismo que cree en un mundo en progreso en el que se puede realizar una parte del Reino de Dios. La cura de almas, en general *(CURA ANIMARUM GENERALIS),* cae en las iglesias evangélicas en el olvido, mientras que en la Iglesia católica se mantiene el concepto de una pastoral más amplia. La cura de almas protestante es la preocupación por la identidad del individuo, libre de toda dominación alienante, participando de la comunidad eclesial donde se comparte la religión como sentir y gustar de lo infinito. Como consecuencia, Schleiermacher puede exigir que

"… Toda cura de almas debe dejarse reducir a la acción de edificación de la congregación y a la preparación de lo venidero"[193].

Concretamente, la tarea del pastor es ayudar a su paciente a percibir cualquier situación problemática o de aflicción como una situación frente a Dios con el consuelo y el apoyo que esta ubicación significa.

El concepto de Schleiermacher marca un paso importante en el desarrollo de la *poiménica*. Su énfasis en el individuo y su propia responsabilidad en asuntos de la fe terminan con cualquier forma de obligaciones o imposiciones desde afuera. La cura de almas deja de centrarse en la confesión obligatoria. El pastor ya no tiene ninguna autoridad para meterse en los asuntos de su feligresía. Su tarea empieza cuando se le acerca un miembro de su congregación con una solicitud de ayuda bien definida y limitada, y su trabajo consiste en ayudar a esta persona a aumentar sus capacidades para escuchar ella misma su conciencia con la ayuda de la palabra de Dios. Cada cristiano es su propio sacerdote, responsable de sus asuntos espirituales, libre de consultar al pastor o a cualquiera de sus hermanos en la fe.

Esta concepción conlleva algunas pautas metodológicas. Cura de almas toma la forma de una entrevista pastoral en una relación de igualdad entre ayudante y ayudado. El cura de almas tiene que respetar la individualidad de su interlocutor. No se impone nada, sino que se busca una solución que, para el otro, es el camino adecuado en su problemática personal. En la charla pastoral no cabe ninguna forma de presión o exigencia de parte del cura de almas. No es él que sepa el camino para su interlocutor, sino que es un diálogo entre personas adultas con los mismos derechos en el que se busca en común una salida para la situación problemática que agrava la vida del que consultó al otro, del que espera un consejo. El que asume la tarea de ser cura de almas, sea como pastor, sea como laico, no trata con niños espirituales, sino que puede dar; por supuesto, la libertad y la independencia

---

193 SCHLEIERMACHER, Friedrich Daniel Ernst, *Die Praktische Theologie, Sämtliche Werke*, tomo 13, Berlín 1850, p. 445. (La traducción es mía).

de sus interlocutores, no tiene que proclamar nada. La revelación del Dios amoroso, que se preocupa de los seres humanos en una relación indestructible, la que Jesucristo trajo al mundo, es el presupuesto de la cura de almas protestante.

7. 4. El concepto *querigmático* de cura de almas

La teología dialéctica surgió en Europa central después de la Primera Guerra Mundial y fue adquiriendo importancia hasta después de la segunda guerra, como respuesta al fracaso de la teología liberal en su unión con los valores culturales, frente a la inhumanidad de las guerras y la dictadura fascista.

A la teología dialéctica, cuyo representante más conocido es el teólogo reformado Karl Barth, le cayó sospechosa todo tipo de teología que se vinculase con un adjetivo de contenido filosófico, político o lo que fuera. La teología se concentró en sí misma, poniendo hincapié en la dialéctica entre Dios y el mundo, iglesia y sociedad, teología y ciencia, etc. Mientras Schleiermacher en sus *Discursos sobre la religión dirigidos a sus menospreciadores cultivados*, justamente se esfuerza en explicar la religión a las personas cultas, a la élite de la sociedad, con la idea de tender un puente entre ciencias, cultura y religión, la nueva teología del siglo XX pone el acento en la distancia entre Dios y el mundo. La palabra misma "religión" cobra connotaciones negativas. Religión es cualquier intento humano de apoderarse de Dios, y, por lo tanto, es pecado.

En la teología práctica, el suizo Eduardo Thurneysen es el representante más destacado de esta teología dialéctica. Procura una pura dedicación a la proclamación del evangelio en todos los campos: la enseñanza, la liturgia, la predicación e incluso la cura de almas[194]. Otro representante de esta línea, el luterano Hans Asmussen, uno de los padres de la Iglesia confesante en Alemania, la definió así:

---

194 Thurneysen, Eduard, *Rechtfertigung und Seelsorge,* 1928.
Thurneysen, Eduard, *Die Lehre von der Seelsorge,* Zollikon, Zúrich 1946.
Thurneysen, Eduard, *Seelsorge im Vollzug,* Munich 1968.

"Por cura de almas, no se entiende la proclamación que se realiza en la congregación, sino que se entiende por ella la charla de cara a cara en la que, en este cara a cara, se anuncia el mensaje al individuo"[195].

Siguiendo este concepto de la teología dialéctica, Eduardo Thurneysen explica: «Cura de almas es "alcanzar al individuo con la palabra de Dios"[196], acercar la "proclamación... a la vida del individuo". En la cura de almas, la proclamación toma "la forma del diálogo que persigue, caso por caso, a la persona individual y se dedica a ella"»[197].

Citamos a continuación algunas frases del libro *"Die Seelsorge"* (*La cura de almas*) de Hans Asmussen con la intención de presentar aspectos de la *poiménica* de la teología dialéctica. Asmussen afirma:

"La cura de almas siempre tiene que ver con el perdón al pecador. Por eso en la cura de almas se trata de la ira de Dios y su abandono"[198].

La situación del ser humano frente a Dios es una situación muy seria, preñada de angustia y temor. Muchas veces, a las personas les falta esta seriedad. Demasiado fácilmente pasan por encima de la gravedad de la situación. Pero a partir del comienzo del siglo XX, más concretamente después de la guerra mundial, para mucha gente "la cara apartada de Dios" se ha vuelto "una realidad atemorizante". Este juicio negativo respecto al mundo y respecto a los seres humanos en sus fracasos, tiene que ser el tema primordial en todo encuentro de cura de almas. Es más importante aclarar bien esta situación de juicio que perder tiempo dando vueltas y vueltas con el fin de preparar un ambiente favorable en el encuentro entre el cura de almas y su paciente. Asmussen destaca:

"Si se logra en la cura de almas dar testimonio de la ira de Dios en el momento justo, se genera un movimiento de combate con Dios y conmigo mismo; en esta lucha, yo el pecador intento disuadirme a mí mismo y a Dios"[199].

---

195 Hans Asmussen, *Die Seelsorge*, Munich 1937⁴, p. 15. ("Unter Seelsorge versteht man nicht diejenige Verkündigung, welche in der Gemeinde geschieht, sondern man versteht darunte das Gespräch von Mann zu Mann, in welcher dem einzelnen auf seinen Kopf zu die Botschaft gesagt wird").
196 Thurneysen: 1946, p. 9. ("Ausrichtung des Wortes Gottes an den Einzelnen", la traducción de todas las citas es mía).
197 Thurneysen: 1946, p. 58.
198 Asmussen: 1937⁴, p. 26.
199 Asmussen: 1937⁴, p. 29.

En este combate se lucha por la gracia, por el perdón. Pero tiene que ser una lucha de verdad, con toda sinceridad. Asmussen subraya: "Por sinceridad de la lucha se entiende la promesa de que Dios quiere acercarse a mí"[200].

El evangelio anuncia que Dios, por su dignidad y por la de su hijo Jesucristo, quiere abandonar su ira y apiadarse del pecador, siempre y cuando a Él le parezca bien. El indulto del pecador le lleva a la conversión, a un cambio, que ninguna metodología humana puede lograr. Esta conversión es "un cambio real en la vida concreta hacia Dios, apartándose de sí mismo"[201], produciendo una enemistad con el mundo. La persona cambió de bando, el reino de Dios irrumpió en el mundo.

La cura de almas de la teología dialéctica toma la forma de un apoyo en la lucha individual de una persona contra su apego al dominio de este mundo, hacia una nueva existencia según las reglas del reino divino.

Pero el fin último en esta lucha no es el individuo en su singularidad. No se busca un camino hacia la autonomía del ser humano, sino que más bien se trata de alcanzar con el mensaje evangélico, hasta al último de los seres humanos perdidos, para recuperarlo y "alistarlo" en el ejército de los salvados. La finalidad última es abarcar a todos con el mensaje evangélico formando así la comunidad de los que escuchan aquella palabra que juzga y justifica.

Rolf Schieder, un teólogo posmoderno, cuyo concepto de cura de almas posmoderno conoceremos más abajo, critica a Eduardo Thurneysen por esta inclinación hacia una uniformidad espiritual, pero también critica a una cura de almas terapéutica que surgirá después de Thurneysen y que se valdrá del instrumental psicoterapéutico:

«A Thurneysen, el individuo le era todavía sospechoso. Él quería situarlo en la comunidad, a la que le gustaba describir con metáforas militares. La "cura de almas terapéutica", sí se preocupa por el individuo, pero bajo puntos de vista médico-patológicos. Justamente esta "normalización del individuo" ya no se puede realizar bajo condiciones posmodernas»[202].

---

200 Asmussen: 19374, p. 32.
201 Asmussen: 19374, p. 33.
202 SCHIEDER, Rolf, *Seelsorge in der Postmoderne,* en WzM 46, 1994, p. 36.

Con esta cita entramos en las controversias que estallaron en la segunda mitad del siglo XX sobre la *poiménica* dialéctica. El ámbito marcial en el que la teología dialéctica sitúa la cura de almas, repugnó a las generaciones siguientes. Los ataques directos, con la Biblia en la mano, contra los puntos débiles de sus pacientes parecían poco aptos para crear un ámbito favorable a una cura de almas que requiere confianza y apertura entre pastor y paciente. Para poder recibir el buen mensaje del evangelio para su vida y para su problemática actual, la persona en busca de ayuda necesita ser preparada y recibida en su singularidad y dentro de las pautas personales en que percibe su problemática. El mismo Eduardo Thurneysen, en un texto de sus últimos años, reconoce la importancia de la psicología para la cura de almas, pero le pone límites firmes:

"La cura de almas precisa de la psicología, como una ciencia auxiliar, que sirve para la investigación de la naturaleza interior de la persona y que puede transmitir este conocimiento. Ella tiene que limitarse críticamente frente a los presupuestos de una visión del mundo ajena a sí misma, que la acompañan (a la psicología) y que perturban el concepto del ser humano propio de ella, procedente de la Sagrada Escritura"[203].

Indudablemente el mérito de Turneysen es haber rescatado la importancia de la cura de almas para la teología práctica. Por más que subrayó la pura proclamación del evangelio como tarea de la cura de almas, más tarde el mismo Turneysen reconoció la importancia de la dedicación al otro y la aceptación de su mundo para facilitarle la palabra de Dios.

Pero, primeramente, para Thurneysen vale,

"que en la cura de almas se trata de la proclamación del evangelio, de predicarlo en el sentido más amplio de la palabra. Porque el acto de la proclamación, es decir, la predicación, es el objeto verdadero de toda teología práctica"[204].

La predicación del evangelio es la esencia del trabajo de cada pastor o cristiano comprometido. Este es el concepto de los teólogos de esta primera mitad del siglo XX. Posteriormente, se percibe un cambio de paradigma: antes de los años 60 del siglo pasado el término la "proclamación del

---

203 THURNEYSEN: 1948, p. 174 (la traducción es mía).
204 THURNEYSEN: 1948, p. 9 (la traducción es mía).

evangelio" era el *Leitmotiv* no solamente de la homilética, sino también de la *poiménica* o más bien, de toda la teología práctica. Después habrá un cambio y se impondrá el término "cura de almas" como *Leitmotiv* de la teología práctica. En la liturgia, y también en la homilética, se procurará acentuar los aspectos de cura de almas. La predicación, por ejemplo, tomará la forma de una cura de almas con los oyentes. La clase de confirmación, o el grupo de jóvenes, ofrecen espacios para los problemas de los participantes. No se insiste más en el aprendizaje de versículos bíblicos o en la memorización de los mandamientos, sino que con métodos de dinámica de grupo, se invita a compartir las propias experiencias de la vida. Parece que, al principio del siglo XXI otra vez se está produciendo un cambio en el acento de la teología práctica. Hoy en día incluso se puede hablar de una "búsqueda de espiritualidad" como el nuevo Leitmotiv de la teología práctica. Volveremos a estos temas más adelante.

LA CURA DE ALMAS HOY

§ 8 Cura de almas y cura psicológica

Desde sus principios, la teología práctica se valía de la psicología, como ciencia independiente, como una herramienta[205], no solamente para la *poiménica*, sino también para la pedagogía. Se recurría a la psicología en todo el trabajo pastoral, donde se precisaba un conocimiento del ser humano lo más amplio posible[206].

Mientras la psicología se limitó a proporcionar datos para la mejora del conocimiento del ser humano, apenas hubo problemas con la cura de almas. La discusión entró en otra dimensión, cuando, con el psicoanálisis, apareció todo un concepto de terapia o "cura psicológica" que, para muchos, parecía entrar en competencia con la clásica cura de almas de las iglesias.

Si hoy en día se tiene que luchar para rescatar la cura de almas como concepto tradicional[207] es también porque la palabra "cura" y más "cura de almas" despierta asociaciones negativas. En los ámbitos evangélicos, se piensa en la persona ambigua de un cura católico y, en general, fuera

---

205 Muy instructivo sobre este tema es la aportación de Dietrich Rössler, Seelsorge und Psychotherapie, en Friedrich Wintzer (ed.), Praktische Theologie, Neunkirchen 1997, pp. 122-133.

206 Así recomiendan el estudio de la psicología p. ej. Heinrich Adolf Köstlin, Die Lehre von der Seelsorge nach evangelischen Grundsätzen, Berlín 1895; y Karl Knoke, Grundriss der Praktischen Theologie, Gotinga 1886.

207 Cf. Heise, Ekkehard, *Cura de almas, el rescate de un concepto tradicional,* en Cuaderno de Teología, VOL. XVIII, Buenos Aires 1999, pp. 115-127.

de los círculos eclesiásticos, aparece la imagen de un juez que condena pecados según una moralina mojigata. Poco queda de la sabiduría de los anacoretas del desierto o del entendimiento profundo de los problemas humanos de los grandes guías espirituales. Parece que estas capacidades se atribuyen hoy, más que nada, a los psicoterapeutas. Son ellos los que, en nuestros días, corresponden al arquetipo del sacerdote. Son los curadores competentes de los pecados modernos que se visten de neurosis. Si la cura de almas de la Iglesia quiere alcanzar, con el evangelio, a la gente de este mundo, tiene que ofrecerlo de tal manera que el que lo busca pueda integrarlo en el horizonte de su vida.

A continuación, presentamos distintas formas bajo las que hoy en día la *poiménica* se vale de los conocimientos psicológicos y señalamos límites y, también, algunas desviaciones.

8. 1. El psicoanálisis

El psicoanálisis desarrollado por Sigmund Freud (1856-1939), a principios del siglo XX, intenta explicar la vida psíquica humana. Freud partió del tratamiento de enfermos psicosomáticos y luego desarrolló esta nueva forma de psicoterapia basándola en su obra teórica de psicología profunda. Partes de esta teoría son:
  - El concepto de las instancias psíquicas: el ello, el yo y el superyó.
  - El sistema de los impulsos inconscientes de la vida y los instintos: (la libido, instintos de la vida y de la muerte).
  - Las fases del desarrollo psíquico (formación del yo, complejo de Edipo).
  - El concepto de las neurosis.
  - La interpretación de los sueños.
  - La teoría de las interacciones (transferencia y contratransferencia).

La psicología profunda y su praxis, el psicoanálisis, ofrecieron importantes conocimientos y perspectivas a la cura de almas.

El pastor suizo Oskar Pfister (1873-1956) es a menudo denomina-
do "el primer psicólogo pastoral"[208]. Pfister, amigo de Sigmund Freud,
siempre hizo hincapié en la importancia del psicoanálisis, en todos sus
aspectos, para la cura de almas. Sin embargo, sus publicaciones apenas
encontraron eco en la teología. Al igual que Freud, al principio, se vio
rechazado por el mundo científico tradicional. El programa de Oskar
Pfister es de una "cura de almas analítica" (*analytische Seelsorge)[209]* en la
que la psicología no solamente es una herramienta para el conocimiento
del hombre, sino una herramienta de la misma teología práctica teniendo
en cuenta su tarea de cura de almas.

Oscar Pfister y Sigmund Freud se disputaban algunas cuestiones con-
trovertidas: eran problemas teóricos y prácticos que tenían que ver con la
cuestión de la indiferencia del analista frente a su paciente y la duración
de la terapia. Para el pastor suizo, al contrario que para el médico vienés,
el analista no debía mantenerse indiferente y distante frente a la persona
que requería su ayuda, sino que debía tener con sus pacientes una actitud
de calidez, más propio de la cura de almas que la terapia. Además, Pfister
optaba por los análisis breves, por lo cual fue criticado más de una vez
por los defensores de la ortodoxia metodológica que se inclinaban hacia
relaciones terapéuticas que se prolongan durante años.

Para Pfister, básicamente, la teología debía acercarse al psicoanálisis,
porque "ahí se encuentra una de las mejores posibilidades para superar la
incapacidad de la vieja teología, abstracta y escolástica, para responder a
las angustias del hombre moderno"[210]. Se trataba de restituir en el individuo "la capacidad de amar", y es ahí donde Pfister encuentra un nexo
entre la verdad del evangelio y el psicoanálisis.

La cura de almas analítica de Oscar Pfister, a principios del siglo XX,
no fue aceptada. La resistencia de los teólogos se basaba en el temor de
permitir que una ciencia no teológica examinase contenidos religiosos y

---

208 Así Reinhard Schmidt-Rost, "Oskar Pfister, Der erste Pastoralpsychologe", en Geschichte der
Seelsorge in Einzelporträts, ed. Christian Möller, TOMO III, Vandenhoek & Ruprecht Göttingen
1996, pp. 185-200. Cf. Domínguez Morano, Carlos, Sigmund Freud y Oskar Pfister. Historia de una
amistad y su significación teológica, Gráficas del sur, Granada, 1999.
209 Así el título de la obra más importante de Oskar Pfister del año 1927.
210 La cita la encontré en Domínguez Morano, Carlos, Sigmund Freud y Oskar Pfister. Historia de
una amistad y su significación teológica, Gráficas del sur, Granada, 1999, p. 148.

de la fe. E. Pfenningsdorf, en su Teología Práctica del año 1929, subraya que "Las ciencias auxiliares (*Hilfswissenschaften*) no deben determinar las tareas y normas de la teología". "Dicen solamente lo que es, no lo que debe ser"[211]. Se sospechaba que el psicoanálisis llevaba consigo conceptos que eran contrarios a la visión del mundo cristiano.

En especial, se rechazaba el rol dominante de la libido en el concepto freudiano y se criticó la desvalorización de la importancia del pecado como determinante de la condición humana[212]. Hasta hoy en día, hay unos pocos teólogos que, a menudo, se remiten a Eduardo Thurneyesen (representante de la teología dialéctica) y que se mantienen firmes en su argumentación en contra de una cooperación de la teología práctica con la psicología, más allá de una mera ayuda, por parte de la psicología, al conocimiento del interior del ser humano. La opresión del psicoanálisis por parte de los nacionalsocialistas en Europa central –muy distinta era la situación en los EE. UU.– obstaculizó su difusión en el viejo continente y esta es la segunda razón por la que, solo recientemente, se llevó adelante el diálogo europeo entre psicología y teología.

En Alemania, Joachim Scharfenberg fue quien –después de un viaje a los EE. UU.– abrió las puertas para un diálogo fructífero entre la teología y el psicoanálisis. Scharfenberg supo aprovechar la crítica de la religión de Freud para la teología. En el trabajo de Pfister sobre el amor, que influía hasta el concepto de la libido de Freud, Scharfenberg ve un proceso de "teologización de la psicología"[213]. De ahí Scharfenberg llegó a la creación de una psicología pastoral *SUI GENERIS*; es decir, una psicología que no es solamente el producto de una cierta línea de psicología aplicada y vinculada a la praxis pastoral.

El psicoanálisis también aportó aspectos interesantes a la teología sistemática[214] y a la exégesis[215]. La psicología profunda, siguiendo a Carl Gustav Jung, abrió aspectos muy interesantes en la interpreta-

---

211 Pfenningsdorf, Emmil, Praktische Theologie. Ein Handbuch für die Gegenward, TOMO I, Gütersloh 1929, p. 17.
212 Cf. W. Bunzel über Psychoanalyse und ihre seelsorgerliche Verwertung, 1926
213 Scharfenberg, Joachim, *Einführung in die Pastoralpsychologie, Gotinga* 19942, p.43. Scharfenberg habla de una "Theologisierung der Psychologie".
214 Para profundizar estos aspectos recomiendo, por ejemplo, *la lectura de Paul Tillich, Die theologische Bedeutung von Psychoanalyse und Existenzialismus, in Ges. Werke* 8, 1970, pp. 304-315.
215 Cf. Yorick Spiegel, *Doppeldeutlich. Tiefendimensionen biblischer Texte, 1978; y Yorick Spiegel/Peter Kutter, Kreuzwege. Theologische und psychoanalytische Zugänge zur Passion Jesu, Stuttgart* 1997.

ción bíblica de, por ejemplo, el excatólico, cura de almas y psicoterapeuta, Eugen Drewermann.

Ya de Martín Lutero se conoce una forma de trabajar la cura de almas que hoy en día en psicoterapia, se llama "activar imaginaciones alternativas ansiolíticas"[216].

Partiendo de la observación de que los seres humanos, en situaciones difíciles, necesitan más que nada imágenes de salvación, Lutero trabaja en su cura de almas, al igual que en sus predicaciones, contando con la capacidad de imaginación de sus oyentes.

En otro lugar, mencionamos el aspecto poiménico de la teología narrativa que pone hincapié en el relato personal del individuo[217]. Al contar su historia, hombres y mujeres, con o sin la ayuda de un experto, se dan cuenta de las huellas de Dios en sus vidas. Experimentan la historia personal como parte de la historia divina, sea en forma de juicio o en forma de consuelo. A menudo, usan imágenes para describir su relación con Dios, de manera muy particular e íntima. Estas imágenes son símbolos. Especialmente el miedo y la angustia de las personas se expresa en símbolos que son o individuales o colectivos.

Lo que Lutero hace es lo que se llama hoy, en psicoterapia, una "operación al símbolo". Él retoma las imágenes por las que se expresa la inseguridad, la falta de sentido, la resignación y las desdibuja, las corrige hasta que lleguen a ser imágenes positivas, salvíficas.

El hecho de que el evangelio combate enérgicamente las imágenes de la muerte, no debe producir lo que a menudo se observa en las entrevistas de cura de almas, pero más aún en las predicaciones de tantos predicadores: se representa el mundo de los sufrimientos, de la necesidad y del miedo con colores más fuertes y con más intensidad que la que después resultan tener nuestras imágenes de la gracia de Dios.

---

216 Klaus Winkler, Die Zumutung im Konfliktfall. *Luther als Seelsorger in heutiger Sicht, Hannover* 1984, p. 66.
217 Cf Heise, Ekkehard, Manual de Homilética Narrativa. ¿No ardía nuestro corazón? Huella de Dios en la calle, Madrid 2005.

8. 2. Del alma al núcleo de la personalidad

Antes, en una sociedad dominada por las tradiciones, la categoría central de la antropología era la de 'la conciencia'. La existencia de una "con-ciencia" presupone una autoridad exterior. En muchos aspectos, fueron las iglesias que determinaron los valores y los impusieron en un proceso de interiorización en el que cada individuo se hacía partícipe de estos valores. La conciencia exterior; o sea, la iglesia, tenía la autoridad de curar los problemas que surgían en las conciencias interiorizadas de los individuos. En la cura de almas de Martín Lutero, la conciencia interior gana valor. La responsabilidad que tienen las personas directamente frente a Dios adquirió importancia. También la mística, con su enfoque individualista de experiencias religiosas, se inscribe en esta línea. Así se entiende que el proceso de crecimiento y fortalecimiento de la conciencia individual empezó en aquellas épocas.

Durante muchos siglos, el ser humano era un ser regido por valores e ideologías ajenas a sí mismo. Friedrich Daniel Ernst Schleiermacher, padre de la teología práctica liberal, confiaba en la libertad del individuo para ser su propio curador de almas. Podía tener esta confianza porque conocía la firmeza de los valores interiorizados que dominaban a cada miembro de la iglesia. Cada cristiano puede ser su propio sacerdote, mientras viva con la iglesia asimilada a su conciencia.

A partir del siglo XX, bajo la influencia del psicólogo y psiquiatra suizo Carl Gustav Jung[218], la poiménica conoce la categoría del "sí mismo" como el núcleo individual de cada humano. C. G. Jung interpreta la persona de Jesucristo como el arquetipo del sí mismo, que cada ser humano tiene que adquirir y fortalecer en el transcurso de su vida.

En el concepto de Seward Hiltner del "sí mismo esencial" (*essential self*), aparecen los pensamientos de C. G. Jung como aportaciones fundamentales en la teología pastoral norteamericana. En Seward Hiltner, se nota también la influencia de la teología de Paul Tillich. Tillich trabaja con la categoría del "ser", como algo ontológico, existencial. El "ser

---

218 Carl Gustav Jung, 1875-1961, partiendo del psicoanálisis de Sigmund Freud desarrolló su teoría de la individualización que es la adquisición de una personalidad individual, proceso en la vida de cada ser humano, donde juegan un papel importante los arquetipos individuales y colectivos como elementos conscientes e inconscientes.

esencial", en Tillich, es el ser del hombre antes de la caída en el pecado (Gn 3). En Jesucristo se revela el *new being* (el nuevo ser) que solamente percibe la fe, frente al escepticismo histórico.

"Solamente la fe puede ser su garante porque su propia existencia está identificada con la presencia del nuevo ser. La fe es la evidencia directa (sin la intermediación de conclusión alguna) del nuevo ser en y bajo las condiciones de la existencia. Exactamente esto lo garantiza la fe"[219].

Seward Hiltner, en analogía con la argumentación de Tillich, habla del *"nuevo sí mismo en Jesucristo"*. La nueva criatura, como forma de vida, existe gracias a la obra salvadora de Cristo; o sea, es algo que el ser humano recibe desde fuera (*EXTRA NOS*) como regalo de Dios.

Sin embargo, la insistencia en el *essential being,* como el núcleo indestructible del ser humano, dado en la creación y considerado una fuente importante de todas las fuerzas positivas del hombre, es muy fuerte en la teología práctica liberal norteamericana. El movimiento de la nueva teología pastoral de los EE. UU. se dedica más que nada a estimular la recuperación y el crecimiento de este núcleo fuerte que es la personalidad de cada ser humano. Mientras en siglos anteriores, el problema de la cura de almas pasaba por el alivio de la conciencia cargada, los teólogos pastorales norteamericanos ven el problema básico del pecado en la alienación del ser humano de sí mismo, de lo que podría ser, según la voluntad de Dios. Se encuentra a Dios en el núcleo del propio ser del humano. De esta manera, la *poiménica* cobra un fuerte acento gnóstico, como si en la entrevista pastoral se tratase de la liberación de aquella chispa divina por medio de una iluminación gnóstica.

Un ejemplo de Venezuela: El Colegio de Capellanes de Venezuela invitó en el año 2007 a un postgraduado en teología y psicoterapia pastoral. R. Esteban Montilla explicó:

«El programa, siguiendo la herencia del Reverendo Antón T. Boisen (1936), tiene como principal libro de texto "los seres humanos"; es decir, nosotros mismo y nuestros semejantes en diferentes crisis de la vida. La reflexión formal sobre estas experiencias críticas nos da la oportunidad de pensar teológicamente y de desarrollar habilidades

---

219 Paul Tillich, Systematische Theologie, TOMO II, Stuttgart 1957, pp. 124-125 (la traducción es mía).

pastorales que nos permitan, de manera más efectiva, colaborar con Dios en su plan de restaurar Su imagen en los seres humanos.

Esta especialidad parte del hecho de que el ser humano es un ser integral e indivisible creado para vivir en comunión con Dios, con sus semejantes y con el resto de la creación. Por lo tanto, como seres relacionales podemos alcanzar una plenitud existencial al estar en conexión con el Creador, y con nuestros semejantes. Las dimensiones psicológicas, fisiológicas y sociales están ancladas y giran alrededor de la dimensión espiritual. Ya que, como dice el respetado investigador de la Universidad de Harvard Dr. Herbert Benson (1997), estamos programados para estar con Dios y nuestra tendencia a creer y adorar al Ser Supremo está enraizada en nuestra fisiología, e inscrita en nuestros genes»[220].

Donde una "tendencia a creer y adorar al Ser Supremo está enraizada en nuestra fisiología, e inscrita en nuestros genes", desaparece el aspecto del pecado como una ruptura total entre el ser humano y Dios. El pecado no es superado por un trabajo de redescubrimiento y de maduración humana, sino por la gracia de Dios en la obra de Jesucristo, que una vez para siempre venció al mal en su forma más cruel, la de la muerte.

Volvemos a los padres de la consejería pastoral norteamericana. Mientras, por ejemplo, en la cura de almas de Eduardo Thurneysen, Dios aparece como figura dominante de una parte importante del superyó, en el enfoque nuevo de Seward Hiltner, Antón T. Boisen y la teología pastoral norteamericana, Dios se vincula en un sentido más amplio con el núcleo de la personalidad. Por consecuencia, la finalidad del asesoramiento pastoral es el reencuentro del ser humano consigo mismo, la realización de sí mismo, el ganar la plenitud de la persona, la plenitud existencial", como promete el Colegio de Capellanes de Venezuela. La voluntad de Dios, según los teólogos norteamericanos, es la maduración y el crecimiento del ser humano hacia una vida plena. El consejero pastoral asesora, en este proceso, con herramientas que provienen, en su mayoría, de la psicoterapia de corte conductivista.

---

220 http://www.capellanes.com/especialidad.htm.

8. 3. La consejería pastoral centrada en el paciente

En la Europa central de la posguerra, hasta los años 60 del siglo pasado, reinaba casi sin competencia la teología dialéctica, con su crítica radical a la religión que tiende a mezclar a Dios y el mundo, la teología y las ciencias humanas y la palabra de Dios y las palabras. El concepto de cura de almas de esta teología lo llamamos anteriormente *querigmático*.

En los EE. UU. no se sentía tanto la influencia de esta corriente teológica, que era obviamente una respuesta a la rendición de la vieja Europa, con sus valores liberales, frente al fascismo y a las ideologías generadoras de guerras, incluyendo la guerra fría, que comenzó en los años 50. En los EE. UU. se creaba una teología de seguimiento de la teología liberal, abierta al intercambio con otras ciencias y optimista respecto a las posibilidades inherentes al mundo y al ser humano. En la teología práctica estadounidense nació una nueva preocupación por la cura de almas.

El padre de este nuevo movimiento es el pastor Anton T. Boisen, quien empezó en el año 1925, en el *Worcester State Hospital,* con un programa de capacitación de sus estudiantes especializado en la entrevista pastoral con enfermos. Pronto, este programa –el *Clinical Pastoral Training*– se impuso en la formación de los teólogos prácticos en América del Norte. Dietrich Stollberg, catedrático emérito de poiménica en Marburg, opina en el año 1970:

> «Después de una historia de más de 40 años, en la que no faltaron las discusiones duras con, más que nada, la teología tradicional, hoy en día se puede ver a este "movimiento de cura de almas" (Seelsorgebewegung) como la aportación americana más importante a la teología ecuménica»[221].

El énfasis que los consejeros pastorales norteamericanos ponían en el sí mismo del individuo, significaba en la praxis de la cura de almas: prestar atención a la historia individual de su interlocutor. A.T. Boisen expresa esta nueva apertura hacia lo individual con interés teológico como el estudio de la revelación de Dios por *living human documents* (documentos humanos vivientes)[222]. En este nuevo concepto, la cura

---

221 *Dietrich Stollberg, Seelsorge praktisch, Göttingen* 19713, (primera edición 1970), p. 9.
222 La cita está en Stollberg: 19713, p. 10.

de almas se dirige hacia la búsqueda de las huellas de Dios en la vida de cada uno de los seres humanos. Si se ponen los acentos en la búsqueda de las huellas de Dios en la vida del individuo y no en la recuperación del núcleo personal como algo divino, se evita el peligro del gnosticismo. Resulta ser un concepto basado en la teología de la encarnación. Con la esperanza de encontrar en el otro, en el ajeno, a Dios mismo (Lc 24:13 ss.), hay que escuchar cuidadosamente su relato. Este escuchar tiene que ser creativo y activo, en el sentido de ayudar al otro a que detecte la presencia de las huellas divinas en su propia historia. Hay que ayudarle a ver, lo que él mismo, por alguna razón –problemas, enojo, angustia, etc.–, todavía no puede ver. Se desarrolló la consejería pastoral centrada en el paciente.

La metodología del psicoterapeuta Carl Rogers (1902-1987) sostuvo el nuevo movimiento de cura de almas en los EE. UU. Carl Rogers fue uno de los pioneros de la "psicología humanística" y el creador del ECP, Enfoque Centrado en la Persona (*Person Centered Approach*). Partía de un enfoque muy parecido al de Boisen y otros curadores de almas. En el centro de la atención está el paciente con su historia. El relato del paciente mismo otorga el material con que trabaja la terapia.

Las obras más importantes para el estudio del concepto de Carl Rogers fueron traducidos al castellano. "Psicoterapia centrada en el cliente"[223], el título del año 1951, señala el programa. En el centro del proceso de curación está el paciente, no solamente como objeto de atención, sino también como sujeto de su crecimiento. Estos aspectos básicos de su metodología psicoanalítica, Carl Rogers ya los vislumbra en la obra que hemos mencionado anteriormente. En el año 1942, en el prefacio a "Counseling and Psychotherapy"[224] el psicoterapeuta agradece a sus pacientes lo que aprendió de ellos, diciendo:

"En su lucha hacia la madurez y el desarrollo personal, y a través de ella, nos han convencido de que creemos muy poco en la capacidad de maduración del individuo, en lugar de descansar en ella"[225].

223 Carl Rogers, Psicoterapia centrada en el cliente, Paidos, Buenos Aires, 1966; título del original norteamericano: *Client centered Therapy*, Boston, 1951.
224 Carl Rogers, *Counceling and Psychotherapy, Cambrigde, Mass.* 1942. Título en castellano. *Orientación psicológica y psicoterapia.* Conferencia pronunciada en la Universidad Autónoma de Madrid, 1978
225. Rogers: 1942, p. IX. En castellano Rogers 1978: p. 16.

El acento terapéutico está en el desarrollo de las propias capacidades de la persona respecto a su maduración y crecimiento. Para el contacto entre psicoterapeuta y paciente, en el que se apunta a este desarrollo, Rogers usa el término *counseling*. *Counseling* (consejería, asesoramiento) es psicoterapia; pero a la vez, la nueva denominación quiere indicar que la metodología está al alcance, no solamente de los psicoterapeutas profesionales, sino que es una forma de ayudar a las personas por parte de asistentes sociales, maestros, educadores y, como muestra la historia de su apropiación, de pastores y curas de almas.

La actitud que toma Rogers frente a sus pacientes se caracteriza por dos líneas:
- *Acceptance*, quiere decir la aceptación del otro sin prejuicios.
- *Non-directive*, que significa que el terapeuta no intenta imponer directivas en la vida de su paciente. El ayudado tiene la libertad y la responsabilidad de llevar su existencia según sus juicios. Rogers no quiere hacer de sus pacientes meros objetos de una terapia.

Esta actitud de Rogers se transmite, en las entrevistas que él tiene con sus pacientes, por la observación de ciertas reglas. En resumen, son las siguientes[226]:
- No moralizar. Como un médico, que trata a sus pacientes sin un juicio moral, el terapeuta también ha de abstenerse de juicios morales sobre las actuaciones, ideas, y pensamientos de sus pacientes. Los discursos éticos no tienen lugar en el proceso de escuchar el relato de un paciente.
- No generalizar. Cada paciente, con sus problemas, es un caso único. No se le ayuda diciéndole: "Lo mismo pasa a mucha gente".
- No interpretar el relato del paciente. No le sirve de nada saber en qué teoría encaja su actuación, sino que la sufre como algo existencial.
- No reaccionar sobre el contenido de lo escuchado, sino más bien el terapeuta ha de prestar atención a las emociones que acompañan a las palabras y las hace ver al paciente.

---

226 Si el lector desea estudiar la metodología de Carl Rogers más a fondo y, a la vez, ganar una cierta práctica en su uso, le recomendamos el material de estudio del SEUT: Heise, Ekkehard, Introducción a la Poiménica, Programa de Teología-Nivel 2, Área Teología Práctica, SEUT, El Escorial 2007.

La actitud recomendada por Rogers se guía por dos principios:

1. *The empathy*. La empatía: es la capacidad de entender, comprender y responder a la experiencia única del prójimo. Es un modo de abrirse, hasta tal punto que se siente como propia la experiencia vivida por el otro, colocándose "en los zapatos que el otro calza" o; dicho de otra manera, "intentando ver el mundo ajeno con los ojos del otro". La actitud consiste en reflejar empáticamente lo que el ayudante escucha del ayudado. El terapeuta formula para el paciente los sentimientos que este acaba de expresar en forma difusa y tal vez con cierta resistencia. De esta manera, el paciente pueda reflexionar sobre su situación y lo que significa para él. El paciente puede, con la base de las observaciones comunicadas por el terapeuta, ver su situación más claramente y reaccionar de manera adulta y madura.

2. *The frame of reference*. El marco de referencia. Se trata del sistema de pensamientos, imágenes y emociones del ayudado en un momento dado. Rogers no sale con sus respuestas de este *frame of reference* del paciente. Si pasara esto, si el terapeuta introdujera conceptos ajenos o propios, el interlocutor se sentiría malinterpretado, no entendido y la relación dialogal se rompería.

La *Client centered Therapy* resulta ser el modelo básico para la nueva cura de almas norteamericana, el *Pastoral Counseling*.

No se habla más de la cura de almas (*cure of souls*), sino que, con la orientación hacia la psicoterapia, se introduce un lenguaje algo diferente. El trabajo del cura de almas es ahora el *pastoral counseling* (el consejo pastoral o asesoramiento pastoral, como se dirá luego). El teólogo pastoral Anton T. Boisen, como vimos anteriormente, introdujo como obligatoria la *clinical pastoral education* (CPE), o *clinical pastoral training* (CPT), como parte de la formación de los teólogos norteamericanos. En esta "educación en clínica pastoral" (ECP), se aprende la metodología rogeriana y su aplicación al trabajo pastoral. Resumimos, aclarando los términos, con una cita de Dietrich Stollberg:

«El movimiento de cura de almas norteamericano se manifiesta como psicología pastoral (fundamento teórico), como "Clinical Pastoral Training" (formación práctica) por medio del así llamado "bedside-teaching", enseñanza al lado de la cama, y como la práctica del

Pastoral Counceling (consejería pastoral como una forma de psicoterapia pastoral)»[227].

En la medida en la que la consejería pastoral, como forma de psicoterapia pastoral, se estableció, surgieron preguntas acerca de la relación entre cura de almas y psicoterapia. A pesar del rechazo que encontró, en sus principios en Europa, el psicoanálisis como praxis curativa, su conocimiento teórico; o sea, la teoría de la vida interior del ser humano, sus instancias, los procesos, falencias neuróticas y desarrollos, adquirieron muy fácilmente el carácter de un conocimiento común con la teología práctica, a partir de los años 60 del siglo pasado. Mientras el aspecto terapéutico quedaba como una competencia no deseada para la cura de almas, la teología práctica se interesaba por los conceptos de las distintas escuelas psicoterapéuticas, como teorías sobre el desarrollo interior, psíquico del ser humano.

Entre psicoterapia y poiménica se estableció una relación que denominamos "de cooperación" entre dos ciencias autónomas. En un nivel teórico, el cura o la curadora de almas recibe una profundización de sus conocimientos sobre el ser humano. En la práctica, la cura de almas y la psicoterapia trabajan por caminos distintos. Ambas ciencias se acompañan críticamente, pero con la distancia que requieren sus prácticas diferentes.

El curador de almas puede aprender del psicoterapeuta algo acerca de la metodología de la charla individual. El psicoanálisis y las distintas psicoterapias otorgan unas herramientas útiles, pero no intervienen en la cuestión de los resultados de las charlas pastorales. Para la *poiménica* la psicología, en sus distintos ramos, sigue siendo una ciencia auxiliar que aporta conocimientos teóricos sobre aspectos interiores del ser humano y sobre la dinámica de la comunicación entre humanos.

En este sentido, la cura de almas europea adquirió los instrumentos del método de Carl Rogers y sigue usándolo en sus formas actualizadas. Las ideas nuevas entraron por los Países Bajos. Según el promotor holandés Heije Faber, la charla pastoral tiene dos etapas. Los diferentes métodos de la psicoterapia tienen su lugar más que nada en la primera fase de apertura.

"Esquematizando, y en general, podemos decir que una entrevista de cura de almas pasa por dos etapas. Primero, por un proceso de

227 *Stollberg*: 19715, p. 10.

arranque que dura más o menos tiempo, en el que el pastor ayuda, acompañando empáticamente el pensar del otro, para que éste tenga una visión más clara de su situación; y, en una segunda fase, se abre la perspectiva hacia Dios, cuando el que busca consejo se da cuenta de que está ante la luz divina y que hasta ahora de ninguna manera, o solo insuficientemente, se había dado cuenta de este hecho"[228].

Según Faber, la entrevista pastoral tiene una "dimensión propia"[229] que la define como cura de almas. Mientras la psicoterapia puede ayudar a que una persona llegue a sentir una cierta integridad y esté de nuevo en condiciones de participar de la vida cotidiana, no le ayuda a enfrentarse plena y abiertamente a las situaciones límite, como son la muerte, el sufrimiento, la lucha, la culpa. La psicoterapia puede reducir reacciones neuróticas, que nacen donde personas tienen que enfrentarse con estas situaciones existenciales, pero no sabe hacer nada más que ablandar el choque de ahí resultante. La cura de almas enseña el arte de vivir conscientemente la situación humana que se caracteriza por estar expuesta a estas situaciones límite. En este sentido, resume Heije Faber, muchas veces un consejo pastoral empieza como psicoterapia y se vuelve cura de almas a medida que avanza.

El valor de la metodología rogeriana para la cura de almas está

«por un lado, en la autocrítica que provoca y, por el otro lado, en la exigencia a reconocer que, por una limpieza en el baño de su "crítica" de la forma en la que llevamos adelante un diálogo, la cura de almas mejora el despliegue hacia su propia intención»[230].

Después de feroces discusiones entre seguidores de la teología dialéctica, "pietistas" y biblicistas; por un lado, y teólogos liberales, por el otro, se puede resumir que hoy en día la metodología psicoterapéutica, en su gran diversidad, forma parte del saber pastoral europeo. Se concluyó la integración del conocimiento psicoterapéutico en la *poiménica*. Incluso los teólogos más conservadores aceptaron estas herramientas y las incorporaron a su "cura de almas bíblico-terapéutica" que conoceremos más adelante.

---

228 *Heije Faber/Ebel van der Schoot, Het pastorale gesprek, een pastoral-psychologische studie, Utrecht* 1962. (La traducción la hice en base a la versión en alemán, *Praktikum des seelsorgerlichen Gesprächs, Göttingen* 19877, p. 45).
229 Faber/van der Schoot: 19877, p. 42.
230 Faber/van der Schoot: 19877, p. 46s.

La recepción de la psicología en la teología, despertó un interés nuevo por la cura de almas y, por tanto, un nuevo acercamiento al ser humano. Por el lado teórico, nos lleva a una teología con acento en la encarnación de Dios en el mundo humano; por el lado práctico, nos lleva a un nuevo enfoque en la formación de los futuros pastores. Se tuvieron que aprender las metodologías del acercamiento a las personas.

El programa de la Educación Clínica Pastoral (ECP), llamado así porque el lugar de entrenamiento es a menudo la silla al lado de una cama hospitalaria, es una formación que se ofrece hoy en día en muchos institutos y en escuelas terapéuticas diversas en muchos países europeos, al igual que en América Latina. Se basa en el aprendizaje de métodos psicoterapéuticos en dos aspectos:

La persona del cura de almas aprende a adoptar una actitud que refleja su disposición de estar para el otro, a acompañarlo, y que el ayudado es el que determina el contenido y la dirección de la conversación. Se gana una actitud (*un habitus*) profesional en gestos, señales verbales y no verbales, que invita al paciente a hablar sobre lo que le pesa. El curador y la curadora de almas aprenden a controlar los afectos propios.

A la vez, el curador y la curadora de almas se capacitan por la metodología psicoterapéutica al escuchar activamente y percibir más plenamente lo que el otro apenas sabe expresar. Se escucha lo que dice detrás de las palabras, poniendo atención especial en las emociones del otro. Con esta capacitación metodológica se gana más experiencia y sensibilidad en el trato con individuos que buscan ayuda y consejo y para la situación en grupos compuestos por personas con distintos tipos de problemas.

El programa de Educación Clínica Pastoral (ECP) ofrece a los pastores y pastoras y a personas laicas que buscan la misma formación, cursos de unas pocas semanas que pueden aumentar significativamente su competencia en el campo de la metodología psicoterapéutica, sin tener que pasar por años de autoanálisis de psicología profunda. La ECP no solamente ayuda en la cura de almas, sino que es de utilidad en la homilética, la enseñanza y cualquier forma de contacto con otras personas, aunque estas no estén atadas a una cama hospitalaria. Aquí, obviamente, se trasluce un cierto peligro de la ECP que tiene su origen en el lugar donde se lo estudia; o sea, la clínica. El desnivel entre los allá internados y sus médicos; es decir, la superioridad que muestran los unos por sus conocimientos terapéuticos frente a los otros, los plenamente dependientes de estos especialistas, esta discrepancia, se trasmite a la relación del cura o de la curadora de almas con su interlocutor. La consejería pastoral, como forma de cura de almas que se ha librado de este tipo de formación que ofrece la ECP, a menudo toma la forma de una entrevista entre un médico y el paciente, o sea, entre algún tipo de especialista dotado de conocimientos y un ignorante dependiente de su curador. Además, hay otros riesgos teológicos detrás del asesoramiento pastoral que nos ha llegado del siglo pasado desde los EE. UU. De esto trataremos en el párrafo siguiente.

8. 4. La ideología del crecimiento como peligro del *counseling*

La discusión sobre *poiménica* actualmente en América Latina, y hasta cierto grado también en España, está dominada por el movimiento del *pastoral counceling* procedente de los EE. UU. Es decir, una corriente de la cura de almas que nació en el ámbito social de los años 50 y 60. Los pocos libros de *poiménica* que se encuentran en idioma castellano, en su mayoría son traducciones del inglés de obras que pertenecen de una u otra forma a esta corriente. Esta situación es ilustrada por el hecho de que en 1995 llegó al estudiante de habla castellana la traducción del libro de Howard Clinebell *Basic types of pastoral care & counseling* cuya primera edición salió en los EE. UU. en el año 1965. Las tres décadas de diferencia entre el concepto de asesoramiento y cuidado pastoral que presenta Clinebell en su libro y una cura de almas contemporánea a desarrollar, partiendo del saber teológico y antropológico de hoy, es uno de los puntos que hace difícil aprovechar esta y otras traducciones en las sociedades europeas y latinoamericanas de hoy.

Otra dificultad es la diferencia, no solamente en lo cultural, sino también en la situación económica, que presuponen los manuales norteamericanos, con la realidad fuera de los EE. UU., una diferencia que con más gravedad se siente en las iglesias pobres de América del Sur. La situación económica y el estilo de vida, el acceso a bienes técnicos, a seguros de todo tipo, a la salud pública, etc., son muy distintos. Los pueblos de América Latina no tienen la misma vida que los norteamericanos tenían en los años sesenta. Tampoco parece ser algo deseable. La historia y el presente de la teología práctica de América Latina, y también de España, tienen que ser analizados por otra visión que no sea la perspectiva desarrollista y funcional del neocolonialismo estadounidense. Mencionamos un pequeño ejemplo: en la versión para América Latina del libro *Asesoramiento y cuidado pastoral*, editada en 1995, los editores de la obra reproducen un párrafo donde Howard Clinebell subraya la importancia del teléfono en el trabajo pastoral, resumiéndolo en el consejo "Este pastor también utiliza el teléfono para suplir sus visitas personales a los hospitales ahora que la mayor parte de los pacientes tienen un aparato telefónico junto a su cama..."[231]. El que no los conoce, que visite los hospitales públicos del gran Buenos Aires o donde viva, y averigüe cuál es la situación de los aparatos telefónicos públicos al alcance de los pacientes.

Howard Clinebell es uno de los representantes del movimiento de la consejería pastoral, que empezó como vimos en los principios del siglo pasado. En 1995 se editó la versión en castellano de su libro *Asesoramiento y cuidado pastoral*. La obra resume el cambio de paradigmas en el trabajo de la cura de almas que había tenido lugar. En 1966 escribe Clinebell en la versión inglés de su libro:

"El pastor, en su trabajo de consejería, recibirá inspiración del hecho de que es parte de una tradición de consejería que es la más antigua de las profesiones… El actual florecer de este antiguo ministerio no tiene que cegar al pastor frente a esta herencia. Como una dimensión del cuidado pastoral, la consejería pastoral es una planta robusta con profundas raíces en el pasado. El desarrollo que presenta se debe al surgimiento del movimiento de entrenamiento en clínica y a las fuertes corrientes de los nuevos conocimientos de las ciencias humanistas y de las disciplinas psicoterapeutas que regaron esta planta antigua y le dieron una nueva vitalidad sin precedentes. El consejero pastoral tendría que aprender todo lo que pueda de estas ricas fuentes nuevas, fundamentalmente su

---

231 Howard Clinebell, *Asesoramiento y cuidado pastoral*, Nashville, TN, EE. UU./Buenos Aires, 1995, p. 69.

autoimagen tendría que moldearse por su propia tradición de pastorado y no por el modelo reciente del psicoterapeuta"[232].

Con razón Clinebell insiste en la identidad del pastor como tal (*shepherd*) que no debe volverse psicoterapeuta. Pero, de hecho, no se puede liberar al movimiento pastoral norteamericano de la sospecha de –justamente– haber caído demasiado en una imitación de las prácticas psicoterapeutas, sin haber mantenido los propios enfoques poiménicos. Más tarde volvemos sobre esta crítica.

Ya en la Iglesia antigua, la cura de almas, como campo de acción eclesiástica, se perfilaba bajo tres acentos especiales. Conocimos:
- El acento terapéutico, en el que el cura de almas se preocupa por el sufrimiento del otro causado por su condición de criatura inestable y efímera.
- El acento pedagógico, donde el pedagogo trabaja para superar los errores y dudas que dominan y obstaculizan la vida del que le fue confiado.
- El acento confesional, que se refiere al confesor que escucha la confesión y, por la autoridad que le fue otorgada por Dios, declara absuelto al confesante y de esta manera lo libra de culpa y le facilita un nuevo comienzo en su vida diaria.

El luterano William E. Hulme[233] realiza el cambio de las nociones. Lo que antes era *care and cure of souls* llega a ser *pastoral counseling*. La cura de almas antes se basaba en la teología, hoy en día se orienta por la psicología. *It is a psychologically oriented seelsorge*[234] (sic: es una cura de almas orientada por la psicología). Hulme explica que el asesoramiento pastoral tiene su lugar en la correlación entre las preguntas existenciales de los hombres y las respuestas divinas. Las necesidades básicas que caracterizan la situación existencial de los hombres son, según el teólogo norteamericano:
a) La necesidad de tener a alguien que escuche.
b) La necesidad de confesarse.

---

232 Howard Clinebell, *Basic Types of Pastoral Counseling*, Nashville 1966, pp. 38 ss. (la traducción es mía).
233 Hulme, *Counseling and Theology, Muhlenberg Press*, Philadelphia 1956.
234 Hulme: 1956, p. 2.

c)   La necesidad de ser entendido.

d)   La necesidad de crecer.

Fácilmente se pueden identificar, en estas cuatro situaciones de necesidades básicas, los tres acentos de la cura de almas en toda la historia: el acento terapéutico corresponde a la necesidad de madurar y sanar su vida; el acento pedagógico responde a la necesidad de entender y salir de duda y error; y el acento confesional se da cuando se busca la posibilidad de ser escuchado y poder confesarse. Es característico, para el movimiento estadounidense de cura de almas, que Hume agregue un cuarto paso que es el crecimiento (*The need for growth*).

Howard Clinebell menciona 5 tipos de cura de almas en la historia, diferenciando el acento terapéutico en dos funciones: la de curación y la de una ayuda de soporte. El acento pedagógico especifica la tarea de guiar y la de nutrir. Citando a otros dice, en resumen:

Sanar: "Una función pastoral cuyo objetivo es superar algún tipo de deterioro, restaurando a la persona a su plenitud y guiándola para superar su condición previa".

Sostener: "Ayudar a una persona afligida a soportar y superar una circunstancia en la cual la restauración a su condición anterior o la recuperación de su enfermedad es imposible o tan remota que parece improbable".

Guiar: "Asistir a personas confusas para que elijan de forma segura entre distintas alternativas de pensamiento y acción, cuando se considere que estas elecciones pueden afectar el estado presente y futuro de su alma".

Reconciliar: "Tratar de reestablecer las relaciones rotas entre hombre (sic) y su semejante y entre el hombre y Dios".

En la versión en castellano agrega la función de "nutrir" a las personas a través de "capacitarlas para desarrollar las potencialidades que les ha dado Dios..."[235].

En resumen, el arte de asesoramiento y cuidado pastoral consiste en utilizar los instrumentos de la psicoterapia conduccionista para posibilitar el surgimiento de una potencialidad creativa y el crecimiento en los individuos y en sus relaciones. El optimismo en la reparación con éxito de las situaciones problemáticas de sufrimiento y duelo, y la confianza

---

235 Clinebell: 1995, p. 47.

terapéutica en las potencialidades del ser humano, invita a cuestionar varias de las afirmaciones hechas por Clinebell y otros.

Señalamos brevemente unos puntos de la crítica:

– Una teología de la gloria.

Llamamos "teología de la gloria", siguiendo a Martín Lutero, a aquella teología que encuentra la presencia de Dios en las cosas más espectaculares, en los esfuerzos más elevados de los seres humanos, en los productos más descollantes de sus capacidades. Se habla también de una teología de la prosperidad, donde se presume que la riqueza económica y el éxito en los negocios son señales evidentes de la cercanía y la bendición de Dios. Se entiende por los consejeros norteamericanos que la felicidad es un producto que surge de la actualización de las fuerzas y facilidades propias de cada individuo. Pero ¿no será al revés? La vida en abundancia, Clinebell cita Jn 10:10, no se la alcanza por medio de un proceso de crecimiento, sino más bien por un proceso de achicamiento, de profundización, de concentración en lo que hay. Y todavía más, como el mismo Clinebell menciona: "La ayuda pastoral a personas que tienen que soportar una situación dificultosa que no se puede cambiar, donde no hay más crecimiento porque se acabaron las fuerzas". "¿La vida en abundancia" no será lo que Rössler llama *Lebensgewissheit*?, una certeza de pertenecer a la vida a pesar de tener que renunciar a todas las fuerzas propias, a todo desarrollo a cuenta propia y esperar únicamente la ayuda que Dios, por medio de su hijo Jesucristo, ofrece al débil y fracasado.

– Una eclesiología de éxito que se puede medir.

El desafío de las iglesias hoy en día consiste, según los consejeros estadounidenses, en el despertar de las personas a una vida "más creativa, más de celebración y más útil socialmente"[236]. La palabra "despertar" insinúa que todo esto es fácilmente posible, que falta solamente un pequeño empujón y la vida se convierte en fiesta y de utilidad para todos. En contra de este optimismo superficial, hay que insistir en la pecaminosidad, también de la iglesia y sus estructuras, y en la necesidad de ambos de ser perdonados y recuperados diariamente por la gracia de Dios. Recaímos

---

236 Clinebell: 1995, p. 33.

en la idea de una iglesia triunfante, dueña de un tesoro de obras buenas que puede administrar, si acentuamos el éxito de las iglesias por cocientes y resultados medidos. Así lo propone Clinebell:

«La efectividad de las iglesias puede ser juzgada por el grado en que se ayuda a la gente a descubrir y desarrollar una vida en abundancia. Este crecimiento en la calidad de vida podrá medirse algún día en una "escala AC", escala de Cociente de Vida»[237].

Frente a este pseudo cientificismo, hay que constatar que la "efectividad de las iglesias" depende solamente de su humildad en percibirse plenamente dependientes de esta gracia regalada y siempre nueva de Dios.

– Un gnosticismo platónico.

El consejero y la consejera son comadronas pastorales "en el renacimiento de las personas a una dimensión mayor de su humanidad"[238]. La idea de un renacimiento a formas más elevadas de vida es problemática. Si partimos de la encarnación de Dios en el hombre Jesucristo se ve que el movimiento es al revés. Dios se rebaja, se hace hombre, justamente para que el ser humano no tenga que escapar de esta vida, ni siquiera por una elevación a dimensiones mayores de humanidad. En el gnosticismo se conocen tres castas de gnósticos, según su gnosis: los espirituales, que han conseguido el pleno conocimiento; los psíquicos, que son los cristianos simples; y los materiales, que son los paganos. Esta división está inspirada en la teoría tricotómica de Platón, que distingue en el hombre las tres instancias: espíritu, alma y cuerpo. Siguiendo la Biblia hay que insistir en la unidad de la vida humana de cuerpo, alma y espíritu. Incluso el bautizado renace a una vida que le lleva a la muerte, con Cristo, esto sí, y en esto está la esperanza de una participación de la vida, de la muerte y de la resurrección de Cristo. Pero en él –y no por algún proceso pastoral– renacemos.

– Una pneumatología programada por el *common sense*.

En el concepto de asesoramiento pastoral de Howard Clinebell y otros parecidos, me parece haber una contradicción entre "valores y con-

237 Clinebell: 1995, p. 33.
238 Clinebell: 1995, p. 54.

ceptos claros"[239], que la gente necesita para estar sana, y el Espíritu que está donde la plenitud deseada encuentra su centro. Del Espíritu Santo se sabe que es libre y, por tanto, no está ligado a ningún concepto humano (Is 61:1; 2 Cor 3:17). En Clinebell se percibe que el espíritu ya de antemano no es libre, sino que está atado a conceptos claros y a ciertos valores definidos por la burguesía norteamericana.

– Un uso de la Biblia al menos superficial.

Nos referiremos a esta cuestión con más profundidad en el capítulo siguiente. Aquí cabe señalar solamente que en el concepto del *asesoramiento y cuidado pastoral*, la Biblia no llega a hacer una aportación propia para asesorar a los pacientes en crisis, sino que aparece como decoración, citado como "la sabiduría bíblica", pero que no aporta nada nuevo que no se haya sabido anteriormente.

Clinebell no profundiza las citas bíblicas, sino que las coloca en el texto sin grandes explicaciones. Unos ejemplos en resumen de cómo también se las encuentran en Roland Gebauer[240]:
- La vida nueva no es una nueva forma de esta vida que ya tenemos. Según la Biblia, no se llega a la vida nueva por medio de esfuerzos en el crecimiento, sino que la nueva vida es vida en Cristo y, por esto, no es objeto de nuestra capacidad de madurar, sino un regalo proveniente de la sola gracia de Dios.
- Si Jesús se dedica a los pobres y marginados, se trata de más que una mera dedicación al otro, como podría ser la tarea de cada ser humano. Jesús es, según el testimonio del Nuevo Testamento, el salvador escatológico.
- Según Clinebell[241], y en contra de la Biblia, nace la confianza (para no decir la fe) en el encuentro con el otro en *pactos de plenitud con otros*. La Biblia relaciona la confianza y la fe con el acontecimiento histórico de la vida, la muerte y la resurrección de Cristo.
- Los métodos que emplea Clinebell en su enfoque de ayudar a crecer a sus pacientes no es algo que surge específicamente de la tra-

239 Clinebell: 1995, p. 145
240 Cf. Gebauer: 1997, p. 341s.
241 Clinebell: 1995, p. 35.

dición cristiana, sino algo independiente, por lo que "podemos" también utilizar los "recursos" de la tradición judeo–cristiana[242].

– Se perdió la noción del *PECATUM ORIGINALE.*

Si se encuentra a Dios en el núcleo de la personalidad misma de cada ser humano y el trabajo de cura de almas es solamente activar estas posibilidades que todavía tiene el ser humano a su disposición, se puede preguntar por el sentido y la necesidad de la obra salvadora que Dios hizo en Jesucristo. El concepto de la justificación del pecador solo por la gracia de Dios, sin ningún tipo de colaboración, pierde su vigencia donde se apuesta por el crecimiento y el desarrollo de la persona, en un proceso que está al alcance de todos, con fuerzas propias que solamente necesitan ser despertadas por un ayudante, "obstetra espiritual", que es, según Clinebell, el consejero pastoral.

– Falta el *EXTRA NOS* luterana.

Hablando de su concepto de cura de almas Carroll A. Wise el autor de *The Meaning of pastoral care,* afirma:

"Además, no es una palabra ajena que las personas necesitan para su crecimiento y su salvación…"[243].

Subrayando la importancia del silencio en un encuentro pastoral, culminando al decir que no hay necesidad de una palabra de un tercero para incluir el crecimiento y la redención en el asesorado. Esta exclusión de "una palabra de un tercero" por Wise, tendría que discutirse con el concepto del *EXTRA NOS* de la cura de almas de Martín Lutero. Vimos como Lutero puso hincapié en que la palabra decisiva de redención no viene del interlocutor –aunque este la exprese con su boca– y menos del ayudado mismo, sino que es una palabra ajena de un tercero, siempre presente en los diálogos pastorales, que es Dios. En la consejería pastoral de corte norteamericana falta esta humildad de reconocer que la cura de almas no es algo que tenemos plenamente a nuestra disposición y que podemos enseñar y aprender a voluntad, sino que la cura de almas es siempre dependiente de la presencia de Dios, como tercera persona, en el encuentro pastoral. Más aún, la cura de almas tiene que contar con la

---

242 Clinebell: 1995, p. 69.
243 Wise, Carroll A./Hinkle, John E., *The Meaning of Pastoral Care, Bloomington*, Ind. 1988.

posibilidad –y no es solamente algo posible, sino que de hecho es algo que ocurre realmente–, de que Dios no sale al encuentro. Se esconde. El *DEUS ABSCONDITUS* nos deja solos a los curas de almas y a nuestros interlocutores, y no nos queda otra salida que aguantarnos en esta situación de aparente abandono, en una oscuridad espiritual, y pasarla en solidaridad juntos, hasta que se haga sentir de nuevo el Espíritu de Dios, libre e independiente. Son las etapas más arduas y de verdadera prueba y tentación, con el peligro de dejarse caer en la desesperación cuando en la cura de almas no se percibe la presencia de Dios, ni en el cura o la curadora, ni en el que vino a recibir su apoyo y no lo encuentra. Lo que en aquellos momentos queda –y entonces es la única forma de cura de almas posible– es esperar con la esperanza que "su salvación ciertamente está cercana a los que lo temen". (Sl 85:9).

Hemos dedicado tanto espacio a la discusión de los peligros inherentes al concepto de *asesoramiento y cuidado pastoral* norteamericano, porque ha tenido un impacto tan fuerte sobre la *poiménica*, no solamente en el norte de América, sino también sobre el sur y durante décadas sobre la teología pastoral europea. Efectivamente es muy seductora la idea de disponer de un modelo de cura de almas de éxito y practicable en todas las situaciones pastorales, que además se pueda enseñar y transmitir por medio de cursos de entrenamiento a futuras generaciones de consejeros pastorales. Sin embargo, la orientación al éxito, el deseo de contar con una metodología segura y calculable, lleva a perder de vista la realidad de la vida en sus infinitas situaciones distintas con sus personas tan distintas cuyas reacciones no se puede prever. En su optimismo, el *Pastoral Counseling* no toma en serio el distanciamiento del ser humano frente a su Dios, que solamente él puede superar y lo hizo en Jesucristo. En el concepto del *asesoramiento y cuidado pastoral* la cura de almas toma el sabor de una ciencia exacta médica, una inclinación al perfeccionismo al que ya la medicina tenía que renunciar.

Sin embargo, la cura de almas en el *siglo XXI* seguirá aprovechándose de los instrumentos que le otorga la consejería pastoral, poniendo énfasis al mismo tiempo en el desarrollo de una teología de cura de almas que evite las desviaciones arriba expuestas.

§ 9 La cura de almas como praxis guiada por distintos métodos psicoterapéuticos

Mientras el psicoanálisis seguía creciendo en su conocimiento teórico y desarrollaba toda una teoría de la cultura y una praxis de terapia analítica, la psicología pastoral se dedicaba a lo suyo. Profundizaba sobre la psicología de lo sagrado, sobre procesos psíquicos en la comunicación de textos sagrados, concretamente del evangelio. Su tema es la interpretación del significado de los sueños y, más en general, de los símbolos bíblicos y religiosos. Hace sus aportaciones, desde su óptica psicológica, a todas las materias de la teología práctica; como son la *poiménica*, la *homilética*, la pedagogía de la religión, la diacónica, la cibernética[244] y la litúrgica.

Volviendo al asunto al que se dedica este libro, seguimos con la exploración del terreno de la psicología y su aplicación práctica terapéutica para la *poiménica*. De la psicología humanista, el instrumental de la terapia centrada en el paciente desarrollada por Carl Rogers, se convirtió en la metodología más estudiada por la *poiménica*. Pero son muchas las escuelas psicoterapeutas, incluidas las distintas orientaciones dentro de las mismas, que inspiraron conceptos seguidores en *poiménica*.

Presentamos a continuación una pequeña muestra de algunas concepciones *poiménicas*, que, en su mayoría, son solamente distintas metodologías de cura de almas inspiradas en métodos psicoterapéuticos. No preten-

---

244 La cibernética como materia de la teología práctica se dedica al estudio de la dirección y de la administración de una iglesia.

demos abarcar a todas las colaboraciones entre psicoterapia y cura de almas. Resaltamos solamente algunas de las que han tenido mayor difusión. Es interesante observar que, con algunas de las metodologías, se traspasa el límite del marco tradicional de la cura de almas como un diálogo entre dos personas y se trabaja con grupos de diferentes índoles y distintas dinámicas.

Un enfoque en la línea de la psicología humanista que despertó el interés de los pastores y pastoras es la Interacción Centrada en los Temas (ICT).

9. 1. Interacción Centrada en los Temas (ICT)

La Interacción Centrada en los Temas (ITC) fue desarrollada por la psicóloga Ruth C. Cohn. Nació en Berlín en 1912, luego tuvo que huir de los nazis y se trasladó a Zurich. En el año 1940, Ruth C. Cohn emigró a Nueva York y hacia 1955 comenzó a fundar sus propias hipótesis, que culminaron en su obra: "Psicoanálisis e Interacción Centrada en los Temas"[245]. Debido a la presentación de esta modalidad de trabajo grupal, Ruth C. Cohn es reconocida como una de las mentoras de la "psicología humanística". ICT es una forma de trabajar en grupos. Para ello cuenta con reglas que facilitan este trabajo. Son estas seis:

1. Se utiliza en primera persona, se habla siempre desde el punto de vista de sí mismo, utilizando el pronombre. En la ICT no se utiliza el nosotros o un "deberíamos", ni tampoco el "se" como en "se debería", sino que se dice: "yo debería", esto acentúa la responsabilidad de cada participante.

2. Cuando alguien formula una pregunta tiene que decir por qué pregunta y qué significa la pregunta para él o ella.

3. No se interpreta a los demás, sino que se expresan las reacciones personales. Digo lo que siento yo, y no lo que pienso que podrían sentir los demás.

---

245 Cohn, Ruth C.: *Von der Psychoanalyse zur themenzentrierten Interaktion. Von der Behandlung einzelner zu einer Pädagogik für alle.* Klett-Cotta, Stuttgart 1975.

4. Las perturbaciones que surgen por alguna razón en el grupo tienen preferencia, se habla siempre desde ellas.

5. Siempre un solo miembro del grupo debe tener la palabra evitando; de esta manera, interferencias en el flujo de las emociones o comunicaciones verbales.

6. Se observan las reacciones de la esfera corporal, el cuerpo tiene sus verdades que no hay que obviar.

El guía responsable en este proceso terapéutico funciona como un director o coordinador grupal. Debe tener una participación activa, desde un marco de las actitudes tomadas de la concepción de Carl Rogers. Debe tener autoridad profesional para hacer de eje y centrar el funcionamiento del grupo.

En encuentros de grupos de cura de almas, por ejemplo, con pastores y pastoras, algunos prefieren hablar de "supervisión", se trabaja a menudo con esta metodología psicoterapéutica. La finalidad es que los participantes en el grupo puedan expresarse libremente sin ser interrumpidos por los demás. Pueden exponer su relato, no solamente en el sentido de pasar una información, sino que el grupo se ofrece como una especie de caja de resonancia que da acogida a las emociones y a la parte afectiva que acompaña los relatos de los integrantes. Participar de esta forma de un grupo de supervisión, que trabaja con la metodología de la ICT, o con otras herramientas, es un requisito fundamental para poder desempeñar bien el difícil ministerio de ser cura o curadora de almas para otros.

En varias ramas de la psicología se perfilaron métodos psicoterapéuticos como posibilidades de trabajar con ciertos problemas aislados, sin depender del todo del sistema teórico del psicoanálisis y sin tener que entrar en toda la historia vital de los pacientes. Estas psicoterapias de corto plazo, en su mayoría conductivistas, surgieron como alternativas frente al psicoanálisis de la tradición freudiana[246], que a veces implica años de trabajo

---

246 Nos referimos a las terapias tradicionales orientadas al *insight*, i.e. al darse-cuenta, a la concientización de problemas cuyo génesis remota a la más temprana niñez, a veces hasta en el momento mismo del nacimiento o hasta en la época prenatal.

terapéutico, hasta lograr la recuperación del paciente en el sentido de la integración completa de la vida interior de la persona y el uso del mundo exterior por medio de un cambio intrapsíquico. Este surgimiento de las terapias de corto plazo, hizo posible un nuevo contacto entre la cura de almas y varias escuelas psicoterapeutas que se formaron a base de las respectivas metodologías terapéuticas y curativas. La psicología social parte en su trabajo de un análisis, no solamente de la situación individual, sino que se basa en un examen de todo el contexto vivencial de la persona.

9. 2. Psicoterapia a base de la psicología social

La psicología social parte de la observación que ningún hombre vive aislado. Contrariamente al psicoanálisis, la psicología social no busca el esclarecimiento de los problemas de una persona encerrada en su interior, sino que se ve al individuo como "portavoz de una situación protagonizada por los miembros de un grupo social (por ejemplo, su familia)"[247].

Herbert Mead (1863-1931) filósofo y sicólogo en Chicago, es el fundador de esta rama de psicología. Puso énfasis en el impacto que deja la realidad externa sobre la situación interna del individuo. La psicología social trabaja entonces con las personas y sus entornos sociales. Enrique Pichon Rivière (1907-1977), psicólogo social argentino, resume:

«La psicología social se esfuerza por librar a cada hombre de ese conflicto que lo desgarra interiormente, capacitándolo para integrar su individualidad, su "mismidad", con ese mundo social al que pertenece y que lo habita...

La labor del investigador social consiste en indagar las dificultades que cada sujeto tiene en un grupo determinado, que puede ser su familia, la empresa donde trabaja, la comunidad a la que pertenece. Esto da lugar a distintos niveles de investigación»[248].

Psicoterapia a base de la psicología social es entrar en un proceso de aprendizaje social con el fin de poder modificar la realidad. Se aprende,

---

247 Enrique Pichon Rivière, en "La psicología cotidiana"" 1966/67, páginas 9 a 11.
248 Rivière: 1966/67, pp. 9-11.

por ejemplo, a tomar ciertos roles en situaciones diversas para apropiarse de la realidad y participar activamente en ella. Este tipo de psicoterapia se realiza en grupos. Pichon Rivière explica:

"Esta situación grupal constituye el instrumento más adecuado para ese aprendizaje de roles (aprendizaje social) en que consiste la internalización operativa de la realidad"[249].

En la práctica de la dinámica de grupos, como una forma de psicoterapia, se plantean problemas y conflictos en un grupo y se estimula a los participantes a observarse a sí mismos, atendiendo principalmente a sus modos de comportamiento recíproco, gracias a lo cual llegan a conocerse a sí mismos y a los demás en nuevas formas de conducta, con lo que puede producirse, no solo una asimilación cognoscitiva, sino también notables cambios en el modo de obrar del sujeto.

Esta práctica de la dinámica de grupos usada en un ámbito eclesiástico puede, por ejemplo, ayudar a personas de baja autoestima, causada por una educación y unas socializaciones religiosas muy duras y rigurosas, a experimentar la libertad cristiana en una situación concreta. Se anima a las personas a vivir realmente lo que les es permitido. La identidad del viejo Yo, puede ser modificada y llegar a tomar rasgos de una nueva criatura.

También en las terapias de familias se hace uso a menudo de prácticas de dinámica de grupos. Volveremos al tema de las terapias familiares cuando tratemos las terapias sistémicas y de *Gestalt*.

Ya en los párrafos anteriores, al recorrer la historia de la cura de almas, nos hemos dado cuenta de que, al lado de la situación clásica de una cura de almas como diálogo entre dos personas, siempre hubo alguna preocupación por el entorno vivencial de ellas, sea la familia, sea la comunidad de la iglesia o sea la sociedad entera que influía sobre la vida del individuo. De la cura de almas de Pablo hay que destacar el aspecto del fortalecimiento y del acompañamiento de congregaciones enteras, en especial en Corinto y en Filipos. Los reformadores de la segunda generación se preocuparon por la disciplina dentro de la iglesia, las visitas a hogares caracterizaron el trabajo del pastor reformado. Aunque el pietismo y la ilustración fortalecieron mucho al individuo, sabemos de Schleiermacher que su cura de almas tenía como finalidad

---

249 Rivière: 1966/67, pp. 9-11.

devolver al individuo apartado a la comunidad y, de esta manera, fortalecerla y edificarla. Se ve, entonces, que los enfoques de la psicología social estuvieron presentes en diferentes conceptos poiménicos anteriores, y lo siguen estando cada vez que un pastor o una pastora visita a una familia en su casa, por más formal que sea la ocasión. Los pastores y las pastoras están presentes en muchos momentos cuando la constitución de una familia cambia, sea por casamiento, sea por el nacimiento de un niño, o sea por la muerte de uno de sus miembros. En estos momentos de "crisis" familiar, una cura de almas que trabaja de forma sistémica; es decir, con todo el entorno social y no solamente con un individuo aislado de la familia, tiene grandes ventajas.

9. 3. La psicología de la comunicación y el *conductivismo* (conductismo)

La psicoterapia –y, por ende, la cura de almas, si se inspira en ella– puede trabajar individualmente, sistémicamente o interaccionalmente, en la medida que sigue una cierta escuela psicoterapéutica. Para el trabajo individual, el psicoanálisis de profundidad es el ejemplo clásico. La psicología social tiende al trabajo sistémico. Al aspecto interaccional se dedica en especial la psicología de la comunicación y el *conductivismo*. Veamos, a continuación, algunas de estas formas de trabajo que se refieren a la praxis de la cura de almas.

9. 3. 1. *El análisis transaccional*

El análisis transaccional se remite al psiquiatra norteamericano Eric Berne (1910-1970)[250]. El análisis transaccional es uno de los métodos, entre tantos,

---

250 Berne, Eric, Análisis transaccional en psicoterapia, Buenos Aires 1975, original en inglés: *Transactional Analysis in Psychotherapy,* New York 1961.
Berne, Eric, Juegos en que participamos, Barcelona 2007, original en inglés, *Games people play,* New York 1964.
Berne, Eric, ¿Qué dice usted después de decir hola?, Barcelona, 1974.
Siguiendo el enfoque de Berne, Thomas A. Harris publicó, *Yo estoy bien-Tú estás bien: Guía práctica de Análisis Conciliatorio,* Barcelona, 1973, original en inglés, I'm *OK-YOU' RE OK A Practical Guide to Transactional Analysis,* New York 1967.

que fueron desarrollados en los EE. UU. a partir de los años 40 del siglo pasado con el propósito de disponer de psicoterapias capaces de restablecer la salud de los pacientes en un lapsus de tiempo relativamente corto.

Las nuevas terapias, como el análisis transaccional, terapias del comportamiento-acción, gestáltica, terapias corporales, y otras, se limitan a un cambio de la actual conducta problemática del cliente. Le llevan a tomar conciencia de su corporeidad y de la situación actual, sin que en esto entre toda la historia de vida de la persona. Se apunta a un crecimiento, que también se llama maduración y que tiene como finalidad la mejora del funcionamiento actual de la persona dentro de su ámbito social.

Los métodos conductivistas son: el análisis de situaciones contemporáneas, el entendimiento de las reglas subyacentes al comportamiento de los actores en estas situaciones, y el aprendizaje de conductas más aptas y exitosas. Se ayuda a las personas a actualizar sus potencialidades completas, junto con un fortalecimiento de la autoestima y un entrenamiento de las capacidades y competencia sociales de las personas.

En el análisis transaccional, se llama transacción a la unidad básica de cada relación social. El análisis transaccional busca determinar cuál fue el estado del yo que generó el estímulo de una transacción social[251] por parte de una persona, y cuál es el estado del yo que genera la reacción[252] en la otra persona.

Según Eric Berne cada personalidad tiene tres caras que corresponden a los tres estados del yo de la persona.

Primero hay un padre interior, este representa la manera de sentir y de actuar como lo vimos en nuestros padres (P). Una segunda cara de la personalidad es el estado del *yo adulto* (A). La tercera cara de la personalidad se muestra cuando el *yo* entra *en el estado de la niñez* (N). Aquí se activan restos de las épocas cuando éramos más jóvenes. Cada estado del yo es una realidad psicológica, un sistema de sentimientos y actuaciones coherentes. Por esto se diferencian de las nociones de Freud del Superyo, Yo y Ello, que son solamente conceptos.

Una comunicación entre dos o más personas se desarrolla sin problemas mientras las transacciones que la componen son complementarias. Se entra en dificultades cuando las transacciones se cruzan.

---

251 En el lenguaje de Berne: "transactional stimulus".
252 En el lenguaje de Berne: "transactional response".

El análisis transaccional ha servido de mucho en investigaciones sobre el rol pastoral; o sea, en el trabajo con pastores que reflexionaron su rol dentro de sus comunidades[253]. Vale como ejemplo la cita de un cura católico que decía en un grupo de supervisión pastoral sobre su situación en la parroquia: "Me llaman padre, pero a mí me tratan como a un hijo". En la cura de almas, a menudo, entra el problema de la asignación de roles. ¿Quién es el cura de almas o la curadora de almas? ¿Un padre (o una madre) omnipotente que lo sabe todo?; ¿un experto dotado de conocimientos excepcionales?; ¿un juez que necesita investigarlo todo y al que por eso se le teme? ¿O es un compañero, un amigo (o una amiga) que se muestra solidario y entiende lo que uno quiere decir?; o ¿es el cura de almas, a lo mejor, alguien más inexperto que uno mismo y que se asusta frente a ciertas confesiones y hay que protegerlo frente al mundo hostil? El cura de almas y la curadora de almas tienen que hacerse las mismas preguntas acerca de su persona. ¿Quién soy yo frente al que viene a pedirme ayuda? Y ¿quién es la persona que deposita tanta confianza en mí? ¿Es un niño que quiero consolar? ¿Es un compañero o una compañera a quien voy a dar algunos consejos míos, o mejor ayudarle a encontrar los suyos? O ¿es un ser superior en el que me encuentro con Jesús (Mt 25) y tengo que estar plenamente a su servicio?

9. 3. 2. *Terapia Gestalt*

Gestalt es una palabra de origen alemán que significa *forma*. La terapia gestáltica aparece en la década de los 60 del siglo pasado.

A principios del siglo XX la teoría de la *Gestalt*, o teoría de la forma, fue una teoría psicológica y filosófica que rehusaba aislar los fenómenos entre sí para explicarlos; por el contrario, los consideraba conjuntos indisociables; poniendo en evidencia las leyes de la pregnancia[254].

Fredrich S. Perls (1893-1970), psicoanalista judío alemán, introdujo en la teoría psicoanalítica la aportación de la teoría de la forma y así fue

---

253 CF.: Heise, Ekkehard, *El rol del pastor y de la pastora a la luz del análisis transaccional,* en Cuaderno de teología, VOL XVII, Buenos Aires, 1998, pp. 89-104.

254 Esta es la ley de la buena forma en *Gestalt*. Básicamente la pregnancia establece que, si una persona en su primera experiencia perceptual se enfrenta a un campo desorganizado, impondrá orden prediciblemente.

comenzando el nacimiento de la terapia *Gestalt*. Después de la Segunda Guerra Mundial, en la terapia *Gestalt*, contribuyeron filosofías orientales tales como: zen, budismo, tantrismo y filosofías existenciales. Perls supone que el individuo organiza su experiencia en función de sus propias necesidades. En el individuo "sano", la manera de ser (forma) es el reflejo de la necesidad de ser (fondo); así una necesidad satisfecha libera al individuo; por el contrario, una necesidad insatisfecha crea tensiones.

La *Gestalt* tiene por objeto movilizar los recursos del individuo, con el fin de reestructurar el equilibrio de la persona; se propone trabajar sobre el aquí y ahora, y establecer relaciones dinámicas entre el comportamiento y las necesidades, deseos, y carencias; provocando la toma de conciencia de la realidad que se vive y asumiendo la responsabilidad de sí mismo. La aceptación es parte fundamental del crecimiento de la persona.

La aceptación de lo que somos, significa hacernos responsables de ser realmente lo que somos. No hacerlo así significaría aferrarse a una ilusión que a largo plazo daña a la vida. Generalmente la justificación de vivir una ilusión falsa de lo que uno es, viene de la falta de autoaceptación de la propia persona. Se evita la experiencia y se busca la aprobación externa. Por ejemplo: elementos de la terapia *Gestalt* pueden emplearse en la cura de almas con homosexuales. Se ayuda a las personas a aceptarse como son y desarrollar su vida en su condición de homosexual, en la forma de plenitud que le parece auténtica. Teniendo en cuenta las dificultades que las iglesias a veces tenían (y algunas siguen teniendo) con la aceptación de homosexuales, como miembros y también como pastores, es de sospechar que todavía queda mucho trabajo por hacer. No son los médicos, y menos aún los psicoterapeutas, sino grupos evangélicos con una supuesta labor de cura de almas que llevan a personas con baja autoestima a "terapias antihomosexuales" o les impulsan a un proceso de "reorientación sexual" y en eso les obligan a vivir una existencia quebrada donde la forma no corresponde al ser mismo de la persona.

Fredrich S. Perls se opone al psicoanálisis freudiano de la excesiva verbalización, de la sobrevaloración del pasado, así como del intelectualismo. Sobran ejemplos del empleo de la psicoterapia gestáltica en la cura de almas. Basta una mirada a las ofertas colgadas en Internet, que ofrecen por ejemplo monasterios benedictinos en distintos países europeos:

Ejercicios gestálticos –pasos hacia la madurez y hacia un concepto holístico de la propia persona bajo la mirada curativa de Dios– un trabajo terapéutico orientado por la teoría de la *Gestalt* sobre preguntas actuales de la vida y de la fe, teniendo en cuenta el trasfondo de la propia historia de la vida.

Luego se ofrecen seminarios: acompañamiento y ayuda en el proceso de luto y de la despedida hacia una orientación nueva por la fuerza de la fe.

Otro seminario se dedica al enfrentamiento con las imágenes de Dios, las conscientes y las subconscientes, y su influencia sobre la forma de la vida propia.

9. 3. 3. *Bibliodrama*

El *bibliodrama* es un método de aproximación al texto bíblico de manera holística e integral. Se aprovecha el potencial creativo del grupo y las diversas experiencias de vida y de fe que confluyen en un grupo. El *bibliodrama* permite a personas "encarnar", interiorizar los valores más profundos de la Biblia en su vida y su comportamiento de todos los días. Tomando los diferentes roles de una historia bíblica, jugando y actuando con ellos, experimentándose en estos personajes bíblicos, se hace posible una identificación o más bien llegar a un perfil de su propia vida que puede llevar a un compromiso más eficaz y a una transformación de la realidad social que forma el contexto de una vida individual. Los relatos bíblicos son experimentados como "espacio de juego" donde se tocan la vida y la fe.

El *bibliodrama* puede no solamente ayudar a personas en situaciones de desorientación vivencial, sino que pueda capacitar a laicos, líderes de comunidades, educadores religiosos, etc., para un trabajo más fundado en la Biblia y en la fe.

Un desarrollo avanzando en la línea del *bibliodrama* es el programa de *Godly Play* (juego sagrado) del pastor, terapeuta e instructor del método Montesorri Jerome Berryman. A través del *Godly Play,* adultos al igual que niños, pueden plantearse las preguntas fundamentales de la vida y aprender a reflexionarlas en un lenguaje religioso y con contenidos bíblicos. En el *Godly Play* se experimenta, en la sala y en presencia de Dios, en un ambiente de paz, de armonía y de bendiciones, la libertad de desarrollar las ideas propias. Es una forma de cura de almas que puede dar respuesta a situaciones de estrés y crisis, pero también –en especial cuando el *Godly Play* es jugado por niños– forma parte de la introducción a la religión. Es una "especie de levadura" que introduce elementos de espiritualidad que se desarrollan y crecen en el resto de la vida de las personas.

9. 3. 4. *Cura de almas en 20 minutos*

Con este título algo provocativo nos referimos a un concepto de cura de almas que surgió en el año 2003. Su autor es el Pastor Timm H. Lohse que trabajó durante muchos años en una gran iglesia, en pleno centro de la ciudad de Bremen, donde atendió como cura de almas a muchas personas que pasaron a menudo una sola vez por su despacho; visitas de paso casi por casualidad y que le pidieron unos minutos para tratar un asunto importante. A base de estas experiencias, Lohse se dedicó más profundamente a la situación muy común para muchos pastores y pastoras de disponer solamente de un lapsus de tiempo muy corto para una conversación de cura de almas. A veces este tiempo limitado es lo que eligen las personas mismas cuando se acercan a un cura de almas, al que encuentran por casualidad en el supermercado con las palabras: "¡Qué suerte, a usted me manda el cielo, tengo una pequeña pregunta!". A veces son las circunstancias que no permitan más que una charla de pocos minutos. La obra sobre este tema es el librillo de Timm H. Lohse que se dedica a investigar sobre las reglas inherentes en estas conversaciones de unos pocos minutos[255]. Luego, en el año 2006, Lohse publicó un manual[256] para el entrenamiento de curas de almas en el arte de esta clase de charlas pastorales que disponen de un tiempo limitado a unos pocos minutos y que a menudo empiezan con la pregunta:

"¿Tiene un momentito para mí, pastor?"

¡Cuántas veces nos vemos enfrentados con esta pregunta! Muchas veces nos toca en momentos pocos adecuados. Pero –como buenos pastores y pastoras– nos sentimos obligados a decir que sí, porque somos más

---

255 Lohse, H. Timm, Das Kurzgespräch in Seelsorge und Beratung, Eine methodische Anleitung, Göttingen 2003.
256 Lohse, H. Timm, Das Trainingsbuch zum Kurzgespräch, Ein Werkbuch für die seelsorgerliche Praxis, Göttingen 2006.

que pastores profesionales, somos buenos cristianos, y ¿cómo no vamos a tener un segundo para el prójimo? Por otro lado, la situación es difícil, llena de apremios, ya que tenemos que pensar en otras cosas y apenas nos podemos concentrar en lo que dice el otro. El fracaso y la frustración en ambos, ayudante y ayudado, parecen programados.

Timm H. Lohse investiga la dinámica de estos momentos y establece reglas para esta forma de cura de almas en pocos minutos. Desarrolla toda una metodología por medio de la cual se aprende a aprovechar estos encuentros efímeros de cura de almas.

Los puntos clave de su sistema son:

- Lo que se pide al cura o a la curadora de almas es solamente un impulso concreto. Si no fuera así, se hubieran elegido otras circunstancias para expresar esta solicitud.
- El cura o la curadora de almas concentra la entrevista pastoral en el punto donde está la persona con su pregunta.
- Se limita a las posibilidades (de fuerzas, de habilidades, etc.) que hay.
- Se formula un próximo paso, que se ve posible, por más pequeño que fuera y nada más.

El arte de esta forma de cura de almas consiste en la limitación y en la negación de un acompañamiento más allá de lo que en la situación dada –y elegida por el consultante– es posible.

Tomar esta actitud, casi diríamos dirigista, cuesta a los pastores y las pastoras, porque ser breve, e incluso a veces cortante, no cabe en el marco ni es el estilo tradicional de la cura de almas, donde se ofrece tiempo, empatía, aceptación y un acompañamiento a largo plazo. Pero las situaciones cotidianas no siempre favorecen este *setting* clásico, ni las personas en busca de ayuda lo quieren. Los curas y las curas de almas tenemos que renunciar al sueño de una cura de almas omnipotente con facultades y tiempos ilimitados. Pero justamente en su realismo y en su sintonía con el compás de la vida moderna, esta metodología de Timm Lohse puede ser de gran ayuda en la praxis[257].

---

257 Al lector con interés de ganar más práctica en esta forma especial de una cura de almas en un diálogo breve remitimos al material del SEUT: Heise, Ekkehard, Introducción a la Poiménica, Programa de Teología-Nivel 2, Área Teología Práctica, SEUT, El Escorial 2007. La unidad 14 se dedica con ejemplos prácticos y ejercicios a enseñar esta metodología.

9. 4. ¿Herramientas o cosmovisiones?

Salvo en el penúltimo modelo, el del *bibliodrama* y del *Godly Play*, resulta, a veces, difícil reconocer la finalidad propia de la cura de almas a través del empleo de las distintas técnicas psicoanalíticas. El enfoque de la cura de almas –ayudar al otro a la luz del evangelio– se expresa solo indirectamente, por el empleo de la metodología que parece más adecuada frente a cierta problemática.

Pero, al vincularse tan estrechamente con una metodología psicoterapéutica, la cura de almas, ¿no pierde su contenido religioso, cristiano, evangélico?

Son dos las líneas en las que se contesta a favor de una unión de cura de almas con las psicoterapias. Ambas líneas han encontrado voces críticas.

a) Dicen los unos que la cosmovisión del psicoanálisis no juega un papel importante en estas terapias a corto plazo, que tampoco tienen una cosmovisión propia y que, por ende, no se ven como una contradicción respecto a una visión cristiana del mundo. Los métodos de la psicoterapia funcionan como herramientas de la cura de almas en su propia tarea de acompañar a las personas en sus problemas existenciales. Pero cabe la pregunta por los contenidos que supuestamente una cura de almas tiene que transmitir.

En un memorando del año 1970 la Iglesia Evangélica Luterana Unida en Alemania (VELKD) observa, cómo un déficit de la cura de almas en Alemania, la incapacidad de expresar el dogma de la justificación del pecador de tal manera que aún una persona ajena a la religión pueda entender su aceptación por Dios[258]. La pregunta es, entonces, si el mero empleo de los métodos de las distintas psicoterapias resuelve suficientemente el problema de una cura de almas que sea reconocida como cristiana.

Si una entrevista pastoral se agota en una actitud profesional psicoterapeuta, por más que refleje la actitud de Jesús en su trato con la gente, ¿no hace falta señalar, como tercer punto de referencia, la participación de Dios, por medio de su palabra? Esta palabra no se expresa solamente

---

258 Jochheim, Martin, Anfänge der Seelsorgebewegung in Deutschland", en ZThK (90) 1993, pp. 462–493. El memorando de la VELKD se menciona en la nota al pie 42, en la p. 471

por la actitud del curador o de la curadora de almas, sino que tiene un contenido específico.

El pastor, con sus conocimientos psicológicos se vuelve terapeuta en la medida en que su trabajo como párroco lo requiere. Los problemas religiosos o de convivencia en su congregación, los problemas cotidianos de su feligresía, las crisis de la vida, el duelo, los fracasos matrimoniales, las dificultades en la relación con los hijos, etc., son el campo donde el pastor se ofrece como consejero. La metodología más común que se propone, como técnica de la cura de almas, es la terapia que brinda ayuda a corto plazo y apunta a un cambio del comportamiento del paciente –o sea, una solución de sus problemas– lo más rápido posible.

Esta orientación al éxito puede traer consigo una reducción de la profundidad de la cura de almas respecto a su contenido religioso. La crítica que se escucha a menudo frente a una mera aplicación de métodos psicoanalíticos en la cura de almas, sin que estos sean también transportadores de valores y contenidos religiosos, es justamente que se toma el método como si fuese el contenido. Se lamenta la pobreza espiritual de una cura de almas que se limita a reparar el comportamiento de la persona, iniciar y fortalecer su crecimiento, sin dar ningún tipo de orientación sobre la dirección que tome su proceso de maduración o, en otras palabras, se responde a una crisis actual sin llevar a la persona a desarrollar luego una espiritualidad propia como preparación para afrontar futuras crisis con fuerzas propias. Partiendo de esta inquietud se desarrollaron unos enfoques donde la Biblia, como referencia, juega un rol central en la cura de almas. Estos enfoques, los conoceremos más abajo.

b) Otros teólogos encuentran que la cosmovisión del psicoanálisis es la explicación de la realidad humana. Se la ve en concordancia con la visión bíblica del mundo. La práctica psicoterapéutica es 'la' manera de trabajar sobre esta realidad donde se sufre o se está en conflicto. Es expresión y actualización de la sabiduría bíblica. La cura de almas es la psicoterapia que se realiza en el ámbito eclesiástico (Stollberg).

La crítica que cabe frente a este modelo, es que la identificación de la antropología psicoanalítica con la de la Biblia resulta problemática. Muy ilustrativa es la explicación de Dietrich Rössler en este contexto. Recordamos su definición que ya mencionamos otras veces en este manual. "Cura de almas es la ayuda para ganar la certeza de tener vida (Lebensgewissheit); ella apunta a fortalecer, promover, renovar o fundamentar esta certeza"[259]. Rössler pone hincapié en la diferenciación entre *Lebensgewissheit* (la certeza de tener vida, la convicción, la seguridad, la fe) y la *Lebensfähigkeit* (estar físicamente habilitado, capacitado, en condiciones de vivir; la salud). Se puede tener la primera sin la segunda. La tarea de la psicoterapia es todavía la reparación y el fortalecimiento de la *Lebensfähigkeit* mientras la cura de almas encuentra su tarea en fortalecer, promover, renovar la *Lebensgewissheit*. Esta tarea, a menudo, solo empieza cuando la psicoterapia llega a su fin. Como dice Rössler en otro lugar:

"La cura de almas con personas en proceso de muerte tiene más orientación significativa para la cura de almas en general que el asesoramiento en conflictos matrimoniales. En estos últimos tampoco se termina la tarea pastoral cuando los conflictos resultan ser insolubles. La tarea en el sentido definitivo de cura de almas empieza precisamente aquí"[260].

En el párrafo sobre el libro de Howard Clinebell, *Asesoramiento y cuidado pastoral*, vimos, además, cómo la entrega total a una actitud psicoterapeuta –aunque el autor no la llamaría así– puede llevar a un consejero pastoral a aceptar unas ideologías que no se encuentran en la Biblia.

9. 5. El psicoanálisis reclama la aportación religiosa. La psicología pastoral

Mientras en los modelos anteriores la *poiménica* toma la iniciativa en la búsqueda de alguna aportación válida para sus tareas por parte de la psicología, en este último párrafo queremos mencionar que, a menudo, las distintas formas de psicoterapia llegan a reconocer el valor propio que tiene lo religioso para el ser humano y la curación de sus patologías, y que

---

259 Rössler:1994, p. 210.
260 Dietrich Rössler, *Seelsorge und Psychotheraoie, en Friedrich Wintzer* (ed., Praktische Theologie), Neunkirchen 1997, p. 131.

reclaman la aportación de los curas de almas en su propio campo que es la religión, la fe y el mensaje bíblico del que la misma se alimenta.

En la tradición de la psicología profunda de Carl Gustav Jung se ve al ser humano, frente a la tarea que le es dada para toda su vida, de convertirse en individuo, una personalidad, un sí mismo. Este proceso de individuación precisa un acompañamiento, no solamente en situaciones de conflicto, sino en el sentido de una maduración constante. Importante para este proceso son las experiencias profundas del individuo que se expresan en el lenguaje simbólico, arcaico. La religión y su simbolismo forman una parte importante de estas experiencias y la cura de almas tiene su lugar específico en la interpretación de toda la realidad como experiencia religiosa (cf. Gert Hartmann).

Con la psicología pastoral –ya hemos mencionado a Joachim Scharfenberg como uno de sus padres europeos– conocemos una nueva forma de psicología que salió justamente del reconocimiento de las limitaciones que se sienten en el psicoanálisis frente a todo tipo de expresiones religiosas.

La psicología pastoral es una psicología *sui generis*. Mihály Szentmártoni, jesuita yugoslavo, presenta una definición de esta ciencia que apunta exclusivamente a la situación pastoral. Szentmártoni escribe:

"La psicología pastoral es una rama de la psicología que estudia los procesos psicológicos inherentes a las situaciones pastorales"[261].

La situación pastoral significa, según Szentmártoni, la relación interpersonal "entre agente pastoral y uno o varios sujetos pastorales, abierta a la presencia de la trascendencia"[262]. Hasta ahora, la psicología pastoral se ha dedicado, en primer lugar, al trabajo de la cura de almas. Mihály Szentmártoni reclama una aportación más amplia de la psicología pastoral en los campos del culto, de la liturgia y de la homilética.

Los teólogos prácticos protestantes tienen una visión algo más amplia de la psicología pastoral. Ella es, dicho en términos generales, una psicología en intercambio científico con la teología. Es una materia dentro de la psicología, que hace sus aportaciones a la teología. La psicología pas-

---

261 Mihály Szentmártoni, *Manual de Psicología Pastoral*, Sígueme, Salamanca 2003, p. 9.
262 Szentmártoni: 2003, p. 9.

toral ayuda a aumentar al conocimiento de la fe. Se puede hablar de una "psicología hermenéutica" en la medida en la que se dedica a entender los textos sagrados y su interacción con los seres humanos.

La psicología pastoral es una ciencia histórica en cuanto estudia la relación entre la biografía individual y lo histórico-simbólico de sus manifestaciones.

A la *poiménica*, aporta sus observaciones sobre los procesos de comunicación y su dinámica intrapsíquica, y su saber sobre los conflictos humanos. La psicología pastoral es una psicología de conflictos en el sentido de conocer los aportes fundamentales que brinda la antropología religiosa como ayuda efectiva en situaciones conflictivas.

La psicología pastoral lleva a entender mejor, por un lado, a las personas a las que el pastor –o cualquier cristiano con esta tarea– quiera proclamar el evangelio, y, por el otro lado, hace su aportación a un mejor autoconocimiento de los agentes pastorales. De esta manera, la psicología pastoral colabora en la profundización de la antropología religiosa.

La psicología pastoral no es solamente una ciencia auxiliar de la *poiménica* sino –y en esto el protestante Stollberg coincide con el católico Szentmártoni– es "psicología para toda la praxis de la Iglesia"[263]. Por otro lado, ella da una aportación *sui generis* a la psicología en general.

---

263 Dietrich Stollberg, „Was ist Pastoralpsychologie", en Wege zum Menschen 20, Göttingen 1968, pp. 210-216, la cita en p. 216.

§ 10 La cura de almas basada en la Biblia

Al llegar al estado actual de la discusión en *poiménica*, hay que referirse a algunos conceptos por los que se intenta volver a una cura de almas basada en la Biblia, para evitar el peligro de una cura de almas que se vuelve psicoterapia olvidándose; de esta manera, de sus propios contenidos. Se teme un "psicologuismo" demasiado fuerte y la pérdida de la sustancia teológica.

Citamos a Jürgen Ziemer, teólogo práctico de Leipzig:

Cura de almas con la Biblia

«La Biblia es un libro de cura de almas. Sus textos, imágenes, canciones, relatos ayudaron a los seres humanos en todos los tiempos a ver sus propias necesidades, preguntas y problemas en una luz nueva y distinta. A menudo son algunas palabras de la Escritura –el lema bíblico de un día particularmente importante, el versículo del bautismo o de la confirmación, o algo parecido– que dan consuelo y orientación en una situación concreta de la vida.

En la cura de almas, puede ayudar mucho transmitir una palabra bíblica, el versículo de un salmo, una frase del sermón del monte, una palabra de esperanza de las epístolas de Pablo, etc. Sin embargo, el efecto depende, de que suceda en el momento oportuno (kairos). Versículos bíblicos obligatoriamente citados pueden ser contraproducentes; puede que den la impresión, que el cura de almas quiere deshacerse de alguien y lo hace de una manera piadosa. Los textos bíblicos serán una ayuda siempre y cuando abran un nuevo nivel de lenguaje, un nivel en el que, por un lado, se pueda reconocer la existencia concreta de un ser humano y a partir de que, por el otro lado, se puede abrir el horizonte de tal manera que se descubran esperanzas nuevas, entendimiento y perspectivas de vida.

De esta manera, hoy en día se discute en poiménica, como, frente al distanciamiento que mucha gente toma con la iglesia, se puede nuevamente "hacer recaer la conversación sobre la Biblia" (Bukowski)»[264].

Para una cura de almas cristiana, la Biblia es indispensable. Pero hay que saber usarla en la libertad del Espíritu Santo y con fidelidad a sus palabras. Donde se pierde este equilibrio, el uso de la Biblia entera o de unas citas bíblicas puede ser hasta contraproducente.

Mencionamos en este contexto unos conceptos *poiménicos* procedentes más bien del neopietismo con cuño evangelista o carismático.

El clásico representante de una cura de almas exclusivamente basada en la Biblia es el norteamericano Jay Adams. Su programa se conoce con el nombre de "una cura de almas noutética".

Un segundo concepto puede reclamar su origen en el pietismo suabio, por parte de su iniciador el pedagogo y psicólogo Michael Dieterich. Dieterich partía de la observación que el número de personas con un trasfondo pietista sufriendo problemas psíquicos[265] estaba en aumento. Se elaboró "la cura de almas bíblico-terapéutica", que se realiza actualmente en distintos grupos en Europa. Se parte de la idea de practicar una "terapia bíblica"; es decir, se combinan métodos psicológicos con una consecuente orientación bíblica.

Otros enfoques *poiménicos* promueven la necesidad del desarrollo de una "psicología cristiana" a base de la Biblia". Algunos grupos de iglesias evangélicas ofrecen cursos y programas de formación en esta línea algo carismática.

Todos estos conceptos comparten un enfoque biblicista con la expectativa de que se podría llegar a la elaboración de una cura de almas mo-

---

264 La cita en castellano se encuentra en http://www.theologie-online.uni-goettingen.de/pt/ziemer_sp.htm, Praktische Theologie, Seelsorge, Jürgen Ziemer, Cura de almas. Preguntas básicas acerca de un campo de acción eclesiástico.
265 Así lo señala Jürgen Ziemer, Seelsorgelehre, Göttingen 2000, p. 92.

derna, hecha directamente de afirmaciones bíblicas, con un gran interés en la relación entre sanidad y salvación.

10. 1. La cura de almas *noutética* (Jay Adams)

Este primer modelo que conocemos se caracteriza por el uso, algo fundamentalista, que se da a la Biblia. Se parte de las siguientes premisas:

-   De la Biblia proviene todo el saber antropológico.
-   Solamente la Biblia es aceptada como autoridad.
-   Directamente de ella se derivan las respuestas de estilo, contenido, momento, lenguaje, etc., de la cura de almas.

A base de Éfeso 4:11

«El mismo "dio" a unos el ser apóstoles; a otros, profetas; a otros, evangelizadores; a otros, pastores y maestros».

Jay Adams, el principal representante de esta escuela *poiménica*, deduce que el ministerio del pastor tiene más que nada carácter de un magisterio y, por ende, su cura de almas resulta ser la enseñanza del camino de la verdad. Es decir: el curador de almas como pastor/maestro sabe por dónde caminar y lo enseña a su feligresía.

Los libros de Jay Adams se caracterizan en su mayoría por un estilo doctrinario y pedantesco. Los títulos –algunos traducidos al español– nos dan esta impresión: *Shepherding God's Flock*[266] (*Pastoreando a la grey de Dios*) son tres tomos que tratan sobre la vida y el trabajo del pastor desde la cura de almas y la administración de la congregación, hasta el ocio y la vida íntima de la familia pastoral. Otros títulos –algunos fueron editados en castellano– son: *The Christian Counselor's Casebook*[267], *Vida cristiana en el hogar*[268], *Manual del Consejero Cristiano*[269], *Capacitados para orien-*

---

266 New York 1974-1975.
267 Grand Rapids, Michigan 19827, 1. ed. 1974.
268 Grand Rapids, Michigan 1977.
269 Barcelona 1984, original en inglés: "*The Christian Counselor's manual*", 1973.

tar[270]; *Solucionando problemas matrimoniales–soluciones bíblicas para el consejero cristiano*[271]. Estos títulos describen el programa.

Adams caracteriza su modelo de cura de almas basado en la Biblia como *nouthetically confronting* (confrontación *noutética* de la palabra griega *nouqein* "noutein", *amonestar, advertir, instruir*). Él saca esta característica de la lectura de todos los lugares donde se emplea la palabra *nouqein* en el Nuevo Testamento. Por medio del versículo COL 1:28, que habla de la tarea del apóstol Pablo de revelar el misterio de Cristo entre los gentiles:

"...al cual nosotros anunciamos, amonestando e instruyendo a todos los hombres con toda sabiduría, a fin de presentarlos a todos perfectos en Cristo".

Jay Adams especifica la tarea pastoral como la amonestación e instrucción. Esto es, según Adams, la tarea básica de toda cura de almas y es la tarea de todos los cristianos[272], en especial de los pastores[273]. El texto 2 Tim 3:16 **"Toda Escritura es inspirada por Dios y útil para enseñar, para redargüir, para corregir y para educar en la justicia..."**, da a Jay Adams la seguridad de que toda la Biblia apunta a esta educación correctiva de las ovejas fieles.

La llave para el empleo exitoso de la "confrontación noutética" es el reconocimiento del pecado, en el que según Jay Adams todos los problemas humanos tienen su partida. Después de la confesión, el consejero cristiano lleva al pecador arrepentido hacia el cambio de su comportamiento equivocado. El optimismo que este cambio de actitud sea posible solamente por un acto de comprensión y racionamiento efectuado y acompañado por medias educativas coloca la cura de almas *noutética* de Jay Adams cerca de la psicología del *conductivismo*, quiéralo o no el autor de la misma.

Jay Adams pretende tener, para la *poiménica*, una metodología y un instrumental que caracteriza la forma de trabajar de las ciencias naturales.

Por ende, sus manuales y los relatos de los "éxitos" de su cura de al-

---

270 Portavoz, Barcelona 1981, original en inglés "*Ready to restore*", 1981.
271 Barcelona 1985, original inglés: „Marriage Problems Solving", 1983.
272 Col 3:16; Rom 15:14.
273 Col 1:28; Hch 2:31.

mas, entendidos como cambio en la conducta de un individuo, resultan, aún incuestionables a la vista, pero a la vez muy elementales y cuestionables en cuanto a su duración y profundidad respecto a un cambio de estilo de vida total y de la conciencia de la persona.

Donde más convence el autoritarismo de Adams es cuando él se dirige a los pastores mismos. Por ejemplo, en sus manuales sobre el empleo del tiempo y el derecho a un tiempo libre para sí mismo y para sus familias, Adams exige de los pastores un profesionalismo que a menudo les falta. Aunque indudablemente el pastor tiene estos derechos a una vida particular, pocos los que lo toman en serio. Frente a una tal actitud de sentirse superhombre, incansable y sin necesidades que caracterizan a la gente normal, quizá no hay otro remedio ni cura de almas posible que hacer entrar, a fuerza de machacar en las cabezas de tantos pastores, destruidos por un sacrificio "profesional" macabro que a menudo incluye toda la familia, argumentaciones como esta:
«El pastor tiene que reconocer que, efectivamente, tiene tiempo para hacer todo lo que el Señor espera de él. Todos tenemos la misma cantidad de tiempo: 24 horas el día... Dios nunca requiere algo imposible de sus hijos. Los deberes y prioridades de Dios nunca entran en conflicto. Dios no es un Dios de confusión, sino de paz (Jay Adams traduce "order"». 1 Cor 14:33)[274].

No se puede negar el valor de la Biblia y de su uso en un encuentro de cura de almas. Sin embargo, el problema de Jay Adams es que no permite una diversidad y sensibilidad en la lectura e interpretación de la Escritura Sagrada.

Jay Adams, según nuestra impresión, se enseñorea de la Biblia, la domina y pretende que su sentido en todo momento sea uno, claro y siempre a la vista del pastor. No se cuenta con varios accesos personalizados a la Biblia, tampoco con el derecho propio y una manera particular de Dios de expresarse por medio de su palabra.

No es entonces su fundamento en la Biblia, lo que caracteriza este modelo en última instancia, sino la falta de voluntad de interpretar y actualizar, de mediar y acomodar el mensaje bíblico a las circunstancias, preguntas y problemas de quien busca curar su alma.

---

274 Jay Adams, Shepharding God's Flock, vol I, New York 1974, p. 40.

Jay Adams reconoce que no se puede leer la Biblia sin ningún tipo de interés actual, procedente del quehacer de la vida propia, pero el acento, a la hora de dar un consejo, es en la supuesta notoriedad de la escritura: "Ya que los pensamientos teológicos nunca deben separarse de las preguntas que hace la sociedad contemporánea, tampoco los teólogos prácticos deben ignorar las respuestas bíblicas y teológicas elaboradas en el correr de los siglos por una exégesis y un debate cuidadosos"[275].

Las demás ciencias que se dedican a la ayuda del ser humano son, o negadas o reducidas, por Jay Adams a un tamaño que equivale a la negación de la importancia de alguna de las preguntas decisivas respecto al hombre en su relación con Dios. Adams saca de la Biblia incluso las imágenes de la vida humana cotidiana. Con estos ejemplos bíblicos, la vida queda reducida, simplificada, accesible para cada lector de los testamentos. La tarea humana se orienta a la realidad anticipada de Cristo y no por datos empíricos. La finalidad de la orientación pastoral es la uniformidad en la imitación de Cristo y, en ningún sentido, una autorrealización de la persona en su singularidad y en su unidad regaladas por Dios.

Si en la Edad Media la teología fue aceptada como la reina de las ciencias, cuyas siervas eran todas las demás ciencias, una jerarquía que se expresó en particular en la relación con la filosofía –*FILOSOFIA ANCILLA THEOLOGIAE EST*–, en el modelo norteamericano que estamos conociendo, ni siquiera se puede hablar de una teología. Aun Jay Adams subraya que: "La única base propia para la vida cristiana y para el ministerio pastoral es bíblica *y teológica*"[276], su "teología" resulta ser un biblicismo simplista, encerrado en sí mismo, que pretende tener las respuestas frente a todos los problemas que puedan ocurrir en la vida de un ser humano, de una familia, de la vida profesional, etc. Cada respuesta se extrae directamente de la Biblia.

En esto, la *poiménica* de Jay Adams abusa de la Biblia, la lee de una manera profundamente antievangélica. Mientras Martín Lutero reconocía en las Sagradas Escritura la máxima autoridad, por esto también les

---

275 Jay Adams, *Shepharding God's Flock*, VOL I, New York 1974, p. 1.
276 Jay Adams, *Shepharding God's Flock*, vol I, New York 1974, p. 1.

concedía la máxima libertad –*SCRIPTURA IPDSUM INTERPRETES* (la Escritura es su propio intérprete)–, Jay Adams cae en el peligro de encontrar en la Biblia el abecedario de sus propias convicciones y enseñanzas conservadoras.

10. 2. La cura de almas bíblico-terapéutica

Mientras Jay Adams rechaza cualquier aportación de la psicoterapia en su *poiménica* porque, según él, no concuerda con la cura de almas basada en la Biblia –pero ya sabemos que Adams trabaja ¡sin reconocerlo!, con un fuerte *conductivismo*– la cura de almas bíblico-terapéutica acepta los enfoques de la psicoterapia como herramientas que el pastor tiene que saber utilizar.

Se trabaja con un cierto eclecticismo; es decir, de las distintas escuelas psicoterapéuticas, se utiliza algún método aislado sin vincularse totalmente con esta corriente.

Parece que en el centro de la atención de Michael Dieterich y su escuela no está una teoría teológica de lo que cura de almas significa, sino la necesidad de sus pacientes. Dijimos anteriormente que Dieterich partía de la observación de que estaba en aumento el número de personas con un trasfondo pietista, sufriendo problemas psíquicos. En España se ofrecen cursos de distintas índoles refiriéndose al instituto y a la persona del maestro mismo, sin mencionar siquiera la orientación cristiana de la empresa.

"Asesoramiento terapéutico psicológico en la Costa Blanca. Orientación y acompañamiento de apoyo emocional y psico-terapéutico en general para adultos. Ayuda para descubrir sus recursos personales y con estos enfrentar y superar los problemas de la vida"[277].

Así es como hace su invitación el psicoterapeuta Conrado Grandville, coordinador y responsable de la Sede Española del BTS-IPS. BTS significa *Biblisch Therapeutische Seelsorge* (cura de almas bíblico-terapéutica). IPS representa *Hochschulinstitut für Psychologie und Seelsorge* (Instituto Superior para Psicología y Cura de almas). Llama la atención

---

277 www.bts-atp.com/main.htm, encontrado el 24.9.2009.

que, en su página *web*[278], el ATP (Asesoramiento Terapéutico Psicológico) no menciona en absoluto sus raíces evangélicas cristianas ni que sus terapias estén fundadas en la Biblia. Su principal representante, Conrado Grandville, solamente señala su vinculación con Michael Dieterich y su Instituto de Investigación en Psicología Práctica (IPP-BTS) de Freudenstadt, Alemania.

Para el fundador de la "Sociedad alemana de la cura de almas bíblico-terapéutica", el conjunto de las psicoterapias es algo así como una cantera de donde la cura de almas saca lo que le sirve[279]. Veamos lo que se ofrece en los cursos en España:

«Para un futuro –no lejano– tenemos en programa ofrecer además cursos y seminarios con el Prof. Dr. M. Dieterich y su esposa Hilde y otros/as colaboradores/as científicos/as del Instituto de Alemania con traducción simultánea al castellano por traductores/as que conocen muy bien esta temática. Algunos de estos cursos podrían ser sobre:

Terapia conductista, Psicoterapia centrada en el paciente, Psicología del profundo, Psicoterapia individual, Logoterapia, Terapia gestáltica, Análisis transaccional, Supervisión, Interacciones centradas en la temática, Diagnosis psíquica, etc., como también temas importantes como los siguientes:

- Psico-higiene [sic]
- Mediación-intercesión
- Cargar y ser "cargado"
- Cuando alimentarse se convierte en un problema
- Cuando aprender a amar se hace necesario
- Psicología del desarrollo en los niños
- La importancia de comunicarnos mutuamente
- Cuando el ser padres se convierte en un problema
- Experiencias en la temprana niñez y sus posibles consecuencias
- Agresividad y combate dentro de mí mismo
- Autorrealización
- Asesoramiento laboral
- *Consolatio*

---

278 www.bts-atp.com/main.htm, encontrado el 24.9.2009.
279 Dieterich, Michael, Psychotherapie, Seelsorge, Biblisch-therapeutische Seelsorge. Neuhausen-Stuttgart 1987.

- Psicomercado de la sectas u ocultismo
- La falsa moralidad/religiosidad y la realidad, etc.[280].

En verdad se trata de un ofrecimiento amplio. Según la teología de los fundadores de la BTS, el Espíritu Santo toma y comunica al curador de almas, en cada caso, la decisión sobre la metodología terapéutica adecuada. Es el Espíritu Santo que también hace notar al pastor cuando está indicado el uso de la Biblia en la entrevista de cura de almas.

Se habla de una terapia 'bíblica' porque se basa en las imágenes bíblicas del ser humano. Las reglas para actuar, las sacan directamente de la Escritura, al igual que los ejemplos que usan. En esto se asemejan a Jay Adams. A diferencia de él, la cura de almas bíblico-terapéutica pretende utilizar todas las psicoterapias científicamente fundadas. Pero, supuestamente, nunca se vuelve psicoterapia porque se compromete plenamente con la cosmovisión cristiana supuestamente distinta a la de los psicoterapeutas.

En el libro de Paul Hoff: *El Pastor como consejero,* Miami, EE. UU. 1981, y en otros del mismo autor, encontramos un enfoque parecido al de Dieterich. Paul Hoff es misionero de las asambleas de Dios, con más de treinta años de servicio en América Latina. Ejerció de docente en Bolivia y Argentina. Actualmente radica en Chile, y preside el Instituto Bíblico Pentecostal en la ciudad de Santiago. Enseña una forma de consejería cristiana basada en la Biblia, pero utilizando todos los enfoques psicoterapéuticos conocidas. Esta cura de almas pretende estar al alcance de cada cristiano. Además, se trabaja a veces con conocimientos psicoterapéuticos muy popularizados, recurriendo a citas e imágenes de la Biblia.

A veces, en las presentaciones de la cura de almas bíblico-terapéutica, algunos relatos bíblicos se convierten en ejemplos de tratamientos psicoterapéuticos exitosos aun en casos de enfermedades muy graves. Ya Oskar Pfister pensó en esta dirección al señalar que el mismo Jesús trabajaba con los principios básicos del psicoanálisis.

La cura de almas bíblico-terapéutica se orienta más por "la realidad nueva en Cristo" que en factores empíricos. Algo que –como ya lo vimos en Jay Adams– pueda llevar a un cierto docetismo. Es decir, se vive y se actúa como si este mundo no tuviera una existencia propia, real.

---

280 www.bts-atp.com/kurse.htm, encontrado el 24.9.2009.

Una pregunta crítica que surge acerca de este enfoque *poiménico* es de índole práctico. Cabe preguntar si los 'terapeutas bíblicos' realmente pueden aprender todas las metodologías de las distintas escuelas psicoterapéuticas, hasta tal punto que sepan emplearlas profesionalmente, incluso mezclarlas, usarlas completivamente y todo esto bajo el dominio de un biblicismo que requiere el permanente reaseguro de la Biblia.

Cabe la pregunta de si en esta empresa no se encuentra subyacentemente un innegable desprecio frente a las psicoterapias, como unos conocimientos muy fáciles de adquirir y sin importancia mayor.

10. 3. La "psicología cristiana" a base de la Biblia

En las últimas décadas hubo muchos enfoques de psicólogos cristianos que han trabajado aspectos de la psicoterapia uniéndola con la fe cristiana. Muchas veces la nomenclatura no está muy clara y va desde "psicoterapia cristiana" o "terapia cristiana", pasando por "renovación espiritual", hasta "sanación interior".

La psicoterapia cristiana propone técnicas que utilizan también los psicoterapeutas y, a la vez, introduce elementos de fe cristiana, como aportes para la curación interior o llamamiento a veces a un proceso integral de sanación psicológica y espiritual.

El centro de estos enfoques es la experiencia de la vivencia cristiana, y del lugar central que en ella ocupa la figura histórica de Jesucristo, como Señor y Mesías, que es aceptado por la fe.

Estos enfoques pretenden ser corrientes psicoterapéuticas que unen todos los elementos de la psicología y la psicoterapia, con los elementos propios de la fe cristiana. Ayudan al paciente a curar sus heridas emocionales, afectivas, recuerdos dolorosos, traumas, complejos, poniendo la fe no solamente en las técnicas psicoterapéuticas que son aceptadas como buenas, sino además en la fe en Jesucristo, el sanador de la persona humana.

Como ejemplo mencionamos al fraile Ignacio Larrañaga. Es un sacerdote, psicólogo y psicoterapeuta franciscano capuchino, en cuyos libros y páginas *web* se encuentran un sin fin de muestras de su énfasis en una renovación de la vida espiritual mediante sus seminarios y conferencias en Europa, Latinoamérica, y Estados Unidos. Larrañaga y sus compañeros franciscanos pretenden aplicar la psicología, la psicoterapia y la teología en relación a la espiritualidad tradicional de su orden. El libro *El sentido de la vida*, una recopilación de fragmentos de su obra para cada día del año, empieza con la frase: "Todos los caminos son buenos si conducen a la morada donde habita un alma necesitada"[281].

La Sociedad para una Psicología Cristiana *IGNIS*[282] fue fundada en 1986 en Alemania. Grupos parecidos existen en algunos países europeos (Inglaterra, Polonia, Suiza, Austria y otros). *IGNIS* es latín y significa fuego. Se refiere al Espíritu Santo que guía esta empresa carismática.

Los fundadores son sicólogos y psicoterapeutas que se han convertido a un cristianismo muy personal y comprometido. Buscan superar la división que existía entre su vida profesional y su compromiso como cristianos, hasta entonces puramente particular. Pretenden conciliar la cura de almas y su trabajo terapéutico. Su programa es: hacer entrar las verdades bíblicas en la psicología y convertir de esta manera la psicología en una psicología cristiana que será una psicología centrada en la relación reconciliadora con Dios por medio de Jesucristo.

La academia que existe desde 1992 lleva el lema: "Bíblico-científico-carismático".

Los puntos fundamentales conceptuales de una "terapia cristiana" (*Christlichen Therapie* –CT–) a base de una psicología cristiana son:

1. Mientras las psicoterapias tradicionales trabajan a base de una relación entre dos a varias personas, la terapia cristiana cuenta adicionalmente con la interacción con el Dios personal y trino por medio de las distintas formas de la oración, de la comunión, etc.

---

281 Larañaga, Ignacio, El sentido de la voda, Ed. San Pablo, 19993.
282 Informaciones básicas se consiguen en www.ignis.de, encontrado el 24.9.2007.

2. El terapeuta cristiano no ve, en su intervención, la garantía del desarrollo de su paciente, sino que, junto con él, se dirige a Dios y apoya al paciente con el fin de aclarar su relación personal con Dios.

3. Las intervenciones del terapeuta no surgen de sus conocimientos teóricos o profesionales, sino de un diálogo con Dios, es decir, en la oración por la cual el terapeuta es guiado.

4. La terapia cristiana no apunta en primer lugar a curar algunos síntomas del paciente, sino que enfoca el crecimiento y la curación hacia la relación con Dios que se muestre en su capacidad de amar a otros, de aceptarse a sí mismo y en la responsabilidad que toma el paciente con la creación; o sea, el medio ambiente.

5. Las psicoterapias trabajan con un instrumental que se puede enseñar y transmitir a los estudiantes. La terapia cristiana tiene como base una relación vital con Dios que se expresa por la oración, por el escuchar de la palabra divina, por el servicio en el ejercicio de los carismas y por una vida según los valores cristianos. Esta vida se desarrolla en una comunidad cristiana, sea cual sea su confesión.

6. Ya que la disminución de los síntomas no es la primera finalidad de la terapia cristiana, la vida cristiana del paciente tiene que mostrar los resultados de su proceso de curación en lo cotidiano.

Resumiendo, se puede decir que la terapia cristiana apunta a la reparación de la relación perturbada con Dios y con el prójimo en un proceso amplio de perdón.

§ 11 *Poiménica* en tiempos posmodernos

El modelo de Jay Adams lo podemos caracterizar como un intento de presentar el gran relato de la cura de almas moderna. "Gran relato" es un vocablo que surgió en la crítica de la posmodernidad frente a las filosofías, creencias, ideologías, etc., que fueron presentadas como sistemas científicos, cerradas lógicamente en sí mismas, y que pretendían, al menos en el campo de un determinado problema, explicarlo todo por una cosmovisión global.

Para la teoría de la posmodernidad, todos estos grandes relatos: el cristianismo, la ilustración, la filosofía hegeliana, el marxismo, el sueño capitalista, etc., parecen obedecer todas al mismo esquema: la humanidad por una cierta actitud, creencia, labor, proceso de maduración, ética, lo que sea, logra llegar en el correr del tiempo a una finalidad histórica que le brinde libertad universal, absolución, bienestar, felicidad perfecta, etc.

El optimismo de Adams acerca de su método y la infalibilidad del mismo –cada fracaso es un fallo humano de un mal empleo del material bíblico– parecen trasladar al campo de la poiménica el sueño moderno de la emancipación de la pobreza por el desarrollo tecnoindustrial y el crecimiento desenfrenado, sin cesar de la producción de mercadería y tecnologías nuevas.

La teoría de la posmodernidad nos hace ver los límites del crecimiento desenfrenado en todos los aspectos, nos recuerda la fragilidad de toda empresa humana y percibe la vida como una obra de arte precaria un *patchwork*[283], como dicen sus autores. También la *poiménica* tiene que exponerse a este cuestionamiento crítico posmoderno. En esto se pierde mucho del entusiasmo, en el sentido de que todo es posible, pero gana a su vez más humildad y humanidad. El sujeto, como ser viviente (*hyh JePen*) creado de manera individual y única por el Dios Creador (Gn 2:7) recupera su dignidad y su derecho frente al uniformismo de una supuesta conducta cristiana determinada. Se perfila nuevamente la *SOLA GRATIA* como condición existencial de las personas.

La cura de almas de Jay Adams apunta a una vida del cristiano en la comunidad de su iglesia. Pretende llevarlo a ser un buen vecino, modelo y ejemplar de un hombre que se preocupa por los demás, hasta tal punto que no solamente el pastor, sino que, como destaca Adams, todo cristiano, es una predicación viva del mensaje cristiano, *everywhere that he goes and in everything that he does (...) he represents Jesus Christ*[284]. Una cura de almas de este corte promueve, como vimos arriba, un tipo de persona, más que individuo, porque los rasgos individuales empalidecen atrás de las líneas generales, que presenta una conducta llamativa, bien definida y reconocible como cristiana. Enseña cómo tienen que ser los cristianos.

Cabe la pregunta por una cura de almas en el siglo XXI y en sociedades que se caracterizan por ser multifacéticos en casi todos sus aspectos, desde la cultura hasta las creencias religiosas, donde semejante uniformidad, a menudo, espanta más que atrae.

Tampoco las iglesias evangélicas, en especial aquellas pequeñas en situación de diáspora como las españolas y las de los países de América Latina, ya no forman más un conjunto aislado de personas uniformes en su credo frente a un mundo hostil y amenazador. Estos evangélicos comparten la vida de sus conciudadanos en todos sus aspectos y ya no pueden vivir su fe como algo que les separa de los demás, como creyentes de los supuestamente no creyentes. Si pensamos, por ejemplo, en un país como España, donde la gran mayoría de las personas siguen siendo católicas nominales; sin embargo, uno se da cuenta de que, de hecho, una gran

---

283 Este término fue creado por el psicólogo social Heiner Keupp, "Die verlorene Einheit, oder: Ohne Angst verschieden sein können", en Universitas 9, 1992, pp. 867–875, *Patchwork-Identität patchwork* = Labor de retazos en el sentido de una obra imperfecta.
284 Jay Adams, Shepharding God's Flock, vol I, New York 1974, p. 54.

parte de la población se marchó de la iglesia y no asiste más en ningún acto eclesiástico.

Por el otro lado, esta gente no deja de ser creyentes de alguna manera. Justamente los evangélicos, por nuestra historia, tendríamos que entender que la separación de una institución eclesial que además reclama ser la única verdadera, no significa que uno deje de creer en Dios y en la salvación por Jesucristo. Entonces si nuestra cura de almas se merece el adjetivo "evangélica" será porque se dirige a toda persona en busca de *Lebensgewissheit* –por volver a emplear la palabra de Rössler–, sin conllevar la exigencia de llegar a cumplir ciertos requisitos, supuestamente "de creyente". La cura de almas no es una empresa misionera que hace de un pagano un buen cristiano. Esta es una manera de pensar de siglos anteriores. La cura de almas del siglo XXI supone que cada persona ya vive con sus creencias (por más desmedradas y mutiladas que a veces sean) que es creyente y necesita desarrollar, fortalecer, sanar; o sea, curar, estas sus creencias. ¿Dejamos de ser cristianos si cooperamos en esta empresa ecuménica en un sentido muy amplio? Creemos que no. Al dedicarnos a las personas necesitadas de curar sus almas, sus existencias como seres llamados por Dios, estamos en el centro de la tarea que nos dejó Jesús: contagiar a todo el mundo con la liberación de todo poder del mal, libertad que Dios nos regala, para una vida auténtica verdadera con toda la riqueza de lo multifacético.

Conozcamos, pues, algunos conceptos *poiménicos* en este sentido, recién desarrollados o todavía en estado de nacimiento.

11. 1. Cura de almas mundana

Muy al contrario, al enfoque uniformista de Jay Adams, la cura de almas, según el teólogo suizo Walter Bernet (*1925), tiene la tarea de ayudar al individuo en su emancipación como sujeto, en su singularidad. La obra de Walter Bernet apareció en el año 1988 y lleva el título en alemán *Weltliche Seelsorge*[285] (cura de almas mundana). La mundaneidad de la cura de almas, en el concepto de Bernet, consiste en renunciar al

---

285 Walter Bernet, Weltliche Seelsorge, *Elemente einer Theorie des Einzelnen*, Zürich 1988.

postulado de un Dios que conoce y exige solamente un modelo posible para sus seguidores. Walter Bernet, y en este sentido también Henning Luther[286] y Rolf Schieder[287], introducen a la discusión *poiménica* la idea de que cada persona es un proyecto inacabado que está en proceso de realización. La tarea de la cura de almas es, entonces, ayudar al ser humano, en su aislamiento, a encontrar la fuerza para desarrollarse como individuo único. Rolf Schieder, catedrático de poiménica y pedagogía de la religión en Berlín, la formula así:

"Como finalidad de la cura de almas quiero determinar la preocupación por el 'poder ser uno mismo' del individuo"[288].

Con esta definición se quiere diferenciar la cura de almas querigmática (o sea, de los enfoques poiménicos preocupados más que nada por la imposición del mensaje bíblico como objeto principal de su cura de almas desde Thurneysen hasta J. Adams) de la cura de almas terapéutica, en el sentido de una poiménica dominada por la psicología práctica.

Este concepto posmoderno de cura de almas, que llamamos "mundano", y el modelo de Jay Adams, que hemos caracterizado antes como "gran relato" de una cura de alma moderna, tienen en común un distanciamiento frente a toda forma de psicoterapia y el acento que ponen en la autonomía de la *poiménica* como ciencia, con sus propios instrumentos y sus contenidos *sui generis*. Pero mientras que en el gran relato de Adams hay un biblicismo autoritativo que tutela a las personas, en Bernet encontramos una teoría empírica de una sociedad multifacética. El individuo está frente a un Dios comunicativo y motivador de la fantasía humana. En el concepto de Walter Bernet, Dios no determina al ser humano con un reglamento de acciones deseadas y listas de buen comportamiento, sino que, para los curadores de almas posmodernos, Dios es el garante de la libertad e indisponibilidad del ser humano. Hay que señalar a Dios "para que el individuo siga siendo relevante"[289]. Mientras en el psicoanálisis, por un proceso largo y a veces doloroso de explora-

---

286 Henning Luther, *Religion und Alltag. Bausteine zu einer Praktischen Theologie des Subjekts*, Stuttgart 1992.
287 Rolf Schieder, *Seelsorge in deer Postmoderne*, en WzM 46, 1994, pp. 26-43. Cf el libro del mismo autor, *Civil Religion, Die religiöse Dimension der politischen Kultur*, Gütersloh 1987.
288 Schieder: 1994, p. 27.
289 Bernet: 1988, p. 52.

ción retrospectiva, el paciente tiene que liberarse de cada dependencia enfermiza, incluso y, por último, de la del terapeuta, y de esta manera ganar su individuación, la cura de almas posmoderna ayuda a la persona a volverse sujeto, justamente por hacerle ver su ubicación frente a Dios. Esto también se podría llamar una dependencia, pero se depende de un Dios abierto a las infinitas posibilidades del ser humano.

La finalidad de este tipo de cura de almas no es la subordinación del cristiano al supuesto ideal bíblico divino. Tampoco es la obligación de asumir el puesto que le corresponde como miembro de la comunidad cristiana y buen ciudadano, sino que este tipo de cura de almas ayuda a que la persona pueda ser auténticamente ella misma. Ser sí mismo, no en el sentido de una reducción al núcleo existencial de la persona, como lo conocemos en la poiménica liberal en la tradición de Paul Tillich, sino que la invitación a ser auténticamente uno mismo en la cura de almas posmoderna apunta a la protección de una vida desafiada por un sin número de posibilidades que ofrecen las sociedades innovadoras.

El individuo posmoderno precisa ayuda frente a la exigencia de desarrollar una "identidad múltiple". Rolf Schieder describe esta exigencia. Es el saber corresponder a una gran cantidad de papeles distintos que nos exige la sociedad posmoderna. Es la necesidad de tener una identidad tipo "patchwork". La necesidad de desarrollar este tipo de identidad se debe a las posibilidades de sobra que tenemos a nuestro alcance en las sociedades posmodernas y que exigen decisiones. Rolf Schieder habla de un "exceso de posibilidades" (*Möglichkeitsüberschuss*)[290].

La subjetividad se vive; por supuesto, en la comunión con otros, pero no se es dependiente de expectativas ajenas. Al contrario, la tarea del individuo, a la que la cura de almas quiere ayudar, es desarrollar su propia personalidad. La religión posibilita la distancia que el individuo necesita para elegirse a sí mismo y, de esta manera, ser lo que única y verdaderamente puede ser: él mismo.

Dios ofrece un espacio protegido para que cada uno pueda realizarse de esta manera en su singularidad. Para evitar cualquier alusión a una dependencia o dominación eclesiásticas tradicionales, Walter Bernet re-

---

290 Schieder: 1994, p. 33s.

emplaza la oración personal por la meditación. Por eso su cura de almas se autodenomina *weltlich;* es decir: mundana, profana; no porque no crea en Dios, sino porque cree en un Dios que deja al ser mundano su derecho de encontrar su forma de realizarse. Esto incluye la negación frente a otras muchas posibilidades y el ánimo de no cumplir con todas las exigencias, desde las religiosas hasta las de la estética, en la tarea de crear una vida propia, como una obra de arte.

El resultado es un conjunto de remiendos (*patchwork*). Cada individuo junta los elementos de su vida, según sus posibilidades y según las ofertas en el supermercado de la realidad. Rolf Schieder argumenta con la psicología de Sören Kierkegaard[291]: solamente frente a Dios, en la fe que fundamenta el propio ser en él, el ser humano puede, no solamente soportar, sino aceptar su limitación.

En la praxis, este concepto *poiménico* significa que se ha de renunciar, no solamente a la actitud directiva y autoritativa de la confrontación *noutética* en el sentido de J. Adams, sino que exige también la renuncia a la relación desequilibrada de un enfoque psicoterapéutico en la cura de almas, donde el pastor de alguna manera toma el rol del médico curando el alma enferma de su paciente.

El curador de almas, según Bernet y Schieder, se encuentra con su paciente en el mismo nivel, sin la necesidad de colocarlo en el puesto inferior del enfermo, no normal, que precisa ayuda desde arriba. Cura de almas se realiza sin dominación y sin trabas, sin ningún tipo de diferencia en el nivel de poder.

El hombre posmoderno se desespera en su intento de crearse a sí mismo como si su vida fuera una obra de arte. Fracasa también en el intento de realizar todas las posibilidades que se le ofrecen. Cura de almas en la posmodernidad es ayudar a vivir frente al exceso de exigencias, a limitarse frente a la oferta enorme de posibilidades, frente a la desesperación de no cumplir jamás con las leyes del consumismo, con la agilidad requerida por una sociedad cambiante a una velocidad vertiginosa. La culminación de la cura de almas cristiana consiste, según Rolf Schieder, en resistir, junto con el otro, la situación de esta

---

291 Sören Kierkegaard, *La enfermedad mortal o de la desesperación y el pecado*, SARPE, S.A. Madrid 1984, (título del original: *Sygdommen til döden, Copenhague* 1849, bajo el seudónimo Ant-Climacus).

desesperación (que es el pecado en el sentido *kierkegaardiense*) y en esto realizar, hacer realidad, la justificación del pecador solamente por la fe.

Los modelos *poiménicos* que conocemos pretenden tener autonomía frente a la psicología. Mientras Jay Adamas rechazaba la influencia de la psicoterapia, por la metodología y los valores seculares (mundanos) que le son inherentes, Walter Bernet critica el psicoanálisis y otros enfoques terapéuticos por el desnivel que se establece en la relación entre terapeuta y paciente. *Weltliche Seelsorge*, el término ya se encuentra en Sigmund Freud[292], se enfrenta según Bernet a los conceptos poiménicos donde se atribuye un papel central a una figura sacerdotal que actúa con un instrumental o sacramental o –lo que resulta muy parecido– que actúa como un médico[293]. Esta crítica se basa en convicciones protestantes. Según Martín Lutero la experiencia del evangelio no depende ni de una cierta metodología ni de personas consagradas.

En los *Artículos de esmalcalda* Lutero señaló claramente que junto con la palabra, la Santa Cena y el ministerio de las llaves, se concibe el evangelio también *PER MUTUUM COLLOQUIUM ET CONSOLATIO-NEM FRATRUM;* es decir, por la conversación y consolación mutua de los hermanos y hermanas. Esta afirmación nos lleva a otro concepto de cura de almas.

11. 2. Cura de almas de todos los creyentes

¿Quién practica cura de almas? Según el entendimiento evangélico, la cura de almas no depende de ciertas consagraciones. Al contrario, principalmente, todos los miembros bautizados de la comunidad son curadoras y curadores de almas. Por supuesto, en la práctica, no todos ejercerán la cura de almas. Pero lo importante es que la cura de almas no sea vista como asunto exclusivo de las pastoras y pastores. De manera que siempre

---

292 Sigmund Freud, en el artículo: Análisis profano (psicoanálisis y medicina*). Conversaciones con una persona imparcial*, 1926.
293 Bernet: 188, p. 9. Bernet explica que la "*weltliche Seelsorge*" se opone a lo "*Sakramental-Priester-lice*" y a lo "*Medizinisch-Priesterliche*".

habrá una forma de cura de almas que ofrecen, más que nada, los laicos; es decir, los vecinos, los amigos, los familiares, etc., de una persona en busca de apoyo. En muchas comunidades son los laicos quienes se hacen responsables de ciertos servicios pastorales. Piénsese en la cura de almas como un servicio telefónico, en colaboradores de la cura de almas con enfermos y con personas mayores, en el ministerio de las visitas en casa, en colaboradores en el Movimiento Hospice, etc.

Para muchos modelos de cura de almas que acabamos de conocer, la formación profesional que requieren es importante. La cura de almas, en especial cuando emplea herramientas psicoterapéuticas, parece ser la tarea de un profesional incluso entre los pastores. El modelo que aparece, a veces, detrás de la relación pastor-miembro de su congregación es el del encuentro entre un superior con su subordinado. ¿Pero la cura de almas es solamente asunto de profesionales –persona con una formación superior–? Este concepto parece ser el resultado de una corriente de la tradición calvinista, donde el curador de almas tiene, más que nada, la tarea de un educador a veces con tendencia a ser un inspector. La cura de almas calvinista observa la disciplina en la congregación. Para ello es importante el *TERCIUS USUS LEGIS*, el uso de la ley (los diez mandamientos, los códigos del Antiguo Testamento, etc.) como reglamento para los creyentes. El cumplimiento de la ley bíblica establece algo como una nueva jerarquía de santidad en la Iglesia.

Para Lutero era importante la competencia *poiménica* de todos los creyentes y en esta línea se ubica el modelo que se puede denominar "cura de almas de todos los creyentes" o como dice Dietrich Rössler: "cura de almas elemental"[294].

La idea es que cualquier cristiano responsable puede y debe ser curador de almas para otros. Existe una igualdad entre los feligreses incluso respecto al rol del confesor y confesante. Las raíces de esta paridad están en la justificación de todos humanos solo por la gracia de Dios. No hace falta una formación especializada. Cura de almas es algo elemental, algo que puede realizar cualquier cristiano no profesional. Recordamos que también el pietismo argumentaba en esta línea. Como ejemplo de este modelo de una cura de almas de base se puede mencionar a Reinhold Gestrich y su concepto de una "cura de almas en la comunidad". Gestrich es pastor, y durante mucho tiempo fue capellán en un hospital. Su

---

294 Rössler: 1994, p. 205, "Seelsorge 'ganz einfach'".

libro salió en el año 1990 con el título *Hirten füreinander sein* (ser pastores el uno para el otro)[295]. Este libro se dirige a todos los hombres y a todas las mujeres que ejercen la cura de almas en las comunidades. Gestrich habla de forma sencilla y original de la cura de almas como tarea básica de todos los cristianos. Del Salmo 23 saca la imagen del buen pastor que motiva la atención de cuidado y protección mutua.

También el librillo del valdense Thomas Soggin, *...Y me visitasteis*[296], asume el enfoque de una cura de almas realizada por los laicos de las iglesias. Pero al contrario del concepto "cura de almas elemental" de Reinhold Gestrich Thomas Soggin no confía en la capacidad de todos sus colaboradores de realizar encuentros de cura de almas, sino que presenta un programa minuciosamente elaborado, supervisado e integrado plenamente en la jerarquía eclesiástica:

«Creemos importante también que el grupo de "visitadores locales", una vez formado y preparado, reciba el apoyo oficial por parte de la Asamblea y sea presentado durante el culto dominical. Allí cada visitador será presentado como responsable de un sector de la iglesia, de manera que cada familia pueda relacionarse con un visitador»[297].

La cura de almas en este concepto valdense no parece ser algo libre, un acontecimiento que ocurre entre cristianos independientes, sino que resulta ser funcional a la misión de la iglesia en el sentido angosto de mantener firmes a los miembros y, dentro de lo posible, ganar a algunos nuevos. Una cura de almas que a fin de cuentas apunta a la misión; o sea, a incorporar al ayudado a la congregación propia, pierde su libertad y su carácter evangélicos.

Además, el modelo de Thomas Soggín, como tantos otros modelos populistas, no está libre de una manipulación en algo superficial de algunas herramientas psicoterapeutas. Estas se trivializan y popularizan hasta que se vuelven técnicas en uno de los tantos manuales que pretenden enseñar cómo llega uno a una vida feliz. La literatura en este mercado abunda. Un ejemplo de la trivialidad inherente en este tipo de literatura es la observación que se puede hacer a menudo, que la hipótesis freudia-

---

295 Reinhold Gestrich, Hirten füreinander sein, Stuttgart 1990.
296 Thomas Soggin, "...y me visitasteis", Centro Emmanuel, Valdense 1982.
297 Soggin: 1982, p. 8.

na del ego, superyó y yo en estos modelos primitivos, elaborados para un gran público, deja de ser un mero concepto de roles psicológicos y pasa a ser presentada como realidad fenomenológica.

Abundan los materiales en las manos de laicos que con estas simplificaciones piensan saber realizar una cura de almas. Caen con toda su buena voluntad en un juego de engaño de unos irresponsables simplificadores. Una congregación que se base en este tipo de visitantes mal capacitados se daña más que aporta algo a la edificación de una comunidad cristiana, libre y de consuelo mutuo. Este consuelo no tiene su fuerza en el aprendizaje de algunas técnicas dudosas, sino en el hecho teológico que cada cura de almas depende en último término de la cura de almas previa de Dios, que haya recibido el cura o la curadora de almas mismos.

El concepto de una cura de almas de todos los creyentes, más bien depende de la autenticidad con la que las personas laicas viven su fe y de la manera en la que estén dispuestas (y hasta cierto grado capacitadas) a hablar de ella y en base de ella. Creo que inclusive todos los pastores tenemos motivos de agradecer a algún laico de nuestra iglesia o desde afuera que se nos ha prestado alguna vez como verdadero cura de almas, sin formación ninguna, solamente con su capacidad de escuchar nuestro relato y de contestar en base a sus creencias forjadas por años de experiencias.

11. 3. Cura de almas y preocupación por lo cotidiano: *neoexistencialismo*

En la Biblia, la palabra alma se refiere al ser humano en su relación con Dios, en su ser llamado por Dios. Cuerpo es todo el hombre en cuanto su carácter efímero. Alma es todo el hombre en cuanto Dios le dirige la palabra. Por lo tanto, Eduard Thurneysen constata que la cura de almas no es "la cura del alma del ser humano", sino que cura de almas es "la cura del ser humano en cuanto alma". Cura de almas apunta al ser humano entero[298].

Henning Luther, catedrático de teología práctica en Marburg (†1991) pregunta: ¿qué, entonces, cura la cura de almas cuando se preocupa por

---

298 Cf. Thurneysen:1946, pp. 45 ss.

el ser humano como alma? Para profundizar esta pregunta Henning Luther se vale de conceptos de Martín Heidegger.

Para Heidegger[299] el cuidado (la cura, la preocupación –*die sorge* en alemán–) es una dimensión existencial de la vida humana. Normalmente esta preocupación se dirige a las tareas cotidianas donde reinan las reglas de la convención y del juego social. Se puede hablar de un "uno mismo" uno en el sentido de un "se", distinto al "sí mismo" auténtico. El primero es el objeto del cuidado cotidiano, el segundo llega a ser objeto de la cura de almas en el sentido de Henning Luther. Frente al cuidado por lo cotidiano, la cura de almas toma una perspectiva distinta. La cura de almas se preocupa por una vida acertada más allá del convencional y la manipulación exitosa de los roles sociales del "uno mismo".

Por eso, la cura de almas tiene una función crítica porque no se refiere al estado dado de las cosas, sino que apunta a las posibilidades de una vida nueva. Esta vida nueva requiere la muerte de la vieja forma de vida. Los extremos "vivo-muerto" están presente en todo el Nuevo Testamento (Jn 12:25; Lc 15:11 ss.; Jn 3). En este sentido, la cura de almas apunta al renacimiento hacia una vida nueva.

La vida que se agota en el cumplimiento de la ley es la muerte; la vida verdadera, la vida eterna, es vivir orientándose a las posibilidades todavía abiertas de una nueva criatura.

Henning Luther habla de una "cura de almas diacónica"[300] que permite que el individuo pueda ser auténticamente sí mismo frente al empuje masivo de "racionalizar" y "normalizar" su vida. Resume su comparación entre cura de almas y preocupación por lo cotidiano así:

«Cura de almas siempre es una cura crítica de almas, crítica frente a lo convencional de lo cotidiano, en contra de todo lo dado, en contra de normas sociales y religiosas; su interés es la vida "original" (o dicho en lenguaje religioso: la vida eterna). El cuidado por lo cotidiano apunta a la reintegración, al fortalecimiento para enfrentar la realidad y la acomodación. Cura de almas crea libertad»[301].

Nos parece importante esta diferenciación de Henning Luther. Se

---

299 Martin Heidegger, Sein und Zeit, Tübingen 197915, en castellano, Tiempo y Ser, traducción de Manuel Garrido, publicada por Editorial Tecnos, Madrid, 2000.
300 Hennig Luther exige una *Diakonische Seelsorge* en_el *capítulo Alltagssorge und Seelsorge. Zur Kritik am Defizitmodell des Helfens* en Religion im Alltag, Stuttgart 1992 (ed. Posthum), pp. 224 ss.
301 H. Luther: 1992, p. 231 (la traducción es mía).

desenmascara muchos tipos de cura de almas como preocupación por lo cotidiano (*Alltagssorge*). La cura de almas de Jesús nunca se preocupó solamente por la percepción de la realidad, por la reparación de las capacidades inherentes a esta realidad, sino que Jesús siempre, por su crítica de las leyes, normas y de las instituciones, apuntó al espacio libre que se ofrece para una vida alternativa, nueva, auténtica.

Jay Adams, por un lado, y el psicoanálisis pastoral por el otro, trabajan en función de una acomodación de las personas al estado de las cosas. Pero tampoco la cura de almas posmoderna, que supuestamente trabaja sin objetivos determinantes que dominan al sujeto, libera el individuo de participar en el reglamento de la sociedad que funciona como un paseo por el *shopping* de las posibilidades. No hay libertad frente a la obligación de consumir y formarse la vida con los elementos que ofrece el mercado. La obra de arte, que pueda ser la vida individual, resulta siempre ser un *patchwork*. Henning Luther supera este dominio del mercado de las posibilidades introduciendo el concepto de la muerte; es decir, la muerte social como condición para una vida nueva. En esto, Henning Luther es aún más radical en la reducción de la vida a su verdadero núcleo existencial que Rolf Schieder con su concepto posmoderno de elegir a sí mismo.

Henning Luther coloca la cura de almas en situaciones límites: "Las situaciones con relevancia para la cura de almas son PER DEFINITIONEM justamente aquellas en las que el procedimiento de la vida está en cuestión y en peligro y para nada evidente"[302].

En lugar de salvar a quien cayó fuera de la normalidad de lo cotidiano y volver a llevarlo a su lugar de antes, la cura de almas de Henning Luther aprovecha la situación de crisis y sufrimiento para ganar nuevo terreno.

"Por su percepción de la situación límite, la cura de almas siempre recibe en el mismo momento aquel potencial crítico que transciende nuestra praxis cotidiana"[303].

De esta manera, no se culpa al individuo por sus problemas y sufrimientos, sino que la atención se dirige a la situación global.

---

302 H. Luther: 1992, p. 231 (la traducción es mía).
303 H. Luther: 1992, p. 233 (la traducción es mía).

Trasluce la fragilidad de lo cotidiano y revela su propia necesidad de ser curado.

"Una cura de almas que percibe situaciones límites y de crisis en una perspectiva que a la vez conduce a una revisión de la situación normal y cotidiana, una tal cura de almas conoce solamente a personas involucradas. Para ella nadie está involucrado. Si todos estamos involucrados, la relación de cura de almas puede realizarse solamente en una actitud de solidaridad"[304].

Esto significa en la praxis que la cura de almas, por ejemplo, no se dedica exclusivamente a los familiares y a las personas que llevan luto por la muerte de una persona, sino que se dirige también a los que no sienten luto ni se preocupan por la muerte. Cura de almas hace falta, no solamente con el mugiente, sino también con los que siguen con vida. La pregunta por el consuelo frente a la muerte se vuelve pregunta por la vida.

Lo que Henning Luther explica con el ejemplo de la muerte como situación de crisis se puede amplificar hacia la situación social. Si la cura de almas solamente se dedica a personas socialmente marginadas incluso en forma de una diaconía asistencialista, entonces mantiene la perspectiva del déficit. La cura de almas que propone Henning Luther asume la perspectiva hacia toda la sociedad; la cura de almas, al igual que la diaconía, es un actuar mutuo, la cura incluye al ayudante y al ayudado, al rico y al pobre, al enfermo y al sano. Es un concepto revolucionario. Henning Luther habla de cura de almas comunicativa.

También Isolde Karle, catedrática en poiménica, en su libro *Seelsorge in der Moderne* (Cura de almas en la modernidad)[305] intenta superar el individualismo en la cura de almas introduciendo conceptos sociológicos en la *poiménica*. Muchas situaciones conflictivas tienen su origen en constelaciones problemáticas de la sociedad. Este puede ser un enfoque muy interesante para aquellas sociedades de América Latina, donde la posmodernidad no ha llegado todavía, porque ni la modernidad, en sus aspectos de facilitar una

---

304 H. Luther: 1992, p. 234.
305 Karle, Isolde, "Seelsorge in der Moderne", Neunkirchen 1996.

vida más agradable para la mayoría de la población, podía imponerse aún[306]. Preguntamos, pues, por la cura de almas de la teología de la liberación.

11. 4. Cura de almas y liberación

El concepto de una cura de almas comunicativa o diacónica –como la hemos conocido con el concepto de Henning Luther– nos hace preguntar por una cura de almas política; o sea, preguntamos por los aportes *poiménicos* de la teología de la liberación. Todavía no se encuentran muchos. Las razones por las cuales la teología de la liberación tarda tanto en entrar en el campo *poiménico* son tres, según Lothar Carlos Hoch, teólogo brasileño de Sao Leopoldo[307]. Por un lado, la teología de la liberación proviene mayormente de un ambiente dominado por el sacramentalismo católico, donde ni la cura de almas europeas, ni la consejería pastoral procedente de los EE. UU. ha tenido poca entrada. Por el otro lado, faltaba el interés por parte de la teología de la liberación en algo tan individualista como la psicología pastoral.

La tercera razón, por la falta de una elaborada *poiménica* de la liberación, es la juventud relativa de la teología de la liberación que se preocupa todavía por la formulación de sus fundamentos de fe.

Sin embargo, Lothar Carlos Hoch señala algunos puntos por donde pasarán los aportes de los teólogos latinoamericanos que se están esperando.

Empezamos con una advertencia frente a la cura de almas clásica por parte de la teología de la liberación.

El individualismo y la concentración en los problemas interiores, psíquicos, hace que a la cura de almas le falte la dimensión política.

Se caracteriza por su ingenuidad y corre el peligro de ser siempre funcional a la afirmación del sistema opresivo.

Yo personalmente creo que esta advertencia no tiene tanta relevancia, si uno tiene en cuenta conceptos *poiménicos* como el de Henning Luther, que acabamos de conocer, o los enfoques de cura de almas en forma grupal. Creo que con algunos de los conceptos recientes de *poiménica* y con

---

306 Cf. Heise, Ekkehard, "¿Qué es este asunto de la posmodernidad?", en *Revista Parroquial*, Buenos Aires, año 99, Nº 10, octubre 1994, pp. 4-8.
307 En lo siguiente me refiero a su artículo: Hoch, Lothar Carlos, "Seelsorge und Befreiung, en *Wege zum Menschen 42*", 1990, pp. 132-144.

ciertos puntos metodológicos, la teología de la liberación podría avanzar en su tarea de elaborar una poiménica de la liberación.

Puntos clave para una cura de almas de la liberación serán según Carlos Hoch:

a) La referencia a la Biblia:
La cura de almas tiene que trabajar con los relatos bíblicos que los pueblos reconocen como sus relatos de liberación. La cura de almas encuentra su punto de partida en la religiosidad del pueblo. De esta manera, se liberará a la religión de su dependencia de los agentes de opresión incluso del dominio de la metodología científica de la exégesis histórico-crítica.

b) La dimensión de la encarnación:
La teología de la liberación cambia el lugar desde donde se hace teología. El teólogo se pone en el lugar de los pobres compartiendo su destino.
Ya que este cambio de lugares no se puede hacer totalmente, el teólogo no puede entender el sufrimiento del pueblo en su totalidad, es por eso que su actitud existencial tiene que ser la actitud del escuchar. El escuchar no debe ser solamente un instrumental profesional como en la cura de almas clásica. La empatía que acompaña el escuchar debe encarnarse; es decir: de un modo de trabajar, volverse en una condición existencial.
El curador y la curadora de almas renuncian a cualquier paternalismo y empiezan a buscar caminos de vida juntamente con el pueblo.

c) El entendimiento del pecado:
Durante mucho tiempo, la cura de almas se dedicó a los pecados que cometieron los feligreses. Con el enfoque de la teología de la liberación se dedicará también y en primera línea a los pecados bajo los que sufre su feligresía.
En la cura de almas hay que diferenciar entre donde se necesita una palabra de consuelo y donde cabe la animación a criticar y la llamada a la acción.

d) El aspecto comunitario:
El curador y la curadora de almas no deben trabajar aislados de sus comunidades. Es toda la comunidad que cura las almas.

Brinda ayuda en un sentido terapéutico respecto al individuo y a la vez, la comunidad cristiana se dirige hacia fuera y se vuelve comunidad diacónica.

En este contexto Carlos Hoch menciona la importancia terapéutica que tiene la celebración del culto en común.

El teólogo brasileño destaca que la cura de almas se efectúa implícitamente en el proceso colectivo de la liberación del pueblo.

A estos puntos clave de una *poiménica* de la liberación, Lothar Carlos Hoch agrega algunas consideraciones respecto a la metodología de la cura de almas:

a)   El contacto con el ambiente:

Es importante la dimensión grupal de la cura de almas para que se tome en cuenta, no solamente los problemas en su impacto sobre el individuo, sino que se vean también los problemas desde una perspectiva macro estructural.

b) El escuchar:

Escuchando al paciente, el curador de almas de la liberación no se limita al relato personal y subjetivo, sino que tiene en cuenta toda la situación del grupo social al que pertenece el que busca ayuda.

c) El hablar:

Para la cura de almas de la liberación no basta que el paciente llegue a hablar de sus problemas en el sentido de una catarsis, sino que la expresión de su opresión sufrida tiene que tomar rasgos de indignación, enojo, furia y de protesta.

Las palabras en la cura de almas tienen que llevar a la acción, donde esta permite cambiar la situación.

Por la praxis se cambia también la conciencia. Solamente así la palabra gana el sentido hebreo de (דבר = *DaBaR*) que abarca palabra y acción.

d) La concretización del sufrimiento:

La cura de almas no es solamente intervención en las situaciones límites, sino que por la situación pasada de los pueblos latinoamericanos ya toda la vida cotidiana tiene que ser campo de cura de almas.

Es importante que no se olvide el problema concreto del individuo en la lucha por la liberación estructural. La tarea de la cura de almas liberadora es justamente dedicarse a que la liberación global se pueda encarnar en la vida individual.

Resumiendo, Lothar Carlos Hoch formula:
"El aporte de la praxis liberadora para la cura de almas consiste en llamar a esta a cumplir nuevamente con su rol social, político y estructural, es decir, con su rol profético.
El aporte de la cura de almas para la praxis de liberación consiste en hacerle recordar sus tareas con el individuo en su singularidad deseado por su nacimiento"[308].

No creo que la teología de la liberación tenga que empezar de cero en su tarea de elaborar una *poiménica* de la liberación. Puede recurrir a unos conceptos que ya existen; aunque fueran desarrollados en situaciones sociales distintas que las de América Latina. Ya Henning Luther publicó su obra sobre la teología práctica con el título *Religión y Vida cotidiana*[309]. Su concepto de una cura de almas comunicativa apunta a la acción solidaria y a una diaconía que incluye las estructuras sociales de una manera radical.

Sería interesante que la teología de la liberación utilizase el concepto *neoexistencialista* de la cura de almas diacónica o política de Henning Luther o que haga uso de la metodología grupal de Pichon Rivière, algo que de hecho se hace, como también hay comunidades de base que trabajan con el *bibliodrama*.

11. 5. La cura de almas como interpretación de la vida a la luz divina

La teología de la liberación exige, según Carlos Hoch, que toda la vida de una persona en sus distintos aspectos esté a la vista y en el horizonte

---

308 Hoch: 1990, p.144.
309 H. Luther: 1992,

de la praxis de la cura de almas. Con este concepto amplio trabaja Gerd Hartmann, sicólogo pastoral alemán en su libro: *Lebensdeutung-Theologie für die Seelsorge* (*Interpretación de la vida-teología para la cura de almas*)[310].

En la tradición de la psicología de Carl Gustav Jung, el ser humano se ve frente a la tarea de toda su vida, que es la de volverse un individuo, una personalidad, un "sí mismo". Este proceso de individuación necesita un acompañamiento no solamente en situaciones de conflicto, sino en el sentido de una maduración constante. Importantes para este proceso son las experiencias profundas del individuo que se expresan en el lenguaje simbólico, arcaico. La religión y su simbolismo forman una parte importante de estas experiencias y la cura de almas tiene –según Gerd Hartmann–, su lugar específico en la interpretación de la realidad como experiencia religiosa. Todas las experiencias que juntamos durante la vida diaria tienen una dimensión espiritual. Dándonos cuenta de este hecho, ya es una forma de cura de almas que nos fortalece y sirve a la edificación de nuestra identidad. Son los símbolos que interpretan las situaciones cotidianas y revelan a Dios como una dimensión de nuestra realidad. Parece que con este enfoque Gerd Hartmann está muy cerca de lo que dice Leonardo Boff sobre los sacramentos de la vida[311].

La intención de Boff es "... despertar la dimensión sacramental dormida y profanizada en nuestra vida". Que toda la vida tiene una dimensión espiritual el teólogo de la liberación expresa así:

"Una vez despiertos, podremos celebrar la presencia misteriosa y concreta de la gracia que habita nuestro mundo. Dios estaba siempre presente, aun antes que nos hubiésemos despertado, pero ahora que despertamos podemos ver cómo el mundo es sacramento de Dios"[312].

Cuando la cura de almas, más allá de ser intervención de ayuda en situaciones de crisis, lleva a este descubrimiento de la cercanía de Dios, entramos en el campo de la espiritualidad.

Recordamos aquellos guías espirituales que conocimos en nuestro recorrido de la historia de la *poiménica* que ofrecieron su cura de almas en forma de iniciar a sus alumnos en el arte de percibir la cercanía y la

310 Hartmann, Gerd, Lebensdeutung-Theologie für die Seelsorge, Gotinga 1993.
311 Boff, Leonardo, *Los sacramentos de la vida*, Santander 1989.
312 Boff: 1989, p. 17.

amistad de Dios. Invitaron a largos caminos por el desierto, subiendo montañas o explorando castillos.

Hace unos años se está descubriendo en *poiménica* de vuelta la importancia de la espiritualidad para la cura de almas.

Recordemos lo que decía Bernardo de Claraval (1090-1153) sobre la persona del cura de almas:

"...si eres sabio, seas un recipiente y no un caño. Porque un caño recibe y casi al mismo momento devuelve; un recipiente, al contrario, espera hasta que esté lleno y luego recién devuelve de su plenitud sin pérdida de lo propio...".

Hoy en día la palabra "espiritualidad" está de moda aún como en conceptos en algo multifacéticos. El esoterismo actual se alimenta de las distintas necesidades espirituales de la gente. Henning Luther da a su trabajo sobre la teología práctica el título *Religión y vida cotidiana*[313]. Su concepto de una cura de almas comunicativa apunta a una dedicación al ser humano en todos los aspectos de la vida. La espiritualidad en sus distintas formas busca una impregnación de todo lo cotidiano por la religión, en lo particular y la vida pública, en lo profesional y en la familia.

La meditación o el *bibliodrama* como un camino hacia el descubrimiento de la propia biografía religiosa, son prácticas espirituales que se ofrecen en la formación no solamente de los pastores y pastoras, sino que se dirigen a menudo a laicos e interesados de toda índole. Mencionamos al "Godley Play" como forma de iniciar a niños en una percepción espiritual de su entorno. El desarrollo de la espiritualidad propia, el hacer camino hacia las fuentes de la fe y de la confianza en Dios, pueden ser, entonces, la finalidad de una cura de almas que incluye a los dos, ayudado y ayudante.

Para ser un guía espiritual, el curador y la curadora de almas tienen que haber trabajado profundamente inclusive consigo mismos, para ganar la sabiduría religiosa apropiada. Manfred Josuttis, teólogo práctico de la universidad de Gotinga, investigó sobre las fuerzas de bendición y

---

313 Hennig Luther, Religion im Alltag, Stuttgart 1992.

elaboró el concepto de una cura de almas a base de las energías y potenciales espirituales[314].

En una descripción de su proyecto Josuttis parte de una cita de Joachim Scharfenberg:

"La psicología pastoral tiene que ser una psicología del conflicto para poder concebir los entendimientos claves de la antropología religiosa"[315].

Con Henning Luther Manfred Jusuttis acentúa el concepto del conflicto al que lleva la cura de almas. Importante para el concepto energético de cura de almas es la antropología religiosa. Josuttis explica:

"La antropología religiosa cuenta con conflictos religiosos. Y estos conflictos no se limitan a instancias psíquicas internas ni a procesos interacciónales"[316].

Los conflictos que conoce la antropología religiosa son disputas entre poderes que se dan en el campo social y político, en las relaciones entre humanos y en las tensiones intra psíquicas, pero también, y más que nada, en la relación con Dios, la que es el postulado principal de una antropología religiosa.

Manfred Josuttis, y en eso parece los místicos de antes, toma en serio la presencia del poder divino, mucho más allá de una mera dirección lejana a la que se dirigen nuestras oraciones y súplicas. Su **fenomenología de lo sagrado** lo conduce hacia un camino alternativo, en la cura de almas. Él trata del poder de lo sagrado ni en forma de una dogmática teológica ni lo reduce a una realidad psicológica, sino que describe el poder sagrado en sus distintas apariencias y reflexiona sobre el manejo de este poder. La religión es para Josuttis un oficio. Sus funcionarios, los curadores y curadoras de almas, son artesanos que saben trabajar con y según las reglas que corresponden al poder de lo divino[317].

---

314 El libro al respecto es: Manfred Josuttis, Segenskräfte-Potentiale einer energetischen Seelsorge, Gütersloh 2000; el título traducido sería *Poderes de bendición-potenciales de una cura de almas energética*.

315 Manfred Josuttis, *Von der psychotherapeutischen zur energetischen Seelsorge, in Wege zum Menschen*, Vol. 50, pp. 71-84; la cita en Scharfenberg: 1985, en la pág. 71.

316 Ibidem

317 Cf. Manfred Josuttis, *Religion als Handwerk*, Gütersloh 2002, acerca de la lógica práctica de los métodos espirituales.

Ya en el año 1973 cuando la *poiménica* centroeuropea estaba en pleno proceso de recepción de las metodologías psicoterapéuticas, Manfred Josuttis publicó unas observaciones muy críticas. Ajeno a un biblismo fundamentalista, pero a la vez preocupado por la pérdida de las propias fuentes religiosas, Josuttis encontró la razón por la cual la *poiménica* se entregaba con tanto entusiasmo a las psicoterapias en tres puntos:

1. Con el pretexto de escuchar empáticamente y de dejar que el cliente hable, los curadores de almas tapan la falta de un lenguaje religioso propio.

2. La renuncia de ser directivo y de tomar las riendas en las entrevistas pastorales es apoyada por una debilidad del yo pastoral, algo muy común entre los pastores.

3. La empatía y la actitud de aceptar al otro a todo costo es expresión del miedo frente a cualquier conflicto dentro de los círculos eclesiásticos.

Con una antropología religiosa y una fenomenología de lo sagrado Josuttis logra a despertar de nuevo la atención *poiménica* por los poderes que constituyen el campo de acción de la cura de almas. Josuttis resume su programa en el libro ya mencionado sobre los poderes de la bendición potenciales de una cura de almas energética[318]. Escribe:

"La base de todo lo que se dice en este libro y la que está fundamentada bíblicamente, desarrollada fenomenológicamente y la que se tiene que realizar en la poiménica es: Lo sagrado viene al mundo por medio de poderes de bendición"[319].

Para la cura de almas hay que reconocer por consecuencia, según Josuttis, que:
"En la preocupación profesional por las almas obra —¿a veces?, ¿siempre?— un poder que los participantes no conocen, al menos no dominan"[320].

---

318 Josuttis, Manfred, Segenskräfte-*Potentiale einer energetischen Seelsorge*, Gütersloh 2000.
319 Josuttis: 2000, p. 28.
320 Josuttis: 2000, p. 28.

El trabajo de cura de almas es, según este concepto neomístico de Manfred Josuttis, algo como la labor de un electricista que crea caminos para la descarga y la distribución de las corrientes.

"Cura de almas consiste en la realización del campo de fuerza del Espíritu Santo por la creación de una resonancia mórfica, de tal manera que se aparten poderes dañosos y que corrientes curativas crean estructuras nuevas"[321].

Josuttis quiere tomar en serio que el evangelio es un poder. No es una doctrina, ni un querigma, tampoco una emoción. El evangelio es según el apóstol Pablo un poder de Dios:

"No me avergüenzo del evangelio, porque es poder de Dios para salvación de todo aquel que cree...". (Rom 1:16).

El evangelio es *duvnami" qeou`*. Durante medio siglo los conceptos terapéuticos dominaron la *poiménica* y la formación en cura de almas. En contra de este dominio ajeno, insiste Josuttis en que una empresa religiosa, como indudablemente es la cura de almas, necesita modelos propios; es decir, religiosos de la realidad. Los que trabajamos como curadores y curadoras de almas no tenemos que contar solamente con factores intrapsíquicos, sino con el poder de lo sagrado; o sea, con una realidad *EXTRA NOS,* para volver a la noción de Lutero. Con esto Josuttis pretende volver a las raíces de la cura de almas. El concepto de una cura de almas energética se caracteriza por los siguientes puntos:

- Se basa en un modelo de la realidad procedente de la fenomenología de la religión y no en un modelo de la realidad tomado de la psicología.

- En su trabajo, una cura de almas energética vuelve a las metodologías de la tradición religiosa, bíblica y eclesiástica 'y no' sigue con los métodos psicoterapéuticos.

- Para facilitar el contacto con la esfera del poder de lo sagrado, una cura de almas energética utiliza símbolos y rituales religiosos y por

---

321 Josuttis: 2000, p. 39.

ende pasa por la orientación en el cuerpo y traspasa lo racional del puro conocimiento.

- La cura de almas energética es posible porque entre los seres humanos constantemente están fluyendo impulsos de bendiciones. Este intercambio de buenas fuerzas es independiente de las actividades pastorales y se concentra en la comunidad de los santos.

Como finalidad de la cura de almas no se define más que el "encontrarse uno mismo consigo mismo", tampoco en el sentido de *poiménica* liberal siguiendo a Tillich, ni tampoco en el sentido de proyectarse una vida posible individual, o sea la identidad con sí mismo, como formulaba, por ejemplo, Rolf Schieder:

«Como finalidad de la cura de almas quiero determinar la preocupación por el "poder ser uno mismo' del individuo"[322]».

Para Manfred Josuttis la finalidad de la cura de almas energética es la conversión que se produce en todos los campos de la vida, más que nada en el desarrollo religioso. Conversión quiere decir entrega a un poder distinto al que antes orientaba mi vida. El centro del ser humano no es el ego ni tampoco el mismo, sino el alma, la relación con Dios, el contacto con Dios. La cura de almas produce no tanto sentido, sino que produce **bendiciones**; es decir, abre camino para la llegada del poder divino a la vida del ser humano.

El ayudante en esta tarea no es tanto un profesional teológico o terapéutico, sino un sacerdote o una sacerdotisa que se encuentran en las comunidades más allá de toda profesionalidad. Personas que tienen el don de bendecir, de poder percibir las energías buenas que existen entre nosotros por la presencia de Dios y hacer llegar estas energías a la percepción de otras personas. Cómo lo hacen, es el secreto de ellos, de estos guías espirituales; a lo mejor ni ellos lo saben explicar. Su cura de almas es algo que acontece en, con y debajo de todas las distintas metodologías y, por cierto, a menudo a pesar de ellas.

---

322 Rolf Schieder, *Seelsorge in der Postmoderne*, en WzM 46, 1994, p. 27.

CONCLUSIÓN

Hemos llegado al fin de nuestra expedición de rescate por el amplio terreno de la *poiménica*. A lo mejor el lector se siente ahora un poco cansado, cargado de muchos recuerdos que se haya traído de alguna parte de nuestro recorrido por la historia y la discusión actual en el campo de la *poiménica*. También puede ser que sí, cansado se siente, pero, no, parece que no se haya traído nada que le importa. Hay recuerdos que son como ciertas piedras preciosas que necesitan la luz de cierta hora y el ambiente de ciertas circunstancias para desarrollar su brillo verdadero. Todo esto lo dejamos así, nomás en estos momentos de descansar y poner la mochila pesada –o vacía– al lado, para estrechar las piernas y dejar reposar el cuerpo y, como no, el alma.

Si la poiménica me ha enseñado algo de cura de almas es que no es una empresa rápida. Requiere más bien el ejercicio de una honda respiración, tranquila y en busca de harmonía con la palabra que Dios mandó a este mundo. Nadie parece más equivocado como el profesor Diakhaby, del que recibí en alguna gran ciudad un pequeño papelito de propaganda donde dice:

PROFESOR DIAKHABY:
El gran ilustre vidente *médium* africano
más consultado por rapidez de su
trabajo, eficacia, y garantía de
resultado donde otros fallan: dinero,
amor, trabajo, suerte, mal de ojo,
amarres, impotencia sexual, exámenes, etc.

Le ayuda a resolver todo tipo de
problemas por difíciles que sean.
Resultados rápidos y garantizados a 100% en 7 días.
Tel.: 91 521 xx

Ninguna *poiménica* nos enseña una cura de almas exitosa con garantías. ¿Quién, además, sabe lo que es el éxito en este campo donde nos fijamos en el ser humano como alma, como ser llamado por su Dios? Por último, todo depende de él y de los caminos que él elige para encontrarse con los seres humanos que están llamados a la unión con él.

Pero esto, sí, que estos encuentros se dan y que se hacen realidad de esto tenemos más que suficientes testimonios de personas que han llegado a percibir una certeza de participar de la vida (*Lebensgewissheit*) que no tenía respaldo visible en la parte humana, sino que recibió sus fuerzas de la fuente de energías que ningún cura de almas ni curadora de almas sabe crear. Pero en el mejor de los casos encuentran estas fuentes y saben canalizar algo de estas energías a donde más hacen falta.

Y el otro también es cierto: al igual que la cura de almas, no se agota en una teoría *poiménica* correcta e irreprochable, tampoco necesita lugares especiales o tiene circunstancias privilegiadas. Es que en ella ocurren cosas que sobrepasan todo nuestro entendimiento y la lógica humana. Para la cura de almas vale la frase del pensador francés Blaise Pascal: "El corazón tiene una razón que la razón no tiene". Algo que; sin embargo, no libera a ningún cura de almas ni a ninguna curadora de almas de capacitarse para esta tarea en la medida más amplia posible. Pero después se tiene que escuchar al otro con el corazón. Escuchadme yo hablaré… y se pone a hablar de Dios, de su encuentro con él, por más distante a nuestras expectativas que fuera. En cura de almas hablamos de y en la presencia de Dios.

Llegando al aeropuerto de Madrid una vez fui testigo de las palabras de bienvenidas que intercambiaron unas primas. La madrileña empezó con el rito de iniciación a la gran urbe y la prima provinciana quedaba maravillada de todas las cosas que escuchaba. "Lógico que acá tienes de todo. Y de donde vivimos", dice la madrileña, "tenemos tres minutos de pie a la estación del Metro y cogemos el tren, e igual de dónde vienes o a dónde vas, siempre tarda 45 minutos al llegar. En 45 minutos estamos en cualquier lado de la ciudad. Todos los viajes en metro son de 45 minutos, es siempre lo mismo, y ya estás…". "¿Cómo?", la interrumpe subversivamente mi razón, "¿no habrá trayectos de cinco minutos y otros de más que una hora, acaso no tienes, a veces, que hacer cambios de líneas?". Pero que sabe la razón, que entiende los argumentos, pero no capta el espíritu, que la muchacha era feliz de recibir a su prima, y era orgullosa de mostrar su ciudad, donde ya se mueve como una gata y que estaba contenta de pasarlo juntos con su prima todo el fin de semanas y el tiempo era lindo, eran jóvenes y entonces todos los viajes son de 45 minutos, de verdad y Dios está cerca. ¿Qué importan en esta charla de bienvenida de las dos primas los datos correctos de la duración de los viajes del Metro de Madrid? Nada, ya que se están tratando cosas más importantes. Y con estas cosas trata la cura de almas. Con las cosas subjetivamente importantes. Participan de una realidad que sobrepasa en muchos aspectos lo supuestamente real. Entramos en el campo de otra realidad.

A Job, hombre del Antiguo Testamento que tanto tenía que sufrir, se dirigieron sus amigos con sus intentos de consuelo. Le hablan desde la razón intelectual, desde la lógica popular, desde el sentido común y no llegan a decirle nada que le ayude. Al fin Job interrumpe a sus "curas de almas" basándose en lo más alto de los saberes de su época, y dice: "¡Ojalá os callarais por completo, pues así demostraríais sabiduría! Escuchad ahora mi razonamiento". (Job 13:5s). "Dejad de hablar, escuchadme y hablaré yo", y el afligido dice el suyo, lo dice a sus amigos y lo dice a Dios y pronto Dios se hace presente e interviene y se están lanzando a una verdadera aventura de cura de almas.

BIBLIOGRAFÍA

Adams, Jay, *Shepherding God´s Flock*, 3 tomos, Baker Book House, Grand Rapids, 1974-1975.

——, *The Christian Counselor´s Casebook*, Baker Book House, Grand Rapids, 1927, 1. ed. 1974.

——, *Vida cristiana en el hogar*, Baker Book House, Grand Rapids, 1977.

——, *Manual del consejero cristiano*, CLIE, Terrassa (Barcelona), 1984 (título del original inglés "The Christian Counselor's manual", 1973).

——, *Capacitados para restaurar*, CLIE, Terrassa (Barcelona), 1986 (título del original inglés "Ready to restore", 1981).

——, *Solucionando problemas matrimoniales: soluciones bíblicas para el consejero cristiano*, CLIE, Terrassa (Barcelona), 1985 (título del original inglés "Solving Marriage Problems", 1983).

Amorós, León; Aperribay, Bernardo; Oromí, Miguel, (Ed.), *Obras de San Buenaventura*, Madrid, 1968 ss.

Asmussen, Hans, *Die Seelsorge*, Chr. Kaiser, München, 1974.

Benko, Stephen, *Los evangélicos, los católicos y la virgen María*, Casa Bautista de publicaciones, El Paso, 1981.

Berne, Eric, *Análisis transaccional en psicoterapia*, Editorial Psique, Buenos Aires, 1975.

——, *Juegos en que participamos*, Integral, Barcelona, 2007.

——, *¿Qué dice usted después de decir hola?*, Grijalbo, Barcelona, 1974.

Bernet, Walter, *Weltliche Seelsorge, Elemente einer Theorie des Einzelnen*, Theologischer Verlag, Zúrich, 1988.

Bernhart, Josef (Ed.), *Der Frankfurter. Eine deutsche Theologie*, Insel, Munich, 1962.

Bieler, Andre, *El humanismo social de Calvino*, traducido al castellano por Antonio Cesari Galés, Buenos Aires, 1973 (título del original francés "L'Humanisme Social de Calvin", Ginebra, 1961).

Boff, Leonardo, *Jesucristo el Libertador*, Sal Terrae, Santander, 1987.

——, *Los sacramentos de la vida*, Sal Terrae, Santander, 1998.

Bonar, Horatius, *Consejos a los ganadores de almas*, CLIE, Terrassa (Barcelona), 1982.

Bucer, Martin, *Von der waren Seelsorge und dem rechten Hirtendienst*, en Bucer Deutsche Schriften, 1538–1545, VII, 67–241.

Bunzel, W., *Die Psychoanalyse und ihre seelsorgerliche Verwertung*, 1926.

Butler, Alban, et al., edición en español de R.P. Wilfredo Guinea, *La Vida de los Santos*, vol. 3, Chicago, 1965.

Calvino, Juan, *Psychpannychia,* en Calvini Opera, en Corpus Reformatorum Brunsvigiae 1863-1896, tomo 5, pp. 165–232.

Casiano, Floristán, *Teología Práctica*, Ediciones Sígueme, Salamanca, 2002.

Castro, Emilio, *Hacia una Pastoral Latinoamericana*, INDEF, San José, 1971.

Clinebell, Howard, *Asesoramiento y cuidado pastoral*, Abingdon Press, Nashville, 1995, (título del original inglés "Basic types of pastoral care & counseling", 1965).

———, *Basic Types of Pastoral Counseling*, Abingdon Press, Nashville, 1966.

Cohn, Ruth C., *Von der Psychoanalyse zur themenzentrierten Interaktion. Von der Behandlung einzelner zu einer Pädagogik für alle*, Klett-Cotta, Stuttgart 1975.

Collins, Gary, *Christian Counselling*, Abingdon Press, Nashville, 1988.

Cueva, Valentín, *Historia ilustrada de los protestantes en españoles*, CLIE, Terrassa (Barcelona), 1997.

De la Madre de Dios, E. y Steggink, O. (Ed.), *Obras completas de Santa Teresa de Jesús*, Biblioteca de Autores Cristianos, Madrid, 1967.

De Kempis, Tomás, *Imitación de Cristo*, editado por Apostolado Mariano, Sevilla, 1992.

Dieterich, Michael, *Psychotherapie-Seelsorge-Biblisch-therapeutische Seelsorge*, Neuhausen-Stuttgart, 1987.

Diez Ramos, Gregorio (Ed.), *Obras completas de San Bernardo*, tomo II, Col. Biblioteca de Autores Cristianos, Sección IV Ascética y Mística, nº 130, Madrid, 1955.

Domínguez Morano, Carlos, Sigmund Freud y Oskar Pfister. *Historia de una amistad y su significación teológica*, Gráficas del sur, Granada, 1999.

Ebeling, Gerhard, *Luthers Seelsorge an seinen Briefen dargestellt*, J.C.B. Mohr, Tubinga, 1997.

Eibach, Ulrich, *Heilung für den ganzen Menschen*, Theologie in Seelsorge und Diakonie/Tomo 1, Neukircher Verlag, Neukirchen-Vluyn, 1991.

Faber, Heije / van der Schoot, Ebel, *Het pastorale gesprek, een pastoral-psychologische studie*, Utrecht, 1962. (Las citas sacamos de la versión en alemán, Praktikum des seelsorgerlichen Gesprächs, Vandenhoek&Ruprecht, Göttingen, 1977).

Francke, August Hermann, *Segensvolle Fußstapfen des noch lebenden und waltenden liebreichen und getreuen Gottes*, Wäysen-Haus, Halle, 1701.

Fromm, Erich, *To Have o to Be*, Harper&Row, Nueva York, 1976.

Gebauer, Roland, *Paulus als Seelsorger. Ein exegetischer Beitrag zur Praktischen Theologie*, Calwer Verlag, Stuttgart, 1997.

Gesché, Adolphe, *El sentido*, Ediciones Sígueme, Salamanca, 2004.

Gestrich, Reinhold, *Hirten füreinander sein*, Quell Verlag, Stuttgart, 1990.

González Dorado, Antonio, *De María conquistadora a María liberadora–Mariología popular latinoamericana*, Sal Terrae, Santander, 1988.

González Noriega, S., *Guía espiritual* (de Miguel de Molinos), Editora Nacional, Madrid, 1977.

Gregorio el Magno, *La Regla Pastoral, Introducción*; traducción y notas de Alejandro Holgado Ramírez y José Rico Pavés, Editorial Ciudad Nueva, Madrid, 1993.

Guerra, Augusto, *Acercamiento al concepto de espiritualidad*, Ediciones SM, Madrid, 1994.

Gutiérrez, Gustavo, *Líneas Pastorales de la Iglesia en América Latina*, Ed. Instituto Catequístico Latino Americano, Santiago de Chile, 1970.

Harris, Thomas H. *Yo estoy bien - Tú estás bien: Guía práctica de análisis conciliatorio*, Grijalbo, Barcelona, 1973.

Hartmann, Gert, *Lebensdeutung, Theologie für die Seelsorge*, Vandenhoek&Ruprecht, Gotinga, 1993.

Heidegger, Martin, *Tiempo y Ser; traducción de Manuel Garrido*, publicada por Editorial Tecnos, Madrid, 2000.

Heise, Ekkehard, *Manual de homilética narrativa. ¿No ardía nuestro corazón? Huella de Dios en la calle*, CLIE, Terrassa (Barcelona), 2005.

——, *La Diaconía de la encarnación como liberación de las iglesias*, Unitext Verlag, Gotinga, Buenos Aires, 1995.

——, *Introducción a la Poiménica*, Programa de Teología - Nivel 2, Área Teología Práctica, SEUT, El Escorial, 2007.

——, *¡Oíd atentamente mi palabra y dadme consuelo!*, Taller Teológico, SEUT, El Escorial, 2009.

Hoff, Paul, *El Pastor como consejero*, Editorial VIDA, Miami, EE. UU., 1981.

Hulme, William E., *Counseling and Theology*, Fortress Press, Philadelphia, 1956.

Inhauser, Marcos, Maldonado, Jorge y otros, *Consolación y Vida, Hacia una Pastoral de Consolación*, CLAI, Quito, 1988.

Infantes, Víctor, *Las danzas de la muerte: génesis y desarrollo de un género medieval (siglos XIII–XVII)*, Ediciones Universidad de Salamanca, Salamanca, 1997.

Iparraguirre, Ignacio, *Obras Completas de San Ignacio de Loyola*, Edición Manual, Madrid, 1963.

Josuttis, Manfred, *Segenskräfte – Potentiale einer energetischen Seelsorge*, Chr. Kaiser Verlagshaus, Gütersloh, 2000.

——, *Religion als Handwerk*, Chr. Kaiser Verlagshaus, Gütersloh, 2002.

Kant, Immanuel, *Filosofía de la Historia*, Madrid, 2000.

——, *Crítica de la razón pura*, Buenos Aires, 2003

Karle, Isolde, *Seelsorge in der Moderne*, Neunkirchener Verlag, Neunkirchen-Vluyn, 1996.

Kierkegaard, Sören, *La enfermedad mortal o de la desesperación y el pecado*, Madrid ,1984 (título del original danés "Sygdommen til döden", Copenhague, 1849, bajo el pseudónimo Anti-Climacus).

Knoke, Karl, *Grundriss der Praktischen Theologie*, Vandenhoeck&Ruprecht, Gotinga, 1886.

Köstlin, Heinrich Adolf, *Die Lehre von der Seelsorge nach evangelischen Grundsätzen*, Verone Publishing, Berlín, 1895 (reimpresión del original).

Krüger, René y Berros, Daniel (Trad. y Ed.), *Ulrico Zuinglio. Una antología*, La Aurora, Buenos Aires, 2006.

Kübler-Ross, Elisabeth, *Sobre la muerte y los moribundos*, Grijalbo, Barcelona, 1993.

Larañaga, Ignacio, *El sentido de la vida*, Ed. San Pablo, 1993.

Le Roy Ladurie, Emmanuel, *Montaillou-Village Occitan* 1294–1324, Editions Gallimard, París, 1975.

Lohse, H. Timm, *Das Kurzgespräch in Seelsorge und Beratung–Eine methodische Anleitung*, Vandenhoek&Ruprecht, Gotinga, 2003.

——, *Das Trainingsbuch zum Kurzgespräch– Ein Werkbuch für die seelsorgerliche Praxis,* Vandenhoek&Ruprecht, Gotinga, 2006.

Luther, Henning, *Religion und Alltag*, De Gruyter, Stuttgart, 1992.

Lutero, Martín, edición crítica completa, edición de Weimar de las obras de Lutero (Weimarer Ausgabe –WA–), 1883 ss.

——, *Obras*, TOMO I, versión castellana directa de Carlos Witthaus, Paidós, Buenos Aires, 1967.

Martínez, José M., *Introducción a la espiritualidad cristiana*, CLIE, Terrassa (Barcelona), 1997.

McNeill, John T., *A History of the Cure of Souls,* Harper&Brothers, New York, 1951.

Miller, Bonifaz, *Weisungen der Väter*, Paulinus, Freiburgo, 1965.

Möller, Christian (Ed.), *Geschichte der Seelsorge in Einzelporträts*, Vandenhoek&Ruprecht, tomo 1, Gotinga, 1994; tomo 2 Gotinga, 1995; tomo 3 Gotinga, 1996.

Petersen, Eugene H., *The contemplative Pastor. Returning to the Art of Spiritual Directive,* William B. Eerdmans Publishing Co., Grand Rapids, 1993.

Pfenningsdorf, Emil, *Praktische Theologie*. Ein Handbuch für die Gegenward, TOMO I, C. Bertelsmann, Gütersloh, 1929.

Pfister, Oskar, *Analytische Seelsorge*, Vandenhoeck, Gotinga, 1927.

Rodríguez Domingo, Ana (Ed.), *Memorias de la Familia Fliedner*, Gayata ediciones, Barcelona, 1997.

Rodríguez, José Vicente (Ed.), *Obras Completas San Juan de la Cruz,* Editorial de Espiritualidad, Madrid, 1983.

Rogers, Carl, *Psicoterapia centrada en el cliente,* Paidós, Buenos Aires, 1966 (título del original inglés "Client centered Therapy", Boston, 1951).

——, *Orientación psicológica y psicoterapia.* Conferencia pronunciada en la Universidad Autónoma de Madrid, 1978 (título del original inglés "Counceling and Psychotherapy", Cambrigde, Mass., 1942).

Ronchi, Sergio, *El protestantismo;* traducido por Jesús Manuel Martínez, Hyspamérica Ediciones, Buenos Aires, 1985 (título del original italiano "IL PROTESTANTISMO", Milán, 1984).

Ropero, Alfonso (Ed.), *Lo mejor de Juan Crisóstomo,* CLIE, Terrassa (Barcelona), 2002.

Rössler, Dietrich, *Grundriss der Praktischen Theologie,* 2, edición ampliada, Walter de Gruyter, Berlín, Nueva York, 1994.

Scharfenberg, Joachim, *Einführung in die Pastoralpsychologie,* Vandenhoeck&Ruprecht, Gotinga, 1942.

Schieder, Rolf, *Civil Religion, Die religiose Dimension der politischen Kultur,* Chr. Kaiser Verlagshaus, Gütersloh, 1987.

Schleiermacher, Friedrich Daniel Ernst, *Sobre la religion. Discurso a sus menospreciadores cultivados,* Madrid, 1990 (original del 1799).

——, *Die Praktische Theologie,* Sämtliche Werke, tomo 13, Berlín, 1850.

Schweitzer, Albert, *Die Geschichte der Leben-Jesu-Forschung I, II,* Siebenstern, Munich-Hamburgo, 1966.

Scott, Kenneth, *Historia del Cristianismo, tomo III, 1987,* Casa Bautista, El Paso, 1997 (original en inglés, 1983).

Segundo, Juan Luis, *Pastoral latinoamericana. Sus motivos ocultos*, Ediciones Búsqueda, Buenos Aires, 1972.

Soggin, Thomas, *"...y me visitasteis"*, Centro Emmanuel, Valdense, 1982.

Szentmártoni, Mihály, *Manual de psicología pastoral*, Ediciones Sígueme, Salamanca, 2003.

Spener, Felipe Jacobo, *Pia desideria*, 1675, traductores y editores: René Krüger y Daniel Beros, Instituto Universitario ISEDET, Buenos Aires, 2007.

——, *Theologische Bedencken*, Halle (Saale), 1700-1702.

Spiegel, Yorick, *Doppeldeutlich. Tiefendimensionen biblischer Texte*, Chr. Kaiser, Munich, 1978.

—— y Kutter, Peter, *Kreuzwege. Theologische und psychoanalytische Zugänge zur Passion Jesu*, Kohlhammer, Stuttgart, 1997.

Stollberg, Dietrich*, Seelsorge praktischE*, Vandenhoeck & Ruprecht, Gotinga, Verlag, 1973 (primera edición, 1970).

Thurneysen, Eduard, *Rechtfertigung und Seelsorge,* 1928,

——, *Die Lehre von der Seelsorge*, Zollikon / Zúrich, 1946,

——, *Seelsorge im Vollzug*, EVZ Verlag, Munich, 1968.

Tillich, Paul, *Die theologische Bedeutung von Psychoanalyse und Existenzialismus*, en Obras Completas 8, De Gruyter, München ,1970, pp. 304-315.

——, *Systematische Theologie*, tomo II, De Gruyter, Stuttgart, 1957.

Vargas Ugarte, Rubén, *Historia del culto de María en Iberoamérica y de sus imágenes y santuarios más celebrados,* T.I., Madrid, 1956.

Velasco, Juan Martín, *Espiritualidad y mística*, Ediciones SM., Madrid, 1994.

Von Balthasar, Hans Urs, *La oración contemplativa*, Edición Encuentro, Madrid, 1985,

Wehr Gerhard, *Mystik im Protestantismus, Von Luther bis zur Gegenwart*, Claudius Verlag, Munich, 2000.

Winkler, Klaus, *Die Zumutung im Konfliktfall. Luther als Seelsorger in heutiger Sicht*, Lutherhaus-Verlag, Hannover, 1984.

Wise, Carroll A. y Hinkle, John E., *The Meaning of Pastoral Care*, Bloomington, Ind., 1988.

Wolff, Hanna, *Jesus als Psychotherapeut, Jesu Menschenbehandlung als Modell moderner Psychotherapie*, Radius, Verlag, Stuttgart, 1978.

Ziemer, Jürgen, *Seelsorgelehre*, Vandenhoeck & Ruprecht, Gotinga, 2000.

Zimmerling, Peter (Ed.), *Evangelische Seelsorgerinnen. Biografische Skizzen, Texte und Programme*, Vandenhoeck & Ruprecht, Gotinga, 2005.

Zorzin, Alejandro, *Curso de ubicación histórica*, ISEDET-EDUCAP, Buenos Aires, 1998.

Artículos

Álvarez Palenzuela, Vicente Ángel Álva, *"Nuevos horizontes espirituales: demandas de reforma y respuestas heterodoxas"*, en Historia del cristianismo II, El mundo medieval, coordinador Emilio Mitre Fernández, Granada, 2004.

Brunner, Emil, *"Die Mystik und das Wort"*, en Anfänge der dialektischen Theologie, TOMO I, Chr. Kaiser, Munich, 1962, pp. 279 ss. (original del año 1924).

Cormenzana, Javier Vitoria, *"Bordeando a Dios historia adentro"*, en Iglesia viva: revista de pensamiento cristiano, ISSN 0210-1114, Nº. 223, 2005, pp. 43-62.

Di Mare, Alberto, *"Una Crónica de la Cristiandad,"* cap. VI en Revista Acta Académica, Universidad Autónoma de Centro América, N° 15, Costa Rica, 1994, pp. 9-24.

Dobahn, Ulrich, *"Teresa von Avila"*, en Möller Christian (Ed.), Geschichte der Seelsorge, tomo II, pp. 145-160, Vandenhoeck & Ruprecht, Gotinga, 1995.

Freud, Sigmund, *"Análisis profano (psicoanálisis y medicina). Conversaciones con una persona imparcial,* 1926, en Obras Completas, trad. López Ballesteros, BIBLIOTECA DIGITAL MINERD-DOMINICANA LEE.

Friedrich, Reinhold, *"Martin Bucer"*, en Möller, Christian (Ed.), Geschichte der Seelsorge, TOMO II, pp. 85-101, Vandenhoek & Ruprecht, Gotinga, 1995.

Heise, Ekkehard, *"¿Qué es este asunto de la posmodernidad?"*, en Revista Parroquial, Buenos Aires, Nº 10, octubre de 1994, pp. 4-8.

——, *"El rol del pastor y de la pastora a la luz del análisis transaccional"*, en Cuaderno de teología, Vol. XVII, Buenos Aires, 1998, pp. 89-104.

——, *"Cura de almas, el rescate de un concepto tradicional"*, en Cuaderno de Teología, Vol. XVIII, Buenos Aires, 1999, pp. 115-127.

Hoch, Lothar Carlos, *"Seelsorge und Befreiung,* en Wege zum Menschen 42, Vandenhoeck & Ruprecht, Gotinga- 1990, pp. 132-144.

Jochheim, Martin, *"Anfänge der Seelsorgebewegung in Deutschland"*, en ZThK (90) 1993, pp. 462-493.

Josuttis, Manfred, *"Von der psychotherapeutischen zur energetischen Seelsorge,* in Wege zum Menschen, Vol. 50, Vandenhoeck & Ruprecht, Gotinga, 1998, pp. 71-84.

Keupp, Heiner, *"Die verlorene Einheit, oder: Ohne Angst verschieden sein können"*, en Universitas 9, 1992, pp. 867-875.

Körner, Reinhard, *"Johannes vom Kreuz"*, en Möller Christian (Ed.), Geschichte der Seelsorge, tomo II, pp.161-176, Vandenhoeck & Ruprecht, Gotinga, 1995.

Rahner, Karl, *"Frömmigkeit heute und morgen"*, en Geist und Leben 39 (1966), pp. 326-342.

Robles, Amando J., *"Taulero, 700 año"*, en Toma de Pulso, Boletín mensual de Programa de Ética de la Economía y del desarrollo, Costra Rica, marzo 2001, se encuentra el Boletín en la página web: www.jp.or.cr/pulso/2001/amando03.html.

Rössler, Dietrich, *Seelsorge und Psychotherapie*, en Friedrich Wintzer (Ed.), Praktische Theologie, Neunkirchener Verlag, Neunkirchen-Vluyn, 1997, pp. 122-133.

Schieder, Rolf, *"Seelsorge in der Postmoderne"*, en Wege zum Menschen vol. 46 , Vandenhoeck & Ruprecht, Gotinga, 1994.

Schmidt-Rost, Reinhard, *"Oskar Pfister, Der erste Pastoralpsychologe"*, en Möller, Christian (Ed.), Geschichte der Seelsorge, tomo III, pp.185-200, Vandenhoeck & Ruprecht, Gotinga, 1996.

Stollberg, Dietrich, *"Was ist Pastoralpsychologie"*, en Wege zum Menschen 20, Vandenhoeck & Ruprecht, Gotinga, 1968, pp. 210-216.

Páginas web (Las fechas indican cuando el autor verificó la presencia de la página en la web).

Armengol, Guillermo, *La cuestión del alma sigue siendo controvertida en el diálogo ciencia y religión*, octubre 2006, http://www.tendencias21.net/La-cuestion-del-alma-sigue-siendo-controvertida-en-el-dialogo-ciencia-y-religion_a1157.html, el 28 de setiembre de 2009.

Autoayudas, en http://www.fund-thomson.com.ar/autoayuda.html , el 1 de octubre de 2009.

Danza Macabra del Cementerio de los Santos Inocentes de París, http://www.osiazul.com/image/dm-13.jpg , el 20 de febrero de 2007.

IGNIS - *La Sociedad para una Sicología Cristiana* en http://www.ignis.de, encontrado el 12 de octubre de 2009.

Instituto Superior para Sicología y Cura de almas: http://www.bts-atp.com/main.htm, encontrado el 24 de setiembre de 2009.

Juan de la Cruz, *Obras*, en http://cvc.cervantes.es/obref/clasicos/, el 30 de setiembre de 2009.

Kant, Emmanuel, *¿Qué es Ilustración?* en Filosofía de la Historia, 1784. El texto citamos de http://www.inicia.es/de/diego_reina/moderna/ikant/que_es_ilustracion.htm , el 1 de octubre de 2009.

Pérez Gras, María Laura, *Las Danzas de la Muerte*, http://www.mnstate.edu/smithbe/dancamuerte.htm, el 28 de setiembre de 2009.

Enrique Pichon Rivière, "*La psicología cotidiana*", 1966/67. El texto se pudo encontrar en la página web: http://www.psicologiasocial.org.ar/contenido.asp?idtexto=27, el 9 de octubre de 2009.

Scriver, Christian, *Gottholds Zufällige Andachten, 1663-1671* en: http://heidi.ub.uni-heidelberg.de/volltextserver/volltexte/2003/3118/pdf/UBDis031.PDF, el 18 de octubre 2008.

Traducción de *Tratados y Sermones* de Maestro Eckart: http://www.thule-italia.net/Sitospagnolo/Tratados%20y%20Sermones.doc, el 28 de setiembre de 2009.

Teresa de Ávila, *Obras Completas*, en http://www.cervantesvirtual.com, el 30 de setiembre de 2009.

Ziemer, Jürgen, *Cura de almas - Preguntas básicas acerca de un campo de acción eclesiástico*, en http://www.theologie-online.uni-goettingen.de/pt/ziemer_sp.htm, el 12 de octubre de 2009.